Die Rezeptionsperspektive des Schülers als Zugang zu literarischen Texten im Englischunterricht der Sekundarstufe II

Ein empirisches Forschungsprojekt

Petra Schenke

Die Rezeptionsperspektive des Schülers als Zugang zu literarischen Texten im Englischunterricht der Sekundarstufe II

Ein empirisches Forschungsprojekt

I & I

Augsburger I & I-Schriften
Begründet von
Thomas Finkenstaedt und Konrad Schröder
Herausgegeben von Konrad Schröder
Band 76

Die Deutsche Bibliothek - CIP-Einheitsaufnahme

Schenke, Petra:
Die Rezeptionsperspektive des Schülers als Zugang zu literarischen Texten im Englischunterricht der Sekundarstufe II : ein empirisches Forschungsprojekt / Petra Schenke. - Augsburg : Univ., 1998
(Augsburger I-&-I-Schriften ; Bd. 76)
Zugl.: Hamburg, Univ., Diss., 1993
ISBN 3-923549-59-8

Zu beziehen über:
Prof. Dr. Konrad Schröder
Lehrstuhl Didaktik Englisch
Philosophische Fakultät II
Universität Augsburg
D-86135 Augsburg
Telefon: 0821/598 - 2745
Telefax: 0821/598 - 5501

ISBN 3-923549-59-8

Im Auftrag der Universität Augsburg herausgegeben
von Konrad Schröder

Herstellung: Bernd-Wißner-Verlag, D 86159 Augsburg

VORWORT

In diesem Forschungsbeitrag zur englischen Literaturdidaktik wird das Rezeptions- und Kommunikationsverhalten fortgeschrittener Fremdsprachenschüler zum ersten Mal als gruppendynamischer Prozeß im Klassenzimmer erforscht.

Das empirische Forschungsprojekt steht auf dem erkenntnistheoretischen Fundament verschiedener geisteswissenschaftlicher und naturwissenschaftlicher Disziplinen, deren Relevanz für die Schulpraxis mir z.T. erst im Gespräch mit engagierten Oberstufenschülern, Lehrern, Fachseminarleitern und Fremdsprachendidaktikern deutlich geworden ist.

Besonderer Dank gilt den an diesem Projekt beteiligten Hamburger Lehrern und Schülern des Gymnasiums Lerchenfeld, des Gymnasiums an der Corveystraße, des Bismarck-Gymnasiums und des Hansa-Gymnasiums. Erfreulicherweise ließen sich die Versuchsteilnehmer (nach einer kurzen Gewöhnungszeit) weder durch das eingeschaltete Tonbandgerät noch durch meine Anwesenheit im Klassenzimmer in ihrem „normalen" Kommunikationsverhalten stören.

Für sein Interesse an dem gesprächsdidaktischen Ansatz dieser Untersuchung möchte ich dem Gymnasiallehrer und Fachseminarleiter Herrn Dr. Rudolf Nissen danken, der seine zahlreichen Publikationen zur Gestaltung des fremdsprachlichen Literaturunterrichts zu diskutieren bereit war.

Ein besonderes Dankeschön gebührt Herrn Professor Brusch, der dieses empirische Forschungsvorhaben mit seiner Publikation *Text und Gespräch in der fremdsprachlichen Erziehung* inspirierte und mir bei der Planung und Durchführung des Projekts mit Rat und Tat zur Seite stand.

Nicht zu vergessen ist auch die dankenswerte Unterstützung, die ich an der *University of Sussex* erfahren durfte. Viele Einsichten in die

Methoden der internationalen Unterrichtsforschung habe ich in der Auseinandersetzung mit der angelsächsischen Grundlagenliteratur gewonnen, die mir durch die Universitätsbibliothek Sussex zugänglich wurde. Persönlicher Dank gilt dem hilfreichen Systemprogrammierer C. P. Rourke, *Department of Cognitive and Computing Sciences*, der sich der computer-technischen Betreuung meines Projekts annahm.

Abschließend möchte ich mich herzlich bei Frau Professor Klippel bedanken. Sie hat mich auf die Dringlichkeit der Publikation meiner Arbeit hingewiesen, die bereits 1993 als Dissertation an der Universität Hamburg angenommen wurde, bisher jedoch nur als Mikrofiche vorlag.

In den letzten Jahren ist die wissenschaftliche Diskussion über die fremdsprachendidaktischen und erziehungswissenschaftlichen Implikationen schülerorientierten Lernens vertieft worden, so daß eine Reihe weiterer Publikationen in diese Arbeit integriert werden konnte. Wichtige Anregungen zur Differenzierung meiner Forschungsperspektive habe ich auch durch die konstruktive Kritik von Frau Professor Klippel gewonnen.

München, im Sommer 1998 Petra Schenke

INHALTSVERZEICHNIS

DRITTER TEIL: EMPIRISCHE ERKENNTNISSE AUS DER REALISIERUNG EINES VERSUCHSPLANS ZUR ANALYSE FREMDSPRACHLICHEN REZEPTIONSVERHALTENS

Einleitung

Die Rezeptionsperspektive des Schülers als Zugang zu literarischen Texten im Englischunterricht der Sekundarstufe II

> If educational research is to inform educational practice, researchers will have to go back to the schools for a fresh look at what is going on there. We will have to develop a language that is relevant to educational practice, one that does justice to teaching and learning in educational settings, and we will need to develop methods of inquiry that do not squeeze the educational life out of what we study in such settings (Eisner 1984:451).

Sowohl die abstrakte wissenschaftliche Theoriebildung, die sich der Bewährung in der Unterrichtspraxis entzieht, als auch die im Schulalltag entstandene Unterrichtsrezeptologie, der eine wissenschaftliche Reflexion fehlt, werden seit Beginn der achtziger Jahre von deutschen Erziehungswissenschaftlern als Konzeption für Unterrichtsforschung kritisiert. Wenn wir Unterrichtsforschung Achtenhagen (1982:13) fragend als „die Erforschung der den Unterricht bedingenden Variablen, der in ihm ablaufenden Prozesse und der aus diesen resultierenden Ergebnisse“ verstehen, dann muß die wissenschaftliche Fragestellung unmittelbar an den Bedürfnissen der am Unterrichtsgeschehen beteiligten Schüler und Lehrer orientiert werden. Die aus der Unterrichtspraxis gewonnenen Einsichten müssen wiederum im Rahmen spezifischer Unterrichtssituationen empirisch-analytisch überprüfbar sein.

Die wissenschaftliche Reflexion der Unterrichtspraxis im Fremdsprachenunterricht bezieht sich sowohl auf die fremdsprachen-spezifischen Voraussetzungen schulischen Lernens als auch auf die Erkenntnisse verwandter Wissenschaftsdisziplinen wie der allgemeinen Pädagogik, Psychologie, Soziologie, Soziolinguistik, Spracherwerbsforschung, Rezeptionsforschung, Wahrnehmungstheorie und Literaturwissenschaft. Aufgrund der Vielzahl der Faktoren, die auf

Lehrer und Lerner in der Unterrichtssituation einwirken können, dürfte es nicht überraschen, daß es bis heute keine umfassende Theorie des schulischen Fremdsprachenerwerbs gibt (cf. Geisler 1987:56). Geisler (1987) leistet mit seiner Schrift (*Die anglistische Fachdidaktik als Unterrichtswissenschaft. Zur empirischen Erforschung der Lernbedingungen und des Lernerfolgs im Englischunterricht*) einen ersten Beitrag zu einer empirischen Gesamttheorie des Fremdsprachenunterrichts. Seine Forschungsmethodik, die in erster Linie quantitativ-statistisch orientiert ist, berücksichtigt allerdings kaum den Prozeßcharakter fremdsprachlichen Lernens, für die sich nach seinen eigenen Angaben (ibid.: 6) eine introspektivische Forschungsmethodik angeboten hätte.

Wenn wir mit Geisler (1987:45) berücksichtigen, daß die „Fremdsprachen-Unterrichtstheorie" als praxisorientierte Theorie stets auf konkreten Unterricht bezogen bleibt, dann fehlt ihr notwendigerweise die „naturwissenschaftliche Allgemeingültigkeit". Somit wäre es auch gar nicht erstrebenswert, den Gültigkeitsbereich für eine Fremdsprachenunterrichtstheorie auf alle Lernstufen und jeden Lernstoff ausdehnen zu wollen. Auf der anderen Seite liegt es in der Natur jeder wissenschaftlichen Theoriebildung, gewisse Regelmäßigkeiten aufzuzeigen. Empirische Unterrichtsforschung im Fremdsprachenunterricht beginnt entsprechend mit einer konkreten Forschungsfrage, die für *mehrere* Lerngruppen relevant ist. Voraussetzung für eine differenzierte Analyse und Evaluation unterrichtlicher Kommunikationsprozesse ist dann jeweils ein Forschungsinstrumentarium, das der jeweiligen Lehr-/Lernsituation spezifisch Rechnung trägt.

Das Forschungsinteresse für die vorliegende empirische Forschungsarbeit entstand bei meinem Versuch, als Referendarin fortgeschrittene Englischschüler zum Gespräch über literarische Texte (in meinem Unterricht) zu motivieren. Aus der Theorie wußte ich, daß „literarische Texte das lebensweltliche Vorverständnis und die sinnbildenden Tätigkeiten des Lesers aktivieren und .. ihn zu kognitiven und affektiven Reaktionen herausfordern, in denen er sich selbst erkennen kann "(Bredella 1985:54).

In meinem ersten Oberstufenunterricht fragte ich die Schüler also nach ihren spontanen Leseeindrücken und versuchte, sie an der Gesprächsplanung zu beteiligen. Langfristig war es meine Absicht, die Gesprächslenkung der Lerngruppe zu übertragen. Doch die Schüler schienen sich auf eine „Konsumentenrolle" eingestellt zu haben. Der Vorschlag meines Mentors, zu Beginn der Textbesprechung erst einmal die Klasse zu fragen, worüber sie denn gerne sprechen würde, war sicherlich kein Erfolgsrezept. Die Schüler hüllten sich zunächst in Schweigen, antworteten dann aber immerhin geduldig auf meine kurzen geschlossenen Fragen. Später erzählten sie mir, daß mein Unterricht durchaus interessant gewesen war. Doch wollten sie damit ihrer Referendarin nicht vielleicht nur etwas Nettes sagen?

Mein erneuter Blick in die fachdidaktische Literatur half mir kaum bei der Analyse meines Lehrerverhaltens: die Voraussetzungen einer erfolgreichen Gesprächsführung schienen erfüllt zu sein: das Interesse am Lerngegenstand (cf. Werlich 1986:24), die gute Gesprächsatmosphäre (cf. Brusch 1986:88), der Lernerfolg der Schüler: die nächsten Klassenarbeiten fielen nämlich keinesfalls schlecht aus. Dennoch konnte ich mich eines gewissen Unbehagens nicht erwehren. Hätte ich nicht stärker die Eigeninitiative der Gesprächsteilnehmer fördern sollen, oder hatte ich ganz einfach ein falsches Vorverständnis von Schülerorientierung? Ist ein Interpretationsgespräch nicht schon dann schülerorientiert, wenn die Schüler in den Wagen einsteigen können, den der Lehrer steuert? Würde dies nicht implizieren, daß ein fremdsprachliches Rezeptionsgespräch durch den Lehrer gelenkt werden muß?

Seitdem die Lehrpläne der Bundesländer für den modernen Fremdsprachenunterricht das Gespräch über literarische Originaltexte als eine zentrale Komponente des Englischunterrichts auf der Sekundarstufe II anerkennen (cf. Bredella 1983:71ff), sind einige als schülerorientiert geltende Gesprächsansätze für den fremdsprachlichen Literaturunterricht entwickelt worden (cf. die von Schier 1989:87-162 beschriebenen literaturdidaktischen Modelle).

Die Evaluierung dieser Modelle in Hinblick auf die Effizienz der unterschiedlichen Formen von fremdsprachlicher Gesprächsführung wird erschwert durch die ihr zugrundeliegenden unterschiedlichen Auffassungen von Schülerorientierung. Brusch (1986) sieht die Verwirklichung echter Kommunikationsbedürfnisse als Voraussetzung für ein gelungenes fremdsprachliches Rezeptionsgespräch; Weber (1979:123) dagegen verlangt, daß alle „produktiven Besprechungsansätze“ bereits vor dem Interpretationsgespräch durch den Lehrer in Hinblick auf die Sprachausbildung des Schülers geplant werden müssen. Die von Egon Werlich (1986) publizierte *Praktische Methodik des Fremdsprachenunterrichts*, die der Planung und Strukturierung textdeutender Kommunikation gewidmet ist, gilt auch in den 90iger Jahren noch als ein Grundlagenwerk fremdsprachlicher Gesprächsführung. Werlich geht davon aus, daß ein spontanes sachbezogenes Interpretationsgespräch in der Fremdsprache nicht realisierbar sei, da es den Schülern an den adäquaten Kommunikationstrukturen fehle. Er fordert entsprechend, „Grammatik als integrierte Spracharbeit“ (ibid.:53) in das textbezogene Gespräch einzubeziehen; in seinen erdachten idealtypischen Gesprächsbeispielen wird der Sachbezug der von ihm geforderten linguistischen Strukturübungen jedoch nicht immer erkennbar. Der literarische Text wird hier offenbar in den Dienst der Sprachausbildung gestellt; die Gesprächsinhalte werden durch die Vorgabe bestimmter Gesprächsstrukturen programmiert.

Gegen Werlichs Konzeption sprachdidaktischer Gesprächsplanung im Englischunterricht wendet Wilfried Brusch ein, daß auch im Medium der Fremdsprache sachbezogene Gespräche ohne sprachliche Vorausplanung möglich seien, sofern die inhaltlichen Schülerinteressen bei der Textbetrachtung gebührend berücksichtigt würden. In seiner Publikation *Text und Gespräch in der fremdsprachlichen Erziehung* (1986) bezieht sich Brusch auf die von Martin Buber begründete allgemeine Gesprächstheorie, aus der er seine eigene Konzeption des „echten“ Gesprächs für den Fremdsprachenunterricht ableitet. Brusch warnt vor einer extensiven Sprachkorrektur im mitteilungsbezogenen Interpretationsgespräch. Seiner Ansicht nach kann das fremdsprachliche Redepotential fortgeschrittener Fremdsprachenschüler nur in einem sach- und problembezogenen Interpretationsgespräch adäquat erweitert werden. Ein Schüler, der sich wirklich mitteilen wolle, sei nämlich besonders empfänglich für die sprachliche Hilfestellung des Lehrers und könne das neue „Sprachgut" entsprechend fest in seinem Gedächnis verankern. Brusch (1989b) sieht in dieser „emotionalen Sprachaufnahmebereitschaft" des Lerners eine notwendige Voraussetzung für die Sprachaneignung im Unterricht. Er beruft sich dabei auf die Spracherwerbstheorie von Stephen Krashen.

Auch Rudolf Nissen sieht in dem kognitiven und affektiven Textengagement der Lernenden eine notwendige Voraussetzung für ihren sprachlichen Lernerfolg. Allerdings will er, im Gegensatz zu Brusch, das Diskussionsfeld nicht der Lerngruppe überlassen, sondern sieht in seinem „Vier-Phasenmodell des fremdsprachlichen Lehr/Lerngesprächs" eine gewisse didaktische Planung vor (cf. 1974, 82, 84, 86). Inwieweit der Lehrer aber das Schülergespräch kontrollieren und lenken kann, ohne das Mitteilungsbedürfnis der Schüler zu hemmen, darauf gibt die Gesprächskonzeption Nissens noch keine klare Antwort.

Die Entscheidung zwischen Werlichs Gesprächskonzeption einerseits und dem gesprächsdidaktischen Ansatz von Brusch und/oder Nissen andererseits hat für die Schulpraxis allerdings nicht nur sprach-, sondern auch literaturdidaktische Konsequenzen. Der Schulpraktiker, der Werlichs Ansatz folgt, entscheidet sich tendenziell für einen formal-strukturalistischen Interpretationsansatz: die Interpretationsaussage wird darin voraussehbar und folglich auch sprachlich planbar. Schier (1986:113) beschreibt Werlichs satz- und textgrammatische Vorgehensweise entsprechend als Modell unkritischer „Abbilddidaktik".

> Brusch und Nissen bekennen sich zu einem rezeptionsorientierten Literaturansatz, nach dem die „Bedeutung" eines literarischen Textes niemals objektiv bestimmbar ist. Ihrer Ansicht nach muß sich der Lehrer unmittelbar an den Texteindrücken der Lernenden orientieren, damit der Unterricht zu der kognitiven und affektiven Entwicklung der Schüler beitragen kann. Zwischen Brusch und Nissen besteht nun wiederum Uneinigkeit

> darüber, ob sich der Lehrer an dem Gespräch der Lerngruppe beteiligen dürfe.

Brusch und Nissen wie auch Werlich erheben jeweils für sich den Anspruch, ein *schülerorientiertes* Modell fremdsprachlicher Textgespräche entworfen zu haben, obwohl sich ihre didaktische Position grundlegend unterscheidet. Eine fachdidaktische Evaluation dieser Gesprächsmodelle kann allerdings wiederum nur auf der Grundlage einer einheitlichen Definition von schülerorientierter Gesprächsführung erfolgen.

Nach Schier (1989:24f)

> erfaßt 'Schülerorientierung' die unterrichtliche Beziehungs- und Inhaltsdimension, und zwar im Sinne einer allmählichen Annäherung an die genannten Zielvorstellungen. Das beinhaltet einerseits eine sogenannte Regressivität komplementärer Interaktions- und Kommunikationsformen und sich ausweitende Phasen der Metakommunikation, andererseits heißt das, daß die subjektiven Interessen, Bedürfnisse etc. und entsprechende Handlungsziele der Schüler in der Unterrichtsvorbereitung und im Unterricht berücksichtigt werden müssen...

Auch für eine Definition schülerorientierter Gesprächsführung im fremdsprachlichen Unterricht dürfte sowohl die Form der Interaktion im Klassenzimmer als auch die inhaltliche Dimension des textdeutenden Rezeptionsgesprächs eine Rolle spielen. Der Grad der Schülerorientierung dürfte dann jeweils in Abhängigkeit von der gesetzten Zielvorstellung zu sehen sein.

Als ich nun in meinem Unterricht als Referendarin erfahren mußte, daß die von mir intendierte Kommunikationsform von der Lerngruppe nicht akzeptiert wurde, war mir keinesfalls bewußt, ob dieses Verhalten durch ein mangelndes Textinteresse bedingt war oder ob mein eigenes Verständnis schulischer Kommunikationsformen einen unrealistischen Anspruch an die Regressivität herkömmlicher Interaktionsmuster darstellte. Meine mangelnde Unterrichtserfahrung erlaubte mir also nicht, eine klare Zielvorstellung in Hinblick auf die aktive Teilnahme der Lerngruppe zu entwickeln. Ohne eine umfassende Beobachtung und Evaluation fremdsprachlichen Literaturunterrichts erschien es mir unmöglich, eine Konzeption schülerorientierter Gesprächsführung zu finden.

Dem unmittelbaren Handlungszwang der Unterrichtspraxis entzogen begann dann 1989 meine Forschungsarbeit in den englischen Leistungskursen erfahrener Kollegen. Es sollte untersucht werden, inwiefern das Textinteresse der Lerngruppe und die Kommunikationsstrukturen im Klassenzimmer sich auf die Unterrichtsbeteiligung im fremdsprachlichen Interpretationsgespräch auswirken. Das Forschungsprogramm sah folgendermaßen aus: Vor dem Unterrichtsgespräch gaben mir die Schüler auf einem Fragebogen bekannt, über welche Textaspekte sie gerne mit ihrem Lehrer sprechen wollten. Das anschließende textdeutende Rezeptionsgespräch wurde mit einem Kassettenrekorder aufgezeichnet und später transkribiert. Die inhaltliche Analyse der Unterrichtsprotokolle zeigte, inwieweit die Schüler ihre Gesprächswünsche im Unterricht verwirklicht fanden. Es stellte sich heraus, daß die Versuchsgruppen im Durchschnitt nur 11 Prozent ihrer Interpretationsgespräche auf solche Themen verwandten, die für die Mehrheit der Schüler interessant waren.

Es zeigte sich tendenziell, daß in den Gesprächen, wo Schüler nur sporadisch eigene Impulse gaben und/oder ihre Äußerungen permanent durch den Lehrer evaluiert fanden, kaum Schülerinteressen zum Tragen kamen. Dies hatte offensichtlich einen unmittelbar negativen Effekt auf die Unterrichtsbeteiligung. Die beobachtbaren Redestrukturen schienen also in unmittelbarer Beziehung zu der thematischen Gesprächsorientierung zu stehen.

Welchen Schluß kann daraus der Unterrichtspraktiker ziehen? Für ihn ist es offensichtlich zunächst notwendig, konkret zu erfahren, in *welcher* Beziehung Kommunikationsstruktur und -inhalt stehen. Meine Forschungsarbeit ergab, daß die Interaktionsstruktur des Gesprächs und das thematische Ausgangsinteresse der Schüler voneinander unabhängige Voraussetzungen für die Unterrichtsbeteiligung sind. Sowohl das anfängliche Textinteresse als auch die Interaktionsstruktur des Gesprächs haben aber offensichtlich eine unmittelbare Bedeutung für das Diskussionsinteresse der Schüler und damit auch für ihre Gesprächsbereitschaft.

Ein geringes Schülerinteresse am Unterrichtstext rechtfertigt also noch keineswegs den Einsatz lehrerorientierter Kommunikationsstrategien. In dem Moment, wo der Lehrer [1] versucht, die Textäußerungen der Teilnehmer zu programmieren, schadet er offensichtlich nur der Gesprächsentwicklung: Ein nicht vorhandenes Schülerinteresse am Unterrichtstext kann offenbar nicht durch Interpretationsimpulse des Lehrers ausgeglichen werden. Auch scheint es dem Gespräch wenig förderlich zu sein, wenn der Lehrer Schüleräußerungen frühzeitig kanalisiert.

Doch inwieweit sind diese theoretischen Schlußfolgerungen tatsächlich in der Praxis umsetzbar?

Der Lehrer fühlt sich für das Unterrichtsgespräch verantwortlich. Was kann er also tun, wenn die Schüler ihm den „Ball“ beständig zurückreichen? Muß er ihn nicht auffangen? Diese „Gesprächslösung“ schien sich meiner Beobachtung nach nicht nur Referendaren, sondern auch erfahrenen Lehrern anzubieten.

In keiner Versuchsgruppe z.B. ließ sich der Lehrer länger als zwei Sekunden auf das Schweigen seiner Schüler ein. Während es im normalen Gespräch ganz offensichtlich Gesprächspausen gibt, wird den Gesprächsteilnehmern im Klassenzimmer kaum Zeit zum Nachdenken gewährt.

Aus meiner Beobachtung der Unterrichtspraxis habe ich allerdings den Eindruck gewonnen, daß Schüler in der Tat nur selten von sich aus ein Kommunikationsnetz spannen. Dies liegt aber offensichtlich daran, daß die Lernenden ganz bestimmte Kommunikationserwartun-

---

[1] aus Gründen der Schreibökonomie werden *die Lehrerin* und *der Lehrer* unter der maskulinen Form zusammengefaßt. Entsprechend meint *der* Schüler immer zugleich auch *die Schülerin*.

gen haben: sie sind es gewohnt, daß der Lehrer die Interpretation lenkt und das Gespräch zu einem ganz bestimmten Ergebnis führt. Für den einzelnen Lehrer dürfte es schwer sein, mit diesen Kommunikationserwartungen zu brechen.

Wie kann der Lehrer seinen Schüler vermitteln, daß er als Gesprächspartner gesehen werden will, dessen Texteindrücke nicht die Interpretationsrichtung vorgeben?

Schüler und Lehrer müssen offensichtlich bereit sein, sich auf eine gemeinsame Bedeutungskonstitution im Textgespräch einzulassen, und gegebenenfalls ein offenes Interpretationsergebnis zu akzeptieren. Die Vertrautheit mit dem literaturtheoretischen Denkansatz „Deconstruction“ dürfte dem Literaturlehrer m.E. helfen, eine multidimensionale Textbetrachtung zu akzeptieren.

Aber führt nicht eine sprachliche Überlegenheit des Fremdsprachenlehrers zwangsläufig zu seiner inhaltlichen Dominanz im Interpretationsgespräch? Meine Forschungsarbeit legt den Schluß nahe, daß die kognitive und affektive Gesprächsemanzipation des Fremdsprachenschülers keineswegs an die Form sprachbezogener Lehrer-Schüler-Interaktion gebunden ist. Allerdings sollte der Fremdsprachenlehrer seinen Schülern vermitteln können, daß ihr Wert als Gesprächspartner nicht auf der sprachlichen Korrektheit ihrer Mitteilung beruht. Die Schüler müssen bereits in der Verwirklichung einer Kommunikationsabsicht einen Lernerfolg sehen dürfen. Es ist offenbar wichtig, daß die fremdsprachlichen Redemittel im Gespräch erprobt werden können, da nur so ein Ausbau vorhandener Sprachkompetenzen möglich ist. Damit sei allerdings nicht impliziert, daß der Lehrer keine Sprachkorrekturen während des Interpretationsgesprächs vornehmen darf. Das Kommunikationsverhalten der Teilnehmer zeigte mir nämlich, daß sprachbezogene und mitteilungsbezogene Interventionen des Lehrers sehr unterschiedlich bewertet werden. Während sprachliche Hilfestellungen begrüßt wurden, schien die inhaltliche Gesprächssteuerung und -evaluation einen eher negativen Effekt auf das Interpretationsengagement der Teilnehmer zu haben.

Aus der Perspektive der hermeneutisch-interaktiven Literaturdidaktik (cf. Nissen 1974, Bredella 1980, Hunfeld 1982) ist leicht zu erklären, warum sich eine inhaltliche Gesprächssteuerung durch den Lehrer negativ auf die Unterrichtsbeteiligung auswirken kann. Wenn wir mit Bredella (1985:54) davon ausgehen, daß „die Bedeutung des literarischen Textes nicht in ihm selbst liegt, sondern sich erst in der Interaktion zwischen dem Text einerseits und dem Vorwissen und den Tätigkeiten des Lesers andererseits bildet“, dann muß die unterrichtliche Literaturrezeption als ein Prozeß gesehen werden, in dem sich das Textverständnis der Lernenden erst in der Auseinandersetzung mit der Deutungsperspektive des Lehrers und der Mitschüler ausformt. Doch darf der Fremdsprachenlehrer tatsächlich davon ausgehen, daß „literarische Texte das lebensweltliche Vorverständnis und die sinnbildenden Tätigkeiten des Schülers aktivieren und ihn zu kognitiven und affektiven Reaktionen herausfordern, in denen er sich selbst erkennen kann?“ (cf. ibid.:85) Weder für den fremdsprachlichen noch den muttersprachlichen Literaturunterricht ist bisher empirisch untersucht worden, inwieweit das individuelle Textverständnis der Schüler einer Lerngruppe grundsätzlich (nach Klärung eventueller sprachlicher Probleme) erlaubt, unabhängig vom Lehrer gezielte Gesprächsinteressen zu entwickeln. Es ist außerdem ungeklärt, inwieweit die unterrichtliche Literaturrezeption in der Lerngruppe durch die Form der kommunikativen Interaktion im fremdsprachlichen Interpretationsgespräch bestimmt wird.

Der Anspruch auf eine vollständige Erfassung der rezeptionsbezogenen Kommunikationsbedingungen im fremdsprachlichen Literaturunterricht konnte allerdings auch in meiner eigenen Forschungsarbeit nicht erfüllt werden, da die gewählte Untersuchungsperspektive sich auf wenige Aspekte fremdsprachlichen Lernens konzentrierte. Die Betrachtung von Fremdsprachenunterricht nach diesen Aspekten führte zu verallgemeinerten Aussagen über die Gesprächsbereitschaft der betreffenden Lerngruppen. Dabei konnten individuelle Unterschiede in der affektiv bedingten Gesprächsmotivation der einzelnen Schüler nur bedingt berücksichtigt werden. Außerdem hatte die Hamburger Schulbehörde die Untersuchung auf zehn Versuchsgruppen begrenzt, so daß die Analyse fremdsprachlicher Interpretationsgespräche von vornherein auf wenige Einzelstudien eingeschränkt war.

Bei der hier vorliegenden Forschungsarbeit handelt es sich daher nur um eine Pilotstudie zum fremdsprachlichen Literaturunterricht, aus der nur einige Tendenzen in fremdsprachliches Lehr- und Lernverhalten ersichtlich werden. Die Frage, welche Bedeutung das kommunikative Interaktionsverhalten im Klassenzimmer für die Intensität fremdsprachlicher Rezeptionsgespräche hat, wird deshalb in Hinblick auf andere Lerngruppen und -situationen weiter geprüft werden müssen. Mir ging es in diesem Projekt nicht um die Formulierung endgültiger Forschungsergebnisse, sondern vielmehr um die Entwicklung und Erprobung eines Analyse*instrumentariums* zur kritischen Evaluation fremdsprachlicher Interpretationsgespräche im Literaturunterricht der Oberstufe.

Ausgehend von den Methoden der angelsächsischen Ethnographie (Erickson 1986:127ff, Edwards & Furlong 1986, Walker & Adelman 1986) und Interaktionsforschung (Flanders 1960, Bailey 1975, Sinclair und Coulthard 1975) wurde ein multidimensionales Verfahren entwickelt, das eine qualitative und quantitative Erfassung der unterrichtlichen Kommunikationsstrukturen ermöglicht. Dabei bin ich der Auffassung von Allwright und Bailey (1991) gefolgt, daß sich die hermeneutisch-interpretative und die quantitativ-systematische Forschungsmethodik durchaus vereinbaren lassen. Das von Sinclair und Coulthard (1975) entwickelte linguistische Kategoriensystem zur Analyse muttersprachlicher Kommunikation an englischen Schulen mußte in Hinblick auf die Kommunikationsbedingungen deutschen Fremdsprachenunterrichts differenziert und erweitert werden. Wichtige Anregungen zu einer systematischen Konversationsanalyse fremdsprachlichen Unterrichts in deutschen Klassenzimmern fanden sich bei Hüllen & Lörscher (1979) und Lörscher (1983).

Sowohl die distanzierte Analyse und Evaluation des Unterrichtsgeschehens als auch das subjektive Unterrichtserlebnis der beteiligten Schüler vermittelten Einblicke in die Voraussetzungen intensiver fremdsprachlicher Rezeptionsgespräche. Grundlage für die Strukturierung der in der Unterrichtspraxis (im Rahmen dieses Projekts) beobachteten Kommunikationsformen ist das wissenschaftstheoretische Konstrukt *schülerorientierten* Lernens, das seinerseits durch die empirische Beobachtung und Evaluation fremdsprachlicher Unterrichtskommunikation differenziert und konkretisiert wird.

Der erste Teil der Arbeit beginnt mit einer Reflexion *schülerorientierten* Lernens und führt zu einer Evaluation existierender fachdidaktischer Konzeptionen zur kommunikativen Interaktion im fremdsprachlichen Literaturunterricht der Sekundarstufe II. Die theoretischen Grundlagen der vorgenommenen empirischen Unterrichtsforschung zum fremdsprachlichen Rezeptionsgespräch finden sich im zweiten Teil dieser Arbeit. Der dritte Teil enthält die Darstellung der konkreten Versuchsdurchführung und die Explikation der Forschungsergebnisse. Er bietet außerdem eine kritische Reflexion der praktizierten Forschungsmethode und erörtert die Möglichkeiten und Grenzen zukünftiger Untersuchungsprojekte zum fremdsprachlichen Literaturunterricht.

Erster Teil

Zur Konzeption der Schülerorientierung

1. „Schülerorientierung“ als Chamäleon pädagogischer Begriffsbildung

1.1 Der gesprächsdidaktische Ansatz der Antike und die Sprachtheorie Wilhelm von Humboldts

Socrates: It may be that you are right, Hermogenes; but let us see. Whatever name we decide to give to each particular thing is its name?

Hermogenes: Yes.

Socrates: Whether the giver be a private person or a state?

Hermogenes: Yes.

Socrates: Well, then, suppose I give a name to some thing or other, designating, for instance, that which we now call 'man' as 'horse' and which we now call 'horse' as 'man', will the real name of the same thing be 'man' for the public and 'horse' for me individually, and in the other case 'horse' for the public and 'man' for me individually? Is that your meaning?

Hermogenes: Yes, that is my opinion.

Socrates: Now answer this question. Is there anything that you call the truth and speaking falsehood?

(Plato's *Cratylus*, Fowler transl. 1926)

Hermogenes bejaht diese Frage und räumt damit ein, daß die Willkür individueller Namensgebung eine kommunikative Verständigung über die Gültigkeit einer Aussage wie „ein Mensch hat vier Beine“ ausschließt. Auch die neuzeitliche Sprachphilosophie ist mit Wilhelm von Humboldt zu der Erkenntnis gelangt, daß die Sprache kein „freies Erzeugnis des einzelnen Menschen“ ist (cf. Humboldt v. 1827, 1963:18). Sie verdanke ihr Entstehen vielmehr „dem Wirken einer allgemeinen menschlichen Geisteskraft“ (cf. Kahl 1962):

> Indem nun die Nationen sich dieser, schon vor ihnen vorhandenen Sprachelemente bedienen, indem diese ihre Natur der Darstellung der Objecte beimischen, ist der Ausdruck nicht gleichgültig, und der Begriff nicht von der Sprache unabhängig (Humboldt v. 1827, 1963:19).

Doch „die allgemeine Sprachkraft bedarf, um wirklich zu werden, der Konkretion im Individuum. Sie muß immer wieder im jeweiligen Vollzug des Sprechens aktualisiert werden.“ (Kahl 1962:20f). Während Platons Cratylus seinen Schüler Hermogenes noch lehrte, die Sprache als ein feststruktiertes unveränderliches System zu betrachten, in dem keine individuelle Sprachkraft wirken kann, finden sich in Humboldts dynamischer Sprachauffassung durchaus Ansätze eines individualistischen Sprachverständnisses:

> Keiner denkt bei dem Wort gerade das, was der andre, und die noch so kleine Verschiedenheit zittert, wenn man die Sprache mit dem beweglichsten aller Elemente vergleichen will, durch die ganze Sprache fort... Alles Verstehen ist daher immer zugleich ein Nicht-Verstehen, eine Wahrheit, die man auch im praktischen Leben trefflich benutzen kann, alle Uebereinstimmung in Gedanken und Gefühlen zugleich ein Auseinandergehen (Humboldt v. 1827,1963:228).

Dieses Auseinandergehen der Gesprächspartner wird allerdings von Humboldt keineswegs bedauert, da er darin die Chance des einzelnen sieht, auf das Sprach- und Denksystem seiner linguistischen Gemeinschaft zurückzuwirken:

> Der Gesetzmäßigkeit der überkommenen Sprache und ihrer Formen steht die unbestimmbare und unerklärliche Freiheit des einzelnen gegenüber, dieses Sprachsystem für sich zu verändern und einen neuen, nicht vorhersehbaren Beitrag zur Gemeinschaft zu liefern (Brusch 1986:38).

Für die sprachliche Ausbildung in der Schule bedeutet dies, daß die Lernenden einerseits in die Gesetzmäßigkeiten der Sprache eingeführt werden müssen, auf der anderen Seite aber auch die Möglichkeit haben sollten, das Zusammenwirken sprachlicher Zeichen individuell unterschiedlich zu erfahren. Wichtig für das gegenseitige Verstehen in einer Gemeinschaft ist nach Humboldt die Versprachlichung von Gedanken; aber auch für das Individuum selbst bedeutet die „Verstehbarkeit seiner Worte" eine notwendige Voraussetzung für sein eigenes Denken.

Wie aber ist die Kommunikation innerhalb einer (schulischen) Gemeinschaft überhaupt möglich, wenn ihre Mitglieder nicht dieselben Begriffe gebrauchen? Humboldts Sprachphilosophie hält darauf folgende Antwort bereit:

> Die Menschen verstehen einander nicht dadurch, dass sie sich Zeichen der Dinge wirklich hingeben, auch nicht dadurch, dass sie sich gegenseitig bestimmen, genau und vollständig denselben Begriff hervorzubringen, sondern dadurch, dass sie gegenseitig in einander dasselbe Glied der Kette ihrer sinnlichen Vorstellungen und inneren Begriffserzeugungen berühren, dieselbe Taste ihres geistigen Instruments anschlagen, worauf alsdann in jedem entsprechende, nicht aber dieselben Begriffe hervorspringen (Humboldt v. 1827, 1963:559f).

Eine lerner- bzw. schülerorientierte Kommunikation in einer sozialen Gemeinschaft wie der Schule dürfte (nach der Sprachkonzeption Humboldts) nicht auf einer einseitigen Wissensvermittlung in fossilierten Sprachstrukturen beruhen, sondern müßte vielmehr einen kognitiven und affektiven Austausch zwischen Lehrenden und Lernenden erlauben. Kann oder will sich nun ein Lehrer nicht in die Denkweise seiner Schüler hineinversetzen, würde er ihnen damit gleichzeitig die Möglichkeit zur Konkretion ihres Denkens und zur Differenzierung ihres Sprachvermögens nehmen. Auf der anderen Seite wird eine sprachliche und inhaltliche Lernprogression noch nicht allein dadurch bewirkt, daß der Lehrer die Rezeptionsperspektive seiner Schüler nachvollziehen kann. Es ist außerdem erforderlich, daß der Lehrende trotz seines Wissens- und Erfahrungsvorsprungs, der eine hierarische Kommunikationsstruktur nahelegt, den Schüler nicht bevormundet, sondern ihn als Gesprächspartner ernst nimmt.

In Platons *Cratylus* wird ein Kommunikationsmodell vorgestellt, in dem die Rezeptionsperspektive des Schülers Ausgangspunkt für ein Gespräch ist, das den Schüler schließlich zum kritischen Nachdenken über seine eigene Position veranlaßt. Sokrates will seinem Schüler Hermogenes die Absurdität einer voreiligen Meinungsbildung (griechisch: *doxa*) ohne reflektierenden Diskurs aufzeigen; die Zielsetzung dieses Sokratischen Gesprächs besteht entsprechend darin, die Implikationen der Schülermeinung evident zu machen, ohne den Gesprächspartner auf eine bestimmte Doktrin festzulegen.

In den Sokratischen Dialogen zeigt sich also im Gegensatz zu der Streitrede der Sophisten[1]

> eine echte Aufgeschlossenheit für eine neue Wahrheitserkenntnis... Der in seiner Position gefährdete Gesprächspartner verfällt nicht mehr in die Versuchung, sich zur Rettung seines Ansehens durch taktische Kniffe der Wahrheit zu verschließen oder das Gespräch abzubrechen. Er wird vielmehr für eine echte Selbstbesinnung gewonnen (E. Müller 1965:17).

Der Gesprächsführer verlangt keine passive Übernahme seiner Lehrmeinung, sondern ermuntert seine Schüler zur kritischen Reflexion ihres eigenen Gesprächsstandpunktes. Durch die kritische Rückbesinnung auf die Grundzüge ihrer Erkenntnisse wird den Lernenden dabei nicht selten die Unzulänglichkeit ihrer Präsuppositionen deutlich.

In der sokratischen Schule sehen wir also drei Leitprinzipien des modernen „schülerorientierten“ Unterrichts verwirklicht: *1) Der Wahr-*

[1] Der Historiker F. Chatelet (1973:86) beschreibt die Gesprächshaltung der Sophisten folgendermaßen: „Jeder lebt in seiner *Gewißheit*; was er glaubt, stellt er unmittelbar als wahr hin. Ganz genauso unmittelbar verwirft er die Gewißheit des anderen. Wenn er überlegt, tut er es nicht, um sich von seiner Überzeugung zu distanzieren, sondern um Beispiele und Argumente zu finden, die sie bestätigen. Wenn er sich auf ein Gespräch einläßt, so tut er es in einem Monolog, der taub bleibt gegen die Behauptungen des Antagonisten, um zu *behaupten*, um zu *sagen*.“

nehmungshorizont des Schülers[2] *ist Referenzzentrum der Lehreräußerung. 2) Die Lerninhalte werden aus der subjektiven Erfahrungsperspektive des Schülers entwickelt. 3) Der Lehrer nimmt den Schüler als Gesprächspartner ernst.*

1.2 „Schülerorientierung" im modernen didaktischen Gespräch

Die Gesprächsrichtung in einem solchen Sokratischen Dialog wird allerdings permanent durch die Fragen des Lehrers bestimmt; auch wenn dem Lernenden zunächst der Eindruck vermittelt wird, daß der Lehrer nur fragt, weil er sich für die Sichtweise seines Schülers interessiert, wird der Schüler auf längere Sicht hin die Fragetechnik des Lehrers durchschauen und möglicherweise die Antwort sogar verweigern.

Die sokratische Gesprächsführung ist in dieser Form offensichtlich nicht auf die Kommunikationsabläufe im Klassenzimmer übertragbar, da sich der Lehrer in der Regel nicht den Anschein gibt, daß er als Unwissender den Schüler als Wissenden fragt. Müller (1965:16) bezeichnet allerdings auch das im Unterricht oft beobachtbare Frage- und Antwortspiel zwischen Lehrer und Schüler als sokratisches Lehrgespräch:

> Der Frager weiß die Antwort vorher, und seine Kunst besteht gerade darin, so zu fragen, daß nur eine Antwort möglich und richtig ist. Er verfolgt ein vorher von ihm festgelegtes Unterrichtsziel. Er steht nicht im Kreis, sondern über dem Kreis der Redenden (Müller 1965:17).

Brusch (1986) kritisiert, daß „gegenseitige Verständigung und Erarbeitung einer gemeinsamen Erkenntnis - Ziel des echten Gesprächs" - in einem solchen Lehrgespräch nicht erreicht werden können (ibid.:108).

---

[2] Im Unterschied zur Antike handelt es sich in der modernen Zeit selbstverständlich nicht nur um Schüler, sondern auch um Schülerinnen. Lediglich aus Gründen sprachlicher Ökonomie werden in dieser Arbeit weibliche Schüler, Lehrer etc. nicht separat mit dem Suffix -innen genannt.

Bevor wir jedoch die Kommunikationsstruktur „echter“ Gespräche als Maßstab für eine „schülerorientierte“ Unterrichtsform akzeptieren, sollten wir uns zunächst fragen, ob die schulische Verwirklichung „echter“ Gespräche überhaupt mit der Zielsetzung der Institution Schule zu vereinbaren ist. Wenn wir nämlich mit Martin Buber (1973:196) davon ausgehen, daß ein echtes Gespräch nicht planbar ist, dann dürfte der Unterrichtsdiskurs nicht auf ein bestimmtes Lernziel ausgerichtet werden.

> ..ein echtes Gespräch kann man nicht vordisponieren. Es hat zwar seine Grundordnung von Anbeginn in sich, aber nichts kann angeordnet werden, der Gang ist des Geistes, und mancher entdeckt, was er zu sagen hatte, nicht eher, als da er den Ruf des Geistes vernimmt (Buber 1973:196).

Wenn aber ein „Unterrichtsgespräch“[3] nicht geplant und der Schüler nicht instruiert werden darf, kann die Schule dann noch lehren?

> Schule und Unterricht sind Stätten des Lernens, in denen Heranwachsende unter Anleitung von Lehrern die Qualifikationen erwerben sollen, die sie für die <Bewältigung von Lebenssituationen> befähigen (Ritz-Fröhlich 1977:18).

Die Schule ist jedoch zugleich der Ort, an dem sich der Jugendliche zu einem selbständig denkenden und handelnden Erwachsenen entwickeln soll. Es geht also nicht nur um die Vermittlung von Fakten und Fertigkeiten, sondern immer zugleich auch um ihre kritische Evaluierung durch das rezipierende Subjekt Schüler. Die Emanzipation des Lernenden kann also nur in einem Gespräch verwirklicht werden, das ihn als Gesprächspartner ernst nimmt und ihm die Möglichkeit gibt, einen eigenen Rezeptionsstandpunkt zu entwickeln. In einem pädagogischen Dialog, der den Schüler als Projektionsfeld der Lehrerperspektive versteht, kann dieses Erziehungsziel offensichtlich

---

[3] Cf. W. Lochs Buberkritik (1956:528): „Ein Gespräch ist eo ipso *frei*; wie *Unterricht* wesenhaft *gebunden* ist. Deshalb ist die Wortverbindung 'Unterrichtsgespräch' nicht nur unglücklich, sondern verzerrt auch die Reinheit der Phänomene Unterricht und Gespräch und macht sie dadurch pädagogisch unwirksam.“

nicht erreicht werden.

Aus diesen Überlegungen dürfte deutlich geworden sein, warum sich der Unterricht auch in den Phasen der Wissensvermittlung nicht der Möglichkeit eines „echten“ Gesprächs verschließen darf. Sind Lehrer und Schüler nämlich nicht zu einem offenen Gesprächsaustausch bereit, besteht die Gefahr, daß die Lerninhalte und -methoden einseitig aus der Perspektive des Lehrenden fixiert werden und die Lernenden nicht erreichen, weil ihnen die entsprechende Wissens- und Erfahrungsgrundlage fehlt. Auch gilt es zu berücksichtigen, daß

> Schüler nicht nur (positive) Interessen an einem Thema (haben), sondern auch Abneigungen, Desinteressen, Vorurteile und Einstellungen, die den Unterrichtsverlauf entscheidend beeinflussen könnten (Meyer 1985:305).

Solchen negativen Lerneinstellungen kann der Lehrer aber offensichtlich nur dann argumentativ begegnen, wenn die Möglichkeit zu einem offenen Gespräch im Klassenzimmer besteht. Eine schülerorientierte Gestaltung von Unterricht darf nach Meyer (1985:205) allerdings auch nicht dazu führen, daß die Lerninhalte ausschließlich durch die (situationsspezifischen) subjektiven Interessen und Bedürfnisse der Schüler bestimmt würden, denn dies würde zur Aufhebung von Schule und Unterricht überhaupt führen (cf. ibid.:307). Wenn wir auf der anderen Seite akzeptieren, daß die Institution Schule bestimmte gesellschaftlich bestimmte Lerninhalte vermitteln soll, dann müssen wir prinzipiell eine hierarische Kommunikationsform, in der dem Schüler Wissen vermittelt wird, akzeptieren. Der Lehrer, der dem Schüler Wissen vermitteln will, sollte also nicht - wie im sokratischen Dialog üblich - bei dem Schüler den Eindruck erwecken, daß es sich um ein echtes Gespräch handelt. Bekennt sich der Lehrer vielmehr offen zu seinem „didaktischen“ Fragestil, ist es ihm möglich, den Lehr-/Lernstoff im Gespräch mit den Schülern zu entwickeln, ohne daß er den Unwissenden spielen muß. Geht er in einem solchen Lehrgespräch gezielt auf die alterbezogenen und ausbildungsbedingten Wissensdefizite seiner Schüler ein, dürfte diese Form unterrichtlicher Kommunikation durchaus als schülerorientiert gelten.

Der Gesprächstheoretiker E. Müller (1965:15) kritisiert allerdings, daß in jeder didaktisch ausgerichteten Lehreräußerung bereits ein rhetorisches Täuschungsmanöver liege. S.E. ist ein Unterrichtsgespräch nur dann schülerorientiert, wenn Lehrer und Schüler einander echte Fragen stellen. Dabei übersieht Müller aber offensichtlich den sprachpragmatischen Aspekt schulischer Kommunikation, der besagt, daß eine sprachliche Äußerung immer erst in ihrem situativen Kontext verständlich wird:

> Assertions, requests, commands, pleas and so on are often recognized as much from the context in which they are delivered as from the form they are expressed... Utterances which might otherwise be ambiguous are clarified by knowing what teachers and pupils typically mean, the structure of teacher-pupil relationships providing a basis for assigning meaning to what is said (Edwards/Furlong 1978:55f).

Der Schüler hat gelernt, eine Lehrerfrage gegebenenfalls auch als Handlungsanweisung zu verstehen. Es ist dabei natürlich nicht auszuschließen, daß er eine echte Frage des Lehrers wie z.B. die Erkundigung, warum er gerade gelacht habe, als disziplinarische Maßnahme mißversteht.

> But the mistake arises partly from knowing the typical function of such an utterance (Edwards/Furlong 1978:56).

Jeder Schüler weiß, daß ein Lehrer nicht *nur* fragt, um ein Wissensbedürfnis kundzutun. Müllers Auffassung von einer „Schülerorientierung“ des Unterrichtsgesprächs sieht die Rolle des Lehrers jedoch zu einseitig als die des Gesprächspartners, der seinen Erkenntnis- und Wissensvorsprung nicht in das „Spiel“ bringen darf. In dem von Müller beschriebenen „Frage- und Antwortspiel“ didaktischer Kommunikation wird aber offensichtlich übersehen, daß die Institution Schule von dem Lehrer fordert, nicht nur „Mitspieler“, sondern auch „Trainer“ und „Schiedsrichter“ zu sein (cf. Edwards/Furlong 1978:18).

> Der Lehrer stellt <aber> (meine Ergänzung) nicht etwa die andere Mannschaft dar, sondern 'verwaltet die Regeln - in einer Art Rollenschwebe

> zwischen Mitspieler, .. Schiedsrichter <und Trainer> (meine Ergänzung). Es gibt keine 'gegnerische' Mannschaft. Der in diesem Spiel zu überspielende 'Gegner' ist in den eigenen Ausführungen und Ausübungen zu suchen (Nissen 1980:3).

Wenn wir also den unterrichtlichen Diskurs nach seiner „Schülerorientierung" beurteilen wollen, dürfen wir dabei die schulischen Kommunikationsvoraussetzungen nicht außer Acht lassen. Um feststellen zu können, wie „schülerorientiert" im Unterricht kommuniziert wird, genügt es nicht, die „Schülerorientierung" des Lehrers allein an seinem Verhalten als „Mitspieler" zu messen, sondern es muß auch berücksichtigt werden, wieweit er seine Autorität als „Trainer" und „Schiedsrichter" in den Dienst des Schülers stellt. Wird sie beispielsweise dazu benutzt, einem Schüler zu seinem Rederecht zu verhelfen, indem sie einem anderen das „Abseits" erklärt, oder wird sie nur dazu eingesetzt, den Lehrer im „Ballbesitz" zu halten?

Theoretiker und Praktiker haben sich insbesondere seit der Reformpädagogik um alternative schülerbezogene Unterrichtsmethoden bemüht.[4] Das Ergebnis waren u.a. Lernformen, bei denen sich der Schüler für einen bestimmten Zeitraum ohne Lehrerlenkung selbstständig mit einer Problemlösung auseinandersetzen sollte. Projektuntericht, Gruppenarbeit, offener Unterricht etc. haben den traditionellen Unterricht durchaus um „schülerorientierte" Dimensionen bereichert, indem sie von dem Schüler verstärkt Eigenplanung und -verantwortung bei der Bewältigung einer Lernaufgabe verlangten und mitunter sogar seine Mitarbeit bei der Formulierung eines Lernziels suchten.[5] Für die Berücksichtigung der Schülerperspektive *im lehrergeführten Klassengespräch* haben diese neuen Lehrformen jedoch wenig getan. Hier aber liegt ein dringendes Desiderat der Forschung,

---

[4] Nach Meyer (1987:142) ist „seit der Reformpädagogik die Frage nach der Wahl der richtigen Sozialformen in den Vordergrund gerückt."

[5] Cf. Meyer & Meyer (1996:193): „Daß SchülerInnen in der Lage sind, ihr eigenes methodisches Handeln bewußt wahrzunehmen, zu planen und zu kontrollieren, zeigen beeindruckende Erfahrungen in Freiarbeit und offenen Unterricht."

denn das gelenkte Unterrichtsgespräch gilt heute noch immer als die zentrale Sozialform:

> Das gelenkte Unterrichtsgespräch ist das *Schmieröl* für den Unterrichtsprozeß. Wir sollten uns also fragen, ob es wirklich zwei Drittel der gesamten Frontalunterrichts-Zeit ausmachen muß, und warum wiederum zwei Drittel der durchschnittlichen Rede-Anteile des gelenkten Unterrichtsgesprächs von den LehrerInnen und nur ein Drittel von den SchülerInnen stammen. (Meyer & Meyer 1996:207).

Dennoch hat die von der allgemeinen Didaktik erhobene Forderung nach Schülergemäßheit des Unterrichts offenbar in den letzten zwanzig bis dreißig Jahren zu einer „Liberalisierung im Lehrer-Schüler-Verhältnis geführt“, wenn auch dieser Einstellungswandel noch nicht zu einer veränderten Lehrform geführt habe (cf. Wenzel 1996:150). Die Schwierigkeit der Lehrer, den Frontalunterricht zu reduzieren, erklären Meyer und Meyer (1996:188) damit, daß diese Unterrichtsform gerade *leistungsstarken* Lehrern Spaß mache: „Es kann eine unmittelbare Rückkopplung erfolgen, was Schüler bei ihnen gelernt haben.“ Gerade von einem guten Lehrer sei aber zu erwarten, daß er sich um eine „Abnabelung der SchülerInnen“ bemühe. Ein zweites, häufig von Lehrern gegen den Frontalunterricht verwandtes, Argument ist nach Meyer und Meyer (1996:189f) das angeblich besonders schnelle Lerntempo: „Die Angst, mit dem Stoff nicht durchzukommen, ist das entscheidende Hindernis für die Einführung von Methodenvielfalt im Schulalltag.“

Es mag also nicht überraschen, daß die (in Meyer & Meyer 1996:182 genannten) Prozentanteile des Frontalunterrichts „je nach Schulform, Schulfach, Bundesland und empirischer Erhebungsmethode zwischen 69 und 95 Prozent“ liegen.[6]

In der didaktischen Theoriebildung der 80iger und 90iger Jahre besteht dennoch prinzipiell Einigkeit über die Notwendigkeit schülergemäßen Unterrichts. Tendenziell wird eine gemäßigte Form schüler-

---

[6] Cf. Ascherleben (1993:143): „Schülergemäßheit heißt in Richtlinien, Leistungsfähigkeit und Leistungswille des einzelnen Schülers zu berücksichtigen.“

orientierten Lernens vertreten, die die leitende Autorität des Lehrers nicht in Frage stellen soll (cf. Wagner 1982/ 2. Aufl., Meyer 1985:199-210, Aschersleben 1993:127-136, Meyer & Meyer 1996: 199). Die Richtlinien der Länder fordern heute entsprechend für alle Schulformen und Fächer eine „schülerorientierte" Form des Unterrichts, ohne sich aber gegen den Frontalunterricht auszusprechen.

In der Lehrerausbildung wird Studenten und Referendaren bereits frühzeitig deutlich gemacht, daß „guter" Unterricht stets am Schüler orientiert zu sein habe.[7] Die Vorstellung von einer „Lehrerdominanz" ist dagegen so negativ belegt, daß auch Anhänger „lehrerzentrierter" Ansätze es heute vorziehen, unter der Flagge der „Schülerorientierung" zu segeln. Und wer will es ihnen übelnehmen? Kann nicht ein autoritärer Unterrichtsstil auch dann als „schülerorientiert" gelten, wenn er den gewünschten Lernerfolg zeigt?

Begriffe wie „Schülerorientierung" und synonym dazu „Schülerzentrierung" oder „Schülerbezogenheit" sind offensichtlich in der Geschichte der modernen Erziehungswissenschaft so häufig verwandt worden, daß die damit bezeichnete pädagogische Konzeption zum Spielball erziehungswissenschaftlicher Theoriebildung geworden ist (cf. Aschersleben 1993:128).

Doch was bedeutet nun die Forderung nach „Schülerorientierung" tatsächlich für die praktische Gestaltung von Unterricht? Wo liegt der Maßstab für eine sogenannte „Lehrerdominanz"?[8]

Muß nicht ein Lehrer, der seinen Schülern keine Möglichkeit zu eigener Impulsgebung gibt, sich aber bemüht, die Gesprächsanlässe den Interessen und Neigungen der Schüler anzupassen, als wesentlich

---

[7] Wenzel (1996:151) weist darauf hin, daß in den letzten 15 Jahren „eine Fülle erprobter Anregungen" für einen schülerorientierten Unterricht in den verschiedensten Fächern vorgelegt worden ist.

[8] Auch Schier (1989:18) weist darauf hin, daß „*Schülerorientierung* kein eindeutiger Fachbegriff der Pädagogik oder Didaktik ist. So findet man Begriffsbestimmungen der unterschiedlichsten Art".

„schülerorientierter“ gelten als derjenige, der die Gesprächsinitiation den Schülern überläßt, dann aber ständig in das Gespräch eingreift, um die Überlegungen der Schüler zu evaluieren?

Derartige Überlegungen dürften zeigen, daß eine schematische Kategorisierung des Unterrichts in „lehrerdominiert“ oder „schülerorientiert“ der Beschreibung des Unterrichtsgeschehens nicht gerecht werden kann und mag andeuten, wie leicht der allgemeine Begriff „Schülerorientierung“ zum Baustein jedes pädagogischen Gebäudes werden kann, wenn er nicht aus fachspezifischer Perspektive konkretisiert wird. Es ist hier nicht der Ort, die zahlreichen allgemeinen Definitionen der letzten Jahrzehnte zu rekapitulieren, denn dies ist bereits von Schier (1989), nach der Analyse einer ebenso umfangreichen wie allgemein gehaltenen Grundlagenliteratur, geleistet worden. Es sei hier nur die eine Definition wiedergegeben, die uns nach Schiers Auffassung „etwas (G)enaueres erfahren“ läßt (ibid.:19):

> Schülerzentrierter Unterricht ist für uns kein Idealtypus eines Unterrichts, den man nach Art des "Alles-oder-Nichts entweder durchführt oder "verfehlt", sondern ein Prozeß, in dessen Verlauf Lehrer und Schüler gemeinsam dirigistisches Verhalten abbauen und die unterrichtliche Struktur so verändern, daß ein zunehmend größeres Ausmaß an Selbständigkeit und Mitbestimmung der Schüler möglich wird (Wagner 1982:28).

Schier ist offenbar der Meinung, daß das pädagogische Ideal der „Schülerorientierung“ im Schulalltag ohnehin nur bedingt verwirklicht werden könne, da die individuelle Ausgangslage der Schüler für den Lehrenden nicht unbedingt erkennbar sei. Die Schule müsse den sogenannten „objektiven“ Schülerinteressen nachkommen und sich dabei aus pädagogischer Verantwortung gegebenenfalls den „subjektiven“ Schülerbedürfnissen verschließen:

> Es ist nun klar, daß sich objektive und subjektive Schülerinteressen nicht immer im Einklang befinden. Schüler würden u.U. wochenlang oder monatelang Bingo oder Hangman spielen, während die Lehrer davon ausgehen, daß beispielsweise Hörverstehensübungen oder auch Gramma-

> tikunterricht im objektiven Interesse ihrer Schüler liegen (Schier 1989:22).

Es ist jedoch Schier und nicht der Schüler, der hier Grammatikinstruktion und 'Hangman' auf eine Lernebene rückt. Sicherlich mag es für den Fachlehrer naheliegen, die Lustlosigkeit seiner Grammatikschüler mit ihrem ausgeprägten „Spieldrang" zu erklären; mit einer solchen Erklärung sollte er jedoch nicht der Überprüfung seiner Sprachlehrmethode aus dem Wege gehen. Auch wenn der Lehrer von der Institution Schule verpflichtet wird, den „objektiven" Interessen der Lerngruppe nachzugehen, so sollte er dabei keineswegs die subjektiven Schülerinteressen außer Acht lassen:

> Der Unterricht soll bei den subjektiven Schülerinteressen einsetzen, weil am Bewußtseinsstand der Schüler vorbei keine selbstbestimmten Lernprozesse eingeleitet werden können. Ausgang von den subjektiven Interessen bedeutet natürlich nicht, daß man im Unterricht bei ihnen stehenbleiben soll (Meyer 1985:307).

1.3 Der Status Quo der Erziehungswissenschaft

Um die von der Pädagogik und Didaktik bisher nicht eindeutig definierte Konzeption der „Schülerorientierung" mit konkreten empirischen Inhalten füllen zu können, wird es erforderlich sein, bestimmte Kriterien für die Diagnose der Schülerperspektive im Unterrichtsgeschehen zu finden. Empirische Unterrichtsforschung dürfte einen wesentlichen Beitrag dazu leisten können, daß die Kategorisierung von Unterrichtsgesprächen nach „schüler-" und „lehrerorientierten" Kommunikationszügen nicht mehr didaktischen Modetrends unterworfen bleibt. Aschersleben (1993:129) betont in diesem Zusammenhang,

> daß es sich die Didaktiker zu einfach machen, wenn sie jedes Jahrzehnt ein neues Etikett verkünden und dafür eine neue schülerorientierte Programmatik entwerfen und weiterhin darauf verzichten, sich empirisch forschend mit der Schulwirklichkeit zu beschäftigen.

Wenn dagegen die Konzeption der „Schülerorientierung" aus der

Analyse tatsächlich erlebten Unterrichts abgeleitet wird, ergibt sich daraus ein vergleichbarer Maßstab für den Grad der „Lehrerdominanz“ in verschiedenen, heute praktizierten, Unterrichtsformen.

Auch wenn bestimmte didaktische Ansätze zur „Schülerorientierung“ des Unterrichts heute im Licht moderner Wahrnehmungs- und Erkenntnistheorien überzeugender wirken als andere[9], kann uns dies nicht darüber hinwegtäuschen, daß es bislang keine statistisch relevante Untersuchung gibt, die das Lerninteresse des Schülers in Beziehung zu dem Interaktionsverhalten seines Lehrers setzt.

1.4 Die Notwendigkeit empirischer Unterrichtsforschung

> Teachers and researchers alike want to know whether classroom interaction does, in fact, lead to enhanced language learning (Allwright & Bailey 1991:13). [10]

Für die Grundlegung der Erziehungswissenschaft als empirischer Unterrichtsforschung bieten m.E. Leo van Liers Überlegungen einen wichtigen Ansatzpunkt:

> <Classroom Research> can be undertaken for either or both of <Konrad> Lorenz's reasons for doing research: wanting to know and wanting to help. <Classroom Research> can thus be seen as a knowledge-gathering or as a problem-solving activity, or both... In terms of the effects or benefits of research, any project may of course contribute to both theoretical advances and the solution of practical problems regardless of any stated aim. Indeed, where this is not the case, the relevance of theory to practise would be in constant and serious jeopardy (Lier 1988:2).

Mit dem hier beschriebenen Wirkungszusammenhang zwischen Wissenschaftstheorie und -praxis macht Lier deutlich, daß sich eine ab-

---

[9] Eine „Schülerzentrierung“, die sich auf die scheinbar objektiven Rezeptionsinteressen einer Alterstufe beruft, dürfte der wissenschaftlich bewiesenen Subjektivität individueller Perzeption nur mittelbar Rechnung tragen.

[10] cf. auch Stubbs (1976:70):“Our ignorance of what actually happens inside classrooms is spectacular“.

strakte wissenschaftliche Theoriebildung selbst in Frage stellt, wenn sie nicht den Bedürfnissen der am Unterrichtsgeschehen beteiligten Schüler und Lehrer Rechnung trägt.

Aber auch eine im Schulalltag entstandene Unterrichtsrezeptologie, der eine wissenschaftliche Reflexion fehlt, genügt nach Achtenhagen (1982:13) nicht der „Erforschung der den Unterricht bedingenden Variablen, der in ihm ablaufenden Prozesse und der aus diesen resultierenden Ergebnisse".

Auch McLaughlin (1989:9) sieht in der empirisch-analytischen Überprüfbarkeit der Forschungshypothesen eine Grundvoraussetzung wissenschaftlicher Theoriebildung. Prinzipiell sind dabei zwei Formen der Theoriebildung zu unterscheiden: der induktive und der deduktive Ansatz. Für die empirische Unterrichtswissenschaft scheint sich vor allem eine induktive Vorgehensweise anzubieten:[11]

> In the inductive approach, hypotheses are derived from the theory as in the deductive approach, but they are the result of gaps in the network of empirical relationships, rather than the consequence of logical deductions (McLaughlin 1989:9).

1.5 Die fachdidaktische Relevanz empirischer Forschung

Die Notwendigkeit einer klaren, praxisbezogenen Konzeption der „Schülerorientierung" ist hier bislang in einem allgemeinpädagogischen und -didaktischen Begründungszusammenhang formuliert worden, um der fächerübergreifenden Relevanz der Forderung gerecht zu werden. Es sollte dabei allerdings nicht übersehen werden, daß die Konkretisierung der Konzeption „Schülerorientierung" in letzter Kon-

---

[11] In der Forschungspraxis ist die Entscheidung für einen induktiven oder deduktiven Ansatz natürlich oft nur tendenziell möglich. Der Forscher, der induktiv oder 'bottom-up' verfährt, ist allerdings meistens daran zu erkennen, daß er Ergebnisse vorsichtig und deskriptiv formuliert, während sein Kollege, der deduktiv oder 'top-down' vorgeht, in der Regel allgemeingültige Gesetzmäßigkeiten postuliert (cf. McLaughlin 1989:9).

sequenz nur aus fachdidaktischer Sicht zu leisten ist, da sich der Praxisbezug didaktischer Theoriebildung an den spezifischen Gegebenheiten des jeweiligen Faches orientieren muß:

> Empirische Unterrichtsforschung - bis heute vorwiegend allgemeinpädagogisch bzw. allgemeindidaktisch orientiert - wird erst dann für die Praxis an Relevanz gewinnen, wenn sie auch auf einer differenzierten fachdidaktischen Reflexion aufbaut (Brusch 1986:9).

Die fachdidaktische Betrachtungsweise sollte sich dabei selbstverständlich nicht auf eine idiosynkratische Fachperspektive verengen, sondern muß für interdisziplinäre Impulse offenbleiben.

2. *„Schülerorientierung" im Literaturunterricht*

> Like the beginning reader, the adolescent needs to encounter literature for which he possesses the intellectual, emotional, and experiental equipment (Rosenblatt 1970:26).

2.1 *Literarische Rezeption als wahrmehmungspsychologischer Vorgang*

Die moderne kognitive Psychologie[12] hat uns die Erkenntnis vermittelt, daß die Sinneseindrücke nur zum Teil bestimmen, wie wir unsere Umwelt wahrnehmen. Wahrnehmung ist nach Corell (1969:271) und Foppa (1968:364) kein passives Registrieren von Sinnesinformationen, sondern ein mentaler Prozeß der Bedeutungskonstitution im Dialog mit der Umwelt. Die von den Sinnesorganen vermittelten Stimuli können wir nur mit Hilfe uns bereits gegebener Vorstellungskategorien zu sinntragenden Wahrnehmungseindrücken verarbeiten. Lassen sich die in unserem Gehirn ankommenden Impulse dagegen nicht „an bereits vorhandenen Gedankenverbindungen aufhängen",

---

[12] Erste Ansätze zu einer psychologischen Definition von Wahrnehmung finden sich bereits bei William James 1890/1981:380: "Millions of items in the outward order are present to my sense which never properly enter into my experience. Why? Because they have no *interest* for me. *My experience is what I attend to.*"

...dann gehen diese Wahrnehmungen an uns vorbei wie Straßengeräusche oder wie die Laute einer fremden Sprache“(cf. Vester 1996:58).

Allerdings dringen nicht alle für unsere Sinnesorgane adäquaten Reize an unser Bewußtsein, da sie durch das Gehirn und bestimmte Teile des zentralen Nervensystems ausgesondert werden. Ein Hauptprinzip unserer sinnlichen (lebensweltlichen) Wahrnehmung beruht nun darauf, daß wir eine bekannte Wahrnehmungssituation nicht mehr detailliert erfassen, sondern nur noch schematisch zur Kenntnis nehmen. Auf diese Weise wird unser Wahrnehmungssystem nicht mit Informationen belastet, die es bereits ausgewertet hat, und kann seine Kapazitäten der Erfassung neuer Umweltreize widmen:

> Because we must discriminate between continuous, "safe" stimuli and survival-related ones, we have evolved sensory systems which respond primarily to alterations in the external environment (Ornstein 1986:27).

Übertragen wir dieses Wahrnehmungsprinzip auf die Sinnkonstitution im Leseprozeß, so können wir davon ausgehen, daß ein Leser die fiktive Welt der Literatur nur dann intensiv wahrnimmt, wenn der Text ihn über seine gewohnte alltägliche Umwelterfahrung hinausblicken läßt:

> We sometimes make the crude mistake of interpreting the need for 'relevance', or of 'beginning where the children are' as meaning that their reading matter should be confined within the actual world and experiences they know (Protherough 1983:152).

Daraus ist jedoch keineswegs zu folgern, daß die Alltagswelt des Lesers keinen geeigneten Lesestoff für seine Horizonterweiterung bieten kann. Aufgrund der Eigengesetzlichkeit literarischer Wirklichkeitsrepräsentation wird es nämlich oft erst im literarischen Leseprozeß möglich, scheinbar bekannte Alltagsobjekte detailliert zu betrachten:

> In our everyday lives, preoccupied as we are with accomplishing some task or attaining some goal, we must often ignore the quality of the moment as it passes. Life presents a confused mass of details from which we select for attention only those related to our practical concerns. Even

> then our attention is focused not on the details themselves but on our practical bearing. We usually cannot stop to savor their quality. In our approach to a work of art, interest is centered precisely on the nature and quality of what is offered us (Rosenblatt 1968:32).

Doch ist es tatsächlich nur die Attitüde der Muße, die uns in der Begegnung mit der Literatur alltäglichen Wahrnehmungsobjekten mit gezielter Aufmerksamkeit begegnen läßt? Aus der Perspektive der modernen Wahrnehmungsforschung, die die detaillierte Wahrnehmung einer bekannten Umwelt nur bei einer deutlichen Veränderung im Wahrnehmungsbereich konstatiert, gibt Rosenblatt offensichtlich keine Erklärung dafür, wie es dem Leser gelingen kann, die schematische Wahrnehmung einer bekannten Umwelt im Rezeptionsprozeß zu durchbrechen.

Hilfreich dürfte in diesem Zusammenhang die Theorie der russischen Formalisten sein, die die Entautomatisierung der „normalen" habitualisierten Wahrnehmung mit der literarischen Verfremdung vertrauter Wahrnehmungseindrücke begründet.[13] Aus dieser Veränderung der „normalen" Wahrnehmungsperspektive im Leseprozeß würden wir neue Vorstellungskategorien für die Begegnung mit unserer lebensweltlichen Realität gewinnen.

Auch Webb, der in *Literature in Education* (1992) die erziehungstheoretischen Implikationen einer solchen Literaturauffassung darlegt, sieht in der Begegnung mit Literatur die Chance, die Wahrnehmung unserer Lebenswelt zu differenzieren:

> A poem - and by extension other literary forms and other arts - can make an organization of sense-impression from memory which is simply not available in the moment of perception itself (ibid.:28).

Die Textwahrnehmungen, die der individuelle Leser jeweils zu einem

---

[13] Cf. V. Shklowky, "Art as Technique". In L.T. Lemon & M.J. Reis (eds.), *Russian Formalist Criticism. Four Essays.* (Lincoln: University of Nebraska Press 1965).

bestimmten Zeitpunkt konstruiert, bleibt dabei offensichtlich abhängig von seinem persönlichen Erfahrungs- und Erlebnishorizont.[14] Dies bedeutet allerdings nicht, daß der Lesestoff für willkürliche Deutungen offen wäre. Es geht vielmehr um ein dialogisches Verhältnis zwischen Werk/Autor und Leser, in dem bestimmte lebensweltliche und genrespezifische Wahrnehmungskategorien durch den Text aktiviert und von dem Leser produziert werden. Dieser rezeptionstheoretische Ansatz ist in seinen Grundzügen bereits 1938 von Rosenblatt formuliert worden, konnte sich aber erst allmählich in der Literaturtheorie der 70er Jahre durchsetzen. In Deutschland ist Rosenblatts Publikation *Literature as Exploration* (1938/64) weitgehend unbekannt geblieben, stattdessen wurde die von H. R. Jauß (1970) veröffentlichte *Literaturgeschichte als Provokation* zum Grundsatzwerk leserorientierter Literaturtheorie erklärt.

Die moderne rezeptionsorientierte Literaturwissenschaft geht heute, wie Rosenblatt, davon aus, daß der Leser für die Zeichen des Textes ein Referenzzentrum in der eigenen Erlebnis- und Erfahrungswelt finden muß, bevor er die Textstrukturen zu einem Sinngefüge ergänzen kann. Wenn hier von dem Leser verlangt wird, daß er seine Vorstellungskategorien an das Wahrnehmungsobjekt 'Text' heranträgt, so impliziert dies keineswegs, daß das wahrnehmende Subjekt auf die eigene Rezeptionsperspektive beschränkt bleibt. In der Begegnung mit dem Text gilt es für den Leser nämlich nicht nur, vertraute Wahrnehmungsperspektiven zu identifizieren, sondern vor allem auch Abwandlungen bekannter Vorstellungskategorien zu erkennen und ihre Relevanz für die eigene Lebensanschauung zu überprüfen. Auf diese Weise kann die Auseinandersetzung mit der fiktiven Welt des Textes einen unmittelbaren Erkenntnisgewinn für die lebensweltliche Orientierung des Lesers bedeuten.

[14] Cf. hierzu Rosenblatt (1985:39): Reader's feeling that they are looking on at the characters and situations of a novel does not contradict the fact that they themselves called forth those scenes during the transaction of the text. They have had to draw on their individual past experiences of language and of life to provide the raw materials for this new experience.

Für H.R. Jauß ist

> der Leser vor dem hypothetischen Nichtleser dadurch privilegiert, daß er nicht erst auf ein neues Hindernis stoßen muß, um eine neue Erfahrung der Wirklichkeit zu gewinnen. Die Erfahrung der Lektüre vermag ihn aus Adaptionen, Vorurteilen und Zwangslagen seiner Lebenspraxis freizusetzen, indem sie ihn zu neuer Wahrnehmung der Dinge nötigt (Jauß 1975: 150).

Doch kann der Leser die Erfahrung der fiktiven Personen in einem literarischen Werk tatsächlich als die eigene erleben und gleichzeitig eine „befreite" Beobachterhaltung einnehmen?

Der Psychoanalytiker und Literaturtheoretiker Norman Holland verneint diese Frage entschieden:

> All of us, as we read, use the literary work to symbolize and finally to replicate ourselves. We work out through the text our own characteristic pattern of desire and adaptation... First adaptations must be matched; and therefore, we interpret the new experience in such a way as to cast it in the terms of our characteristic ways of coping with the world. That is, each of us will find in the literary work the kind of thing we characteristically wish or fear the most... (Holland 1980:124).

Es führt uns kaum weiter, Holland bei seiner im Stile Freudscher Analyse gehaltenen Untersuchung unseres „Ichkomplexes" weiter zu folgen; es bleibt hier nur festzuhalten, daß wir laut Holland unsere Wahrnehmungskonzeption nicht differenzieren können, da wir die im Text angelegten Differenzierungen unserer Vorstellungskategorien gar nicht erst zu erkennen vermögen. Der Psychoanalytiker äußert sich nicht dazu, inwieweit nach seiner Theorie die „idiosynkratische Befangenheit des Lesers" auch für die lebensweltliche Wahrnehmung zu gelten habe.

Wollten wir annehmen, daß das Individuum grundsätzlich nicht in der Lage ist, seine Wahrnehmungskategorien zu differenzieren, dann müßten wir nicht nur ein Gespräch zwischen verschiedenen Lesern desselben Textes für ausgeschlossen halten, sondern sogar die Möglichkeit zwischenmenschlicher Kommunikation an sich in Frage stellen.

Wenn wir hingegen annehmen, daß der Leser in der Auseinandersetzung mit dem Text auch lebensweltliche Maßstäbe zu überprüfen lernt, dann setzt das voraus, daß er (wie Jauß nahelegt) zu allererst sich selbst und nicht die Normen und Wertvorstellungen des Textes hinterfragt. Doch können wir bei jedem Leser ein solches Maß an Selbstkritik voraussetzen?

Wissenschaftler und Philosophen haben sich seit der Jahrhundertwende zunehmend davon überzeugen können, daß Wahrnehmung grundsätzlich von dem Standpunkt des wahrnehmenden Individuums abhängig ist:

> The mind, in short, works on the data it received much as a sculptor works on his block of stone. In a sense, the statue stood there from eternity. But there were a thousand different ones beside it. The sculptor alone is to thank for having extricated this one from the rest. Just so the world of each of us, however different our several views may be, all lay embedded in the primordial chaos of sensations, which gave the mere matter to the thought of all of us indifferently (James 1890/1981:277).

William James hatte uns also schon vor hundert Jahren eine aktive Rolle bei der Konstituierung unseres Bewußtseins zugesprochen. Die von ihm propagierte prinzipielle Veränderbarkeit unserer Wahrnehmungskategorien ist von der Wissenschaft des neunzehnten Jahrhunderts allerdings kaum weiter verfolgt worden. Der Forschungskreis um E. B. Titchener hatte zwar versucht, Bewußtseinsphänomene durch Selbsterfahrung und Selbstbeobachtung zu ermitteln, konnte aber zu keinen konvergenten Aussagen gelangen.

Mit der Begründung der modernen Ganzheits- und Gestaltpsychologie durch Christian von Ehrenfels beginnt 1890 eine neue Ära wissenschaftlicher Psychologie. Wahrnehmungsbilder werden nicht mehr als Summe der in ihnen enthaltenen optischen Einzeleindrücke, sondern als gestalthafte Gliederung des Wahrnehmungsfeldes verstanden. Die Erlebnisganzheit wird dabei durch das Denken und Fühlen der wahrnehmenden Person bestimmt. Diese Wahrnehmungstheorie wurde von den Forschern der sogenannten Berliner Schule Max Wertheimer und Wolfgang Köhler in den 20iger Jahren experimentell bestätigt.[15]

Mit John Watson (1878-1958) verabschiedete sich die psychologische Forschung vorübergehend von der introspektiven Beobachtung mentaler Prozesse und postulierte, daß nur das objektiv feststellbare äußere *Verhalten* legitimer Gegenstand einer „wissenschaftlichen" Psychologie sei:

> This movement, which came to be called Behaviorism, soon swept psychology. It was <apparently> 'objective' and 'scientific', and encouraged the study of major problems that had been left out of the introspective paradigm. Behaviourism stimulated an unusual amount of productive research, especially in the realms of learning and the motivation of behaviour. But a similar problem arose with this approach: the scope of inquiry within psychology soon became unduly narrowed to processes which were amenable to solutions by behaviouristic methods... 'Consciousness' itself was ignored in research for many years; some even denied it existed (Ornstein 1972:5).

Erst der sogenannte Neobehaviorismus (Hull, Tolman) besann sich wieder auf W. James und die Vielschichtigkeit unseres individuellen Bewußtseins:

> Our normal waking consciousness, rational consciousness, as we call it, is but one special type of consciousness, whilst all about it, parted from it by the filmiest of screens, there lie potential forms of consciousness entirely different (James 1902/1982:388).

Noch Anfang der 70er Jahre hatte sich die Wahrnehmungs- und Erkenntnisforschung fast ausschließlich auf rational-objektivistische Untersuchungsperspektiven beschränkt, so daß die Analyse neurophysiologischer Funktionszusammenhänge oft im Brennpunkt der Betrachtung stand. Erst allmählich befreiten sich die Neurophysiologen von den Einflüssen des Behaviourismus und interessierten sich

[15] Zur Entwicklung der Neuzeitlichen Psychologie cf. OMNIBUS (1956) Bibliothek und Lexikon, pp. 474-476. Herausgegeben von Erich Wiegand.

auch für die unerschlossenen Dimensionen individueller und gesellschaftlicher Bewußtseinsbildung:

> The very physiology of our senses and central nervous system in large determines the characteristics of our personally constructed worlds. However, we have further limitations on our perceptions. We are each subject to moment-to-moment changes in our personal worlds. We each have a specific personal history, and have undergone training which can partially program consciousness (schooling, jobs, special interests, etc.). Moreover, all of us, within a given culture, share a set of 'unconscious' assumptions given us by the very organization of the culture and by our possession of a common language (Ornstein 1972:37).

Für Ornstein ist der Wahrnehmungsprozeß also durchaus kein Akt idiosynkratischer Willkür, denn er nimmt an, daß wir in unserer individuellen Wahrnehmung an gemeinsame soziokulturelle Erfahrungsdimensionen gebunden sind. Unsere Soziabilität ist demnach ein Garant für die intersubjektive Vergleichbarkeit subjektiver Wahrnehmung und der kommunikative Austausch von Wahrnehmungserfahrungen eine notwendige Voraussetzung für die Erweiterung und Differenzierung individueller Erlebnis- und Erfahrungshorizonte.

Bei der Begegnung mit der fiktiven Welt im Leseprozeß spielen einerseits die lebensweltlichen und literaturtheoretischen Vorstellungskategorien des Autors und andererseits die Wahrnehmungspotenz der indendierten/tatsächlichen Leserschaft eine bedeutungskonstituierende Rolle. Da sich das Sinnpotential des Textes aus der Vielfalt miteinander vereinbarer, individueller Lesarten ergibt, kann oft erst das Gespräch mit anderen Lesern desselben Textes die individuelle Lektüreerfahrung bereichern:

> Im Gespräch wird entsprechend die "kommunikative Differenz" divergierender Rezeptionsäußerungen zu "Stellen" und Merkmalen des Textes entfaltet: als Nacheinander der (...) in den Rezeptionsäußerungen sich ergebenden "kognitiven Konflikte" (Nissen 1989b:216).

2.2 *Rezeptionsorientierte Literaturdidaktik*

Eine Lerngruppe dürfte trotz individuell differierender Erlebnishorizonte keine Schwierigkeiten haben, sich über textrelevante Wahrnehmungskategorien zu verständigen, da die Schüler ähnliche Entwicklungs- und Bildungsvoraussetzungen für das Rezeptionsgespräch mitbringen.

Der Lehrer nimmt nun offensichtlich eine Sonderstellung in diesem Gesprächskreis ein. Aufgrund seines alters- und ausbildungsbedingten Erfahrungsvorsprunges dürfte er in der Lage sein, den anderen Gesprächsteilnehmern neue Wege zur Erweiterung ihrer Wahrnehmungsperspektive aufzuzeigen. Dazu ist es allerdings erforderlich, daß er den Erlebnishorizont seiner Gesprächspartner kennt und sich gedanklich auf ihre „Entwicklungsstufe" begeben kann.

Auch wenn die Lesart des Lehrers an der Rezeptionsperspektive der Schüler orientiert bleibt, sollte sie zu keiner Zeit das Interpretationsgespräch bestimmen; denn erst wenn die Schüler ein eigenes Leseverständnis entwickelt haben, können sie ihren Deutungshorizont sinnvoll erweitern und in ihre lebensweltliche Anschauung integrieren. Ohnehin sollte der Lehrer die Chance zu einer eigenen Horizonterweiterung nicht von vornherein vergeben, indem er den Interpretationsansatz vorgibt.

Die deutsche Literaturdidaktik, die Ende der 70er Jahre ihre Vorstellung von einer textimmanenten, wissenschaftlich exakt kodierbaren Bedeutung aufgab, hat sich seitdem nur solchen leserorientierten Rezeptionsmodellen zugewandt, in denen die Bedeutungskonstitution des Lesers an den Strukturen des Textes orientiert bleibt. Werlich bestätigt (1986:189), daß

> schulische Texterschließung sich heute ganz entschieden an beiden Polen des Textverstehensprozesses orientiert, dem Sinnanspruch des Textes und dem Anspruch der je subjektiven, historisch eingebundenen Rekonstituierung des Textes im Leser/Schüler mit seinen eigenen Wertungen.

> Dieser subjektive existentielle Bezug schafft ein Vorverständnis und eine Fragehaltung zum Text, ohne die der Text stumm bliebe ... Dies Vorverständnis mag naiv sein - es bleibt der einzige Ansatz zum Fragen überhaupt. Es darf bei der Textinterpretation nicht eliminiert werden. Jedoch soll und muß es im Verstehen eines Textes kritisch überprüft werden (Brusch 1986:57).

Doch kann diese „Überprüfung“ dem Leser selbst überlassen bleiben, wie dies offensichtlich viele Literaturtheoretiker voraussetzen (cf. Jauß 1975)?

Die Unterrichtspraxis des Literaturunterrichts zeigt, wie schwer es oft noch Oberstufenschülern fällt, subjektive Texteindrücke zu einem kritischen Textverständnis auszuformen. Im gemeinsamen Gespräch mit Mitschülern und Lehrer gelingt es den betreffenden Schülern dann allerdings in der Regel, ihre Lesart zu differenzieren:

> Im Unterricht wird also die Klasse zur Interpretationsgemeinschaft, indem die subjektiven Textzugänge der Teilnehmer einer mehrfachen Kontrolle unterzogen werden: des Belegs am Text, aber auch des möglichen Einspruchs des Mitschülers. Eine unangemessene 'Normierung' des Textverstehens sollte dabei nicht angestrebt werden (Brusch 1986:58).

Während die Richtlinien der Bundesländer für den Fremdsprachenunterricht danach ausgerichtet sind, daß der junge Leser im Interpretationsgespräch neue lebensweltliche Perspektiven kennenlernt, ist eine Horizonterweiterung für den Lernenden offensichtlich selten möglich, da dem schulischen Interpretionsgespräch in der Regel ein hierarisches Interaktionsschema zugrunde liegt. „*Echte* Fragen, die dem Schüler inhaltliche Entscheidungsfreiheit lassen, kommen relativ selten vor (Legutke in Anlehnung an Solmecke 1986)“. Der Schüler gilt als unmündiger Leser, der den „richtigen“ Umgang mit dem literarischen Text erst noch erlernen muß. Dies bedeutet für die Unterrichtspraxis, daß die von dem Lehrer empfundenen literarischen Reflexionen und Verzerrungen lebensweltlicher Wirkungszusammenhänge als objektiv gültige Textinterpretation zu gelten haben.

Wenn auch die Notwendigkeit der Sinnfindung und Orientierung in unserer Welt für den Jugendlichen besonders groß sein mag, so dürfte seine Behandlung als „unmündiger" Leser doch problematisch sein. Wenn wir nämlich davon ausgehen, daß es mit dem Lehrer nur *einen* kompetenten Leser im Klassenzimmer gibt, dann entmutigen wir die Schülern von vornherein, eigene Interpretationsansätze zu finden. Wenn sich aber kein Heranwachsender mehr an den textdeutenden Rezeptionsgesprächen unserer Sprach- und Kulturgemeinschaft beteiligen kann, werden wir uns bald auf wenige etablierte Textdeutungen beschränken müssen, die den Rezeptionsbedürfnissen der nächsten Generation in keiner Weise Rechnung tragen.

> Das Werk <aber> 'lebt' - als Ausschnitt aus einem Kontinuum nie-endender Diskurse wie als 'Gespräch eigener Art'; es lebt aus und in diesem Dialog. Wie der Schüler, der in ihm, durch ihn und durch ihn hindurch 'heranwächst'. Das Gespräch im Unterricht hebt heraus und hebt hervor, macht - in geordneter Form - ausdrücklich, was im Lernenden ohnehin, nur eben unausdrücklich, ungezielt sich regt. Das 'Gespräch der Gesellschaft mit sich selbst' stellt sich im unterrichtlichen Rezeptionsgespräch dem Sesam-öffne-dich des 'Gesprächs Heranwachsender miteinander und mit sich selbst'- in einem Objekt, das zu ordnendem, gezieltem Umgang mit sich selbst nötigt (Nissen 1989b:215).

Eine typische Situation der Bevormundung eines sogenannten unmündigen Lesers findet sich nach Beobachtung der Literaturdidaktiker noch allzu häufig in unseren Klassenzimmern, wo Lehrer versuchen, Schülern eine bestimmte Textdeutung nahezubringen (cf. Brusch 1989c, Nissen 1989b: 216 ff). Eine solche Didaktik, die dem 'New Criticism' und der Theorie der Werkimmanenz noch immer eng verbunden ist, widerspricht offensichtlich der Überzeugung der modernen kognitiven Psychologie, daß Wahrnehmung auf einem subjektiven Akt individueller Bedeutungskonstitution beruht.

Unter Berufung auf die Erkenntnisse der modernen Wahrnehmungsforschung können wir also davon ausgehen, daß auch der sogenannte „erwachsene" Leser (Lehrer) in der Lage ist, seine Rezeptionsperspektive im Gespräch mit der Lerngruppe zu erweitern. In der Begegnung mit seinen Schülern liegt für ihn die Chance, an der Umweltwahrnehmung der jüngeren Generation teilzunehmen und Veränderungen der Zeit in sein Weltbild zu integrieren.

Voraussetzung für die lebensweltliche Horizonterweiterung von Literaturlehrern und -schülern ist allerdings nicht nur der Gesprächsaustausch mit anderen Lesern, sondern zunächst einmal der Dialog mit dem Text selbst. Gadamer beschreibt den Verstehensprozeß bei der Textrezeption überzeugend als ein Gespräch zwischen Autor/Text und Leser, das von dem Rezipienten selbstkritische Offenheit und Bereitschaft zur Revision der eigenen Meinung fordert (cf. Hauff et al. eds. 1975:19):

> Es ist daher mehr als eine Metapher - es ist eine Erinnerung an das Ursprüngliche, wenn sich die hermeneutische Aufgabe als ein In-das-Gespräch-kommen mit dem Text begreift. Daß die Auslegung, die das leistet, sich sprachlich vollzieht, bedeutet nicht eine Versetzung in ein fremdes Medium, sondern im Gegenteil die Wiederherstellung ursprünglicher Sinnkommunikation. Das in literarischer Form Überlieferte wird damit aus der Entfremdung, in der es sich befindet, in die lebendige Gegenwart des Gesprächs zurückgeholt, dessen ursprünglicher Vollzug stets *Frage* und *Antwort* ist (Gadamer 1965:350).

Bei der Formulierung seiner Fragen hilft es dem Leser offensichtlich, wenn ihm die Kulturbedingungen des Autors als Referenzrahmen des Textes bekannt sind und er das Werk in seiner literarischen Tradition sehen kann. Entsprechend fordern die Richtlinien der Bundesländer von den Schülern

> Kenntnisse über die Bezugsländer England und die Vereinigten Staaten sowie die englischsprachige Welt in einem Lernbereich Wissen, der um die historische Dimension zur Gegenwart erweitert wird und auch Wissen über Sprache, Texte und Literatur umfaßt (Werlich 1986: 17).

Diese Hintergrundinformationen können dem Schüler neue Zugänge zu einem literarischen Text eröffnen, indem sie ihm helfen, die fiktive Wirklichkeit an seine eigene Erfahrungswelt anzubinden. Auch ältere literarische Texte, in denen wir als Leser Reflexionen unserer eigenen

Wirklichkeit zu erkennen glauben, können durch die historische Dimension ein anderes Colorit gewinnen. Grundzüge des typisch Menschlichen dürften dabei eine Konstante bedeuten, die als Brücke zwischen Jahrhunderten (oder Jahrzehnten) fungiert und die eigene gewohnte Sichtweise durch die entferntere, andersartige Blickrichtung erweitert. Eine solche historische Betrachtung verlangt allerdings nicht von dem Leser, daß er sich von dem Jetzt und Hier seiner eigenen Lebenswelt abwendet, um das „fremde" Blickfeld eines gemeinten „historischen" Lesers nachzuzeichnen. Dies wäre dem Rezipienten auch gar nicht möglich, denn jedes Textverstehen bleibt (nach den Erkenntnissen der Wahrnehmungsforschung) daran gebunden, daß der Leser in seiner temporären Lebenswelt eine sinnhafte Beziehung zu der dargestellten historischen Wirklichkeit herstellen kann:

> Denn zu geschichtlichen Phänomenen werden Tatsachen der Vergangenheit erst, wenn sie für ein selbst in der Geschichte stehendes und an ihr beteiligtes Subjekt sinnvoll werden, wenn sie reden, und das tun sie nur für das Subjekt, das sie auffaßt. Nicht so freilich, als hefte ihnen dieses nach subjektiven Belieben einen Sinn an, sondern so, daß sie für den, der im geschichtlichen Leben mit ihnen verbunden ist, eine Bedeutung gewinnen. In gewissem Sinne gehört also zum geschichtlichen Phänomen seine eigene Zukunft, in der es sich zeigt in dem, was es ist (Bultmann 1950:229).

Ein vorgegebener Interpretationsansatz, der dem Schüler nicht erlaubt, seinen individuellen, zeitbezogenen Textzugang zum Ausgangspunkt seiner Interpretation zu machen, hemmt somit das natürliche Erkenntnisinteresse des Lernenden und nimmt ihm die Chance zu einer intensiven persönlichen Literaturerfahrung, die die Grundlage echten Verstehens bedeutet.

Je weiter der Text von der Erfahrungswelt der Lerngruppe entfernt ist, desto schwieriger dürfte es allerdings für die Schüler sein, ein Sinngefüge im Text zu erkennen. Es ist anzunehmen, daß auch literaturtheoretische und lebensweltliche Hintergrundinformationen den Graben zwischen Leser- und Texthorizont nicht immer überbrücken können, so daß die Lernmöglichkeiten und -neigungen der Schüler bereits bei der Auswahl der Unterrichtstexte berücksichtigt werden sollten.

Wenn der Lehrer also die Rezeptionsinteressen seiner Schüler zum Ausgangspunkt der Textbetrachtung machen will, liegt es für ihn dann nicht nahe, eine Lektüre zu wählen, die sich unmittelbar an dem Erfahrungshorizont der Lernenden orientiert?

Black und Seifert gehen in ihrer *Psychological Study of Story Understanding* (1985) davon aus, daß der Leser nur dann eine Beziehung zu der fiktiven Realität herstellen kann, wenn im Leseprozeß seine eigenen Erlebnisse und Erfahrungen evoziert werden:

> A reader truely 'understands' a story when he has accessed his closest related experiences. Recognizing an episode as something experienced before, gives the reader a head start in expectations about what will occur, and encourages active participation in analyzing the course of events. Reminding in reading may add appreciation to the idea, gives the reader a head start in expectations about what will occur, and encourages active participation in analyzing the course of events being stated, as well as new ideas to enrich the text (Black/Seifert 1985:205).

Nach Slatoff ist eine solche Rekapitulation privater Lebenserfahrung jedoch keineswegs Voraussetzung für eine intensive Auseinandersetzung mit der fiktiven Realität des Textes:

> ...most of us can be moved by and concerned about the evidence of the emotional states of fictional characters without in any way sharing or experiencing these conditions (Slatoff 1970:48).

Wenn Slatoffs Argument auch überzeugend klingen mag, so kann es doch die Aussage von Black/Seifert im Kern nicht widerlegen, denn das Mitgefühl mit einer *persona* setzt zweifellos eine gewisse Vertrautheit mit ihren Lebensumständen voraus.

Der praxisverbundene Literaturdidaktiker Brusch konnte in den letzten Jahren beobachten, daß den Schülern jeder literarische Text fremd bleibt, der keinen Bezug zu ihrer Lebenswelt hat:

> Diese Festellung..., daß das Verstehen einer fiktionalen Welt im Kunstwerk nur im Rückgriff auf die relevante lebensnahe Erfahrung des Lesers möglich ist, ist ... im Zusammenhang schulisch pädagogischer Praxis

> wichtig, da sie nahelegt, Lektüren zuallererst nach Lebenserfahrung und Sachinteressen der Schüler zu wählen und nicht nach anderen Kategorien... (Brusch 1986:56).

Das bedeutet allerdings nicht, daß der Text lediglich die begrenzte Icherfahrung des Lesers widerspiegeln sollte. Die Lektüre kann nämlich durchaus der Rezeptionsperspektive der Schüler Rechnung tragen, ohne die persönlichen Erfahrungen der Schüler direkt anzusprechen:

> Gerade literarische Texte, die Erfahrungen verfremden, fordern den Leser heraus und sprechen seine grundlegenden Erfahrungsmuster, Deutungsschemata und Sichtweisen an (Bredella 1980:18).

Dabei kann und soll die fiktive Welt dem Schüler erlauben, seine Person geschützt einzubringen. Seine reale Erfahrungswelt sollte nur dann zur Sprache kommen, wenn er es wünscht:

> Der Leser, der nicht als Handelnder in das Geschehen involviert ist, sondern ihm in ästhetischer Distanz gegenübersteht, wird frei, die fiktive Welt in ihrer Komplexität entstehen zu lassen und die einzelnen Momente zueinander in Beziehung zu setzen und ihren Bedeutungsgehalt zu bestimmen (ibid.:113).

Diesen Prozeß der Bedeutungsfindung durchlebt der Schüler allerdings nur dann, wenn er nicht durch die Interpretationsvorgaben des Lehrers an eine bestimmte Textdeutung gebunden bleibt.

2.3 Zur Subjekt-Objekt Dichotomie in der Textwahrnehmung

Die Unterscheidung zwischen einem „textimmanenten, objektiven Faktum“ und seiner „subjektiven Interpretation“ ist ein Hilfskonstrukt, das uns erlaubt, die Bedeutungskonstitution im Leseprozeß zugleich als reproduktiv und kreativ zu beschreiben. Da es sich hierbei jedoch nur um eine *hypothetische* Differenzierung handelt, bleibt die Subjekt-Objekt Relation dennoch vage:

> Theories of reading demonstrate the impossibility of establishing well-grounded distinctions between fact and interpretation, between what can be read in the text and what is read into it (Culler 1983:75).

Auch wenn die postulierte Dichotomie sich schließlich in einem interaktiven Kommunikationsprozeß zwischen Autor/Werk und Rezipient auflöst, scheint sie doch für die Beschreibung unserer Leseerfahrung unverzichtbar zu sein:

> For every story of reading there must be something for the reader to encounter, to be surprised by, to learn from. Interpretation is always interpretation of something, and that something functions as the object in a subject-object relation, even though it can be the object of prior interpretations (ibid.:74).

Die philosophische Schule Derridas[16] versucht, diese logische Instabilität unserer Vorstellungskonzeptionen damit zu erklären, daß sie unsere Wahrnehmungseindrücke als temporäre Sinngefüge mit referentiellem Zeichencharakter definiert:

> The so-called "thing itself" is always already a "representant" shielded from the simplicity of intuitive evidence. The "representant" functions only by giving rise to an "interpretant" that itself becomes a sign and so on to infinity. The self-identity of the signified conceals itself unceasingly and is always on the move. The property of the "representant" is to be itself and another, to be produced as a structure of reference, to be separated from itself... The represented is always already a "representant"... From the moment that there is meaning there are nothing but signs. We think only in signs (Derrida 1976:49f).

Derrida ist also der Auffassung, daß jeder bezeichnete Bedeutungsinhalt zugleich auch hinweisenden Charakter hat und folgert daraus, daß wir Bedeutung niemals ohne Zeichen erfahren können. Auf bestimm-

---

[16] J. Cullers Publikation *On Deconstruction. Theory and Criticism after Structuralism* (London 1983) bietet einen repräsentativen Überblick über die Strömungen poststrukturalistischen Denkens aus literaturtheoretischer Perspektive. B. Johnson liefert darüber hinaus konkrete Anwendungsbeispiele "dekonstruktiver" (deconstructive) Textanalyse: *The Critical Difference. Essays in the Contemporary Rhetoric of Reading* (Baltimore 1980).

ten Zeichenebenen werde uns der repräsentative Charakter der Bedeutungskategorien jedoch nicht mehr bewußt, so daß wir den Signifikationsprozeß irrtümlicherweise für abgeschlossen hielten. Dies sei immer dann der Fall, wenn wir auf eine Kohärenzebene gelangen, die unser Realitätsbild reflektiert. Wir ließen uns dann, wie Derrida und De Man annehmen, von dem naiven Glauben leiten, daß die referentiellen (sprachlichen) Zeichen auf eine eigentliche wörtliche Bedeutung zurückführten:

> To understand primarily means to determine the referential mode of the text and we tend to take for granted that this can be done. We assume that referential discourse can be understood by whoever is competent to handle the lexicological and grammatical code of a language. Neither are we helpless when confronted with figures of speech; as long as we can distinguish between literal and figural meaning, we can translate the figure back to its proper referent...The situation implies that figural discourse is always understood in contradistinction to a form of discourse that would not be figural; it postulates, in other words, the possibility of referential meaning as the 'telos' of all language (De Man 1979:201).

Unser Vorstellungssystem kann laut Derrida nicht auf die Polarität zwischen der „konkreten, wörtlichen" Textbedeutung und dem „noch zu deutenden, referentiellen" Texteindruck verzichten, obwohl sich diese oppositionale Begrifflichkeit schließlich selbst ad absurdum führt. Der Grund dafür sei die illusionäre Annahme, daß es in einem Zeichensystem wie der Sprache ein Referenzzentrum gäbe:

> The function of this center was not only to orient, balance, and organize the structure...but above all to make sure that the organizing principle of the structure would limit what we might call the 'play' of the structure. By orientating and organizing the coherence of the system, the center of a structure permits the play of its elements inside the total form. And even today the notion of a structure lacking any center represents unthinkable self.
>
> Nevertheless, the center also closes off the play which it opens up and makes possible. As center, it is the point where the substitution of contents, elements, or terms is no longer possible (Derrida 1978:278f).

Die Vorstellungskategorie „Referenzzentrum“ ist demnach unzureichend, weil sie die potentiellen Signifikationsmöglichkeiten eines Sprachsystems erheblich einschränkt. Laut Derrida hält der „logozentrische“ Mensch jedoch an ihr fest, da ein dynamisches Zeichensystem, das ihm die „wahre“ Bedeutung immer wieder entzieht, sein stabiles Realitätsbewußtsein gefährden müßte:

> The concept of centered structure is in fact the concept of a play based on a fundamental ground, a play constituted on the basis of a fundamental immobility and reassuring certitude, which itself is beyond the reach of play. And on the basis of this certitude anxiety can be mastered, for anxiety is invariably the result of a certain mode of being implicated in the game... (Derrida 1978:279).

2.4 Der literarische Text als unendliches Referenzsystem - Implikationen für die Schulpraxis

Der Denkansatz „Deconstruction“, der in der amerikanischen Literaturtheorie Anfang der 80er Jahre populär wurde (cf. B. Johnson 1980), hat in Deutschland bis heute nur gemäßigte Anerkennung gefunden (cf. Nissen 1989a).

Von der deutschen Literaturdidaktik ist die innovative Textbetrachtung Derridas offensichtlich deshalb abgelehnt worden, weil die prinzipielle Unmöglichkeit einer objektiven Textinterpretation den didaktischen Wunsch nach einem konkreten Interpretationsergebnis unerfüllt läßt. Es gibt jedoch keinen Anlaß zu der Befürchtung, daß die Denkschule „Deconstruction“ grundsätzlich auf eine konstruktive Textdeutung verzichten will: denn auch ein Leser, der das Zeichengefüge des Textes als unendliches Referenzzentrum begreift, muß eine subjektive Kohärenzebene festlegen, um den Dialog mit dem Text und den anderen Lesern überhaupt aufnehmen zu können. Der Literaturunterricht kann nun der divergierenden Subjektivität individueller Schülerdeutungen insofern Rechnung zu tragen, als er auch die Inkompatibilität differierender Sinngefüge als Interpretationsergebnis akzeptiert:

> Elemente der inhaltlichen bzw. formalen "Konstruktion" eines literarischen Textes bestimmen dessen Aussage nicht 'aus sich' oder aus einer in sie eingegangenen Intention. Sie bestimmen ihn bzw. sie in Interaktion mit anderen Elementen, anderen Texten, anderen Aussageeinheiten, Aussageaspekten oder Aussageperspektiven aus dem gleichen Kontext, anderen Kontexten. Der literarische Text ist sozusagen 'nach unten', in Richtung auf diesen Kontext oder diese Kontexte offen. Rezipienten literarischer Texte stehen, bewußt oder unbewußt, in dieser 'Offenheit'... (Nissen 1989a:28).

Die Orientierung des Unterrichts an dem literaturtheoretischen Modell „Deconstruction“ darf selbstverständlich nicht ohne eine pädagogische Reflexion der jeweils üblichen Unterrichtspraxis erfolgen: Die Form der etablierten schulischen Kommunikationsstrukturen und die Möglichkeit ihrer Veränderung werden mit darüber entscheiden müssen, ob aus dem Denkansatz der „Dekonstruktion“ eine pädagogisch sinnvolle Unterrichtsmethode entwickelt werden kann. In einer schulischen Interpretationsgemeinschaft können offensichtlich keine erkenntnistheoretischen Experimente im Sinne Derridas durchgeführt werden, da es dem Literaturunterricht auf eine konstruktive Verständigung im Interpretationsgespräch ankommt, die mit einer de(kon)struktiven Sinntransponierung nicht zu vereinbaren ist. Wenn allerdings Derridas Hinweis auf die (unendliche) Bedeutungsvielfalt des Textes den Literaturlehrer dazu veranlassen könnte, die „Subjektivität“ einer individuellen Schülerdeutung als potentielle Basis einer Kohärenzebene zu akzeptieren, dann wäre dem Lernenden schon ein wertvoller Dienst erwiesen:

> If our presupposed forms of thought acknowledge subjectivity and renounce the demand for objective truth, the likelihood of developing new knowledge in the community is vastly increased... Unless each class member is as free to negotiate his own responses and judgments as the teacher is, there is no way for that member to create new knowledge (Bleich 1976:457).

Die „Rolle“ eines Lesers zu übernehmen, bedeutet allerdings nicht nur individuelle Deutungsfreiheit zu verwirklichen, sondern verlangt auch, die Verständniskonventionen einer Interpretationsgemeinschaft zu berücksichtigen. Es kann hier nicht geklärt werden, inwieweit der persönliche Interpretationsakt durch den Einfluß einer soziokulturellen Interpretationsgemeinschaft limitiert wird. Die moderne Wahrnehmungsforschung erlaubt uns aber immerhin festzustellen, daß unsere Textrezeption nicht *primär* auf der Kenntnis bestimmter Deutungs*konventionen* beruht.[17]

In der Schulpraxis dürfte es vor allem darauf ankommen, die Subjektivität der Literaturrezeption zu betonen, um eine durch die Lehrerperspektive oder die Gruppenmeinung bedingte Normierung individueller Rezeptionsperspektiven zu vermeiden. Andererseits dürfte aber auch die Kenntnis bestimmter Interpretationskonventionen unmittelbare Voraussetzung dafür sein, daß der Lernende einen direkten Zugang zu dem Text gewinnt und sich darüberhinaus auf eine Basis gemeinsamen Sprechens und Verstehens in der schulischen Interpretationsgemeinschaft verlassen kann. Der Literaturlehrer wird also dafür sorgen müssen, daß die Schüler mit den in ihrer Interpretationsgemeinschaft gültigen Literaturkonventionen vertraut gemacht werden, damit sie die Eigengesetzlichkeit der literarischen Wirklichkeit erkennen können.

> We allow works to contribute to a semi-autonomous world, whose laws are not precisely those of our own but which nevertheless has laws and regularities which make actions and events within it intelligible and 'vraisemblable' (Culler 1983:145).

Culler geht davon aus, daß die im normalen Sprachgebrauch ('natural discourse') zu erwartenden Sprechakte im literarischen Text vor allem durch die Genrekonventionen limitiert werden:

---

[17] Literaturmodelle, die versuchen die Subjekt-Objekt- Dichotomie zwischen Text und Leser aufzuheben, indem sie die Rezeption als Aktivierung institutionalisierter Interpretationsstrategien beschreiben, müssen schließlich vor der Frage kapitulieren: "What are interpretive acts interpretations *of*?" (cf. Fish 1980:165). Auch die Vorstellungskonzeption Derridas, die uns auf die Absurdität der Subjekt-Objekt Relation aufmerksam macht, zeigt uns letztlich keinen Ausweg aus diesem Dichotomie-Denken.

> The function of genre conventions is essentially to establish a contract between writer and reader so as to make certain expectations operative and thus permit both compliance with and deviation from accepted modes of intelligibility (ibid.:147)[18].

Trotz ihrer Eigengesetzlichkeit bleibt die literarische Welt also offenbar an lebensweltliche Ordnungsprinzipien gebunden. Diese Verbundenheit zeigt sich für Culler vor allem daran, daß wir in den Texten eine narrative *persona* konstruieren, die in einer konkreten Situation aus einer individuellen Erlebnisperspektive spricht:

> As a linguistic object the text is strange and ambiguous. We reduce its strangeness by reading it as the utterance of a particular narrator so that models of coherent personalities can be made operative (ibid.:146).

Diese Leseoperation, die einen wichtigen Beitrag zu der Verständlichkeit eines literarischen Textes leistet, definiert Culler als ein in unserer westlichen Kultur etabliertes 'Naturalisierungsverfahren'.[19] Für den Fall, daß es einer Leserschaft nicht gelinge, mit der narrativen *persona* und ihrer Erlebniswelt zu „kommunizieren", könne sie sich allerdings jederzeit aus diesem 'Naturalisierungsprozeß' ausschalten, indem sie den Text in einem umfassenderen Kontext als Reflexion über die Bedeutung von Literatur und Sprache liest:

> In reading many modern texts this level of vraisemblance and naturalization becomes the most important, and in one sense it has the advantage of being less reductive than others, for it need not resolve a difficulty but can recognize that what requires interpretation is the existence of a difficulty more than the difficulty itself (ibid.:151).

---

[18] Cf. Cullers Genredefinition in *Structuralist Poetics* (1983:136): "A genre, one might say, is a conventional function of language, a particular relation to the world which serves as norm or expectation to guide the reader in his encounter with the text".

[19] Cf. Culler (1983:137): "To assimilate or interpret something is to bring it within the modes of order which culture makes available, and this is usually done by talking about it in a mode of discourse which a culture takes as natural... 'Naturalization' emphasizes the fact that the strange and deviant is brought back within a discursive order and thus made to seem natural."

Die Reflexion der literaturspezifischen Eigengesetzlichkeit fiktiver Realität auf der zuletzt genannten literaturtheoretischen 'Naturalisierungsebene' sucht der Literaturlehrer offensichtlich bewußt dadurch zu vermeiden, daß er eine Unterrichtslektüre wählt, die sich unmittelbar aus dem Lebens- und Erfahrungsbereich des Schülers erschließt (cf. Lehrplan Englisch als weitergeführte Fremdsprache für die gymnasiale Oberstufe, Hamburg 1989, p. 14). In den seltenen Fällen, wo die Fiktionalität literarischer Sinnstrukturen im Unterricht thematisiert wird, geschieht dies in der Regel nur bei Texten, die aus der Lehrerperspektive bereits als sprachliches Repräsentativum der Komplexität und/oder Widersprüchlichkeit lebensweltlicher Erkenntnis definiert worden sind. Die Schüler werden hier also von vornherein auf die Literaturbetrachtung des Lehrers fixiert und haben keine Möglichkeit, eine Verständnisebene aus ihrer eigenen Rezeptionsperspektive zu bestimmen. Für ihre Emanzipation im Rezeptionsgespräch dürfte allerdings nicht nur die Gesprächshaltung des Lehrers entscheidend sein, sondern vor allem auch der Besitz einer ausreichenden literaturwissenschaftlichen Kompetenz, der sie befähigt, an den Interpretationsentscheidungen des Lehrers teilzuhaben.

Die Vertrautheit mit bestimmten genrespezifischen Interpretationskonventionen ist offensichtlich eine Grundvoraussetzung dafür, daß der Schüler zwischen literaturtheoretischen und lebensweltlichen 'Naturalisierungsebenen' zu unterscheiden lernt und sich ohne die fachwissenschaftliche Hilfestellung des Lehrers im Leseprozeß orientieren kann.

Dieses Literaturwissen sollte dem Schüler nun möglichst nicht in unmittelbarem Zusammenhang mit einem zu interpretierenden Unterrichtstext vermittelt werden, denn die Proklamation einer kontextuellen Gültigkeit bestimmter Interpretationskonventionen trägt bereits das Colorit eines subjektiven Interpretationsstandpunktes. Es gibt nämlich offensichtlich kein objektives Entscheidungskriterium dafür, ob der Autor/Text die genrespezifischen Konventionen einer bestimmten Interpretationsgemeinschaft tatsächlich berücksichtigt oder ob er eine Literaturtradition ignoriert, bzw. sich von ihr distanziert.

Im Literaturunterricht darf der Schüler allerdings nicht soweit sich selbst überlassen bleiben, daß ihm der Text aufgrund einer Limitation seiner (literaturtheoretischen und lebensweltlichen) Interpretationsstrategien fremd bleibt. Können die Schüler aus ihrer Rezeptionsperspektive keinen Textsinn erkennen, ist es offensichtlich Aufgabe des Lehrers, ihnen Deutungsmöglichkeiten zu eröffnen. Gefordert ist hier weniger die literaturwissenschaftliche Expertise des Fachlehrers als vielmehr die zwischenmenschliche Intuition des Pädagogen, die es erlaubt, individuelle und gruppenspezifische Verständnisbarrieren in der Lerngruppe zu ermitteln.

Schüler können offensichtlich lernen, Interpretationsschwierigkeiten zu überwinden, indem sie sich mit den textuellen Sinngefügen ihrer Mitschüler auseinandersetzen und ihren eigenen Deutungsansatz reflektieren. Auch der Lehrer hat zweifellos das Recht, sich als Gesprächspartner an der Diskussion zu beteiligen; er sollte jedoch weder sein Fachwissen noch seine Autorität als Lehrer dazu mißbrauchen, eigene Deutungsvorschläge durchzusetzen.

2.5 Die Dichotomie zwischen kognitiver und affektiver Textverarbeitung

Bei der Berücksichtigung der Schülerperspektiven im Literaturunterricht ist zu bedenken, daß die individuelle Rezeption der Lernenden nicht nur an kognitive, sondern auch an emotionale Faktoren gebunden ist. Es ist wichtig, daß der Jugendliche den Text nicht nur als Betätigungsfeld für fachwissenschaftliche Analysen kennenlernt, sondern auch eine affektive Beziehung zu der fiktiven Welt herstellen kann. Nur so kann er die Welt des Textes intensiv erfahren und in ihr die Gültigkeit seiner lebensweltlichen Vorstellungskonzeptionen überprüfen:

> Der Fremdsprachenunterricht braucht und verwendet motivierende authentische Texte, um Heranwachsende sprachlich und gedanklich zu sich selbst kommen zu lassen. Schulische Texterschließung nimmt darum auch den literarischen Text nicht neutral als ein Exemplar, dem sie sich

> wie der wissenschaftliche Analytiker objektiv beobachtend und ebenso objektiv beschreibend, definierend oder klassifizierend gegenüberstellen könnte. Sie nimmt den literarischen Text vielmehr als einen Gegenstand, der dem Leser etwas sagt über die Welt, in der er lebt (Werlich 1986:189).

Werlich beschreibt hier ein schulisches Idealbild, um dessen schulpraktische Verwirklichung er sich in seiner *Praktische(n) Methodik des Fremdsprachenunterrichts* (1986) bemüht. Anhand von erdachten Beispieldialogen illustriert der Gesprächsdidaktiker, wie der Lehrer Sprachinstruktion in den kommunikativen Rahmen eines lehrergesteuerten Textgesprächs stellen kann. Sein Lehrmodell, für das er keine konkrete Stufenangabe gibt, ist offensichtlich besonders für die Mittelstufe geeignet, wo die Schüler bei ihren Äußerungen zum Text noch verstärkt auf die Bereitstellung von Ausdrucksmitteln und -strukturen durch den Lehrer angewiesen sind. Leider nimmt Werlich nicht dazu Stellung, wie sich die Integration von Sprach- und Literaturunterricht im fortgeschrittenen Interpretationsgespräch der Sekundarstufe II zu wandeln habe.

Zweifellos gilt Werlichs Postulat, daß der Schüler sich nicht nur kognitiv, sondern auch emotional mit einer Lektüre auseinandersetzen sollte, für Mittel- und Oberstufenschüler gleichermaßen. Es bleibt jedoch noch zu klären, wie dieser Forderung in der Unterrichtspraxis der Sekundarstufe II konkret entsprochen werden kann.

Die Auswahl „motivierender" Texte dürfte kaum garantieren, daß die Emotionen der Schüler im Interpretationsgespräch tatsächlich zum Tragen kommen. Überdies klärt Werlich nicht, woran diese sogenannte „motivierende" Wirkung der Lektüre für den Lehrer bereits vor dem Textgespräch zu erkennen wäre.

Bevor wir aber darüber befinden können, in welchem Maße und zu welchem Zeitpunkt die Emotionen des Schülers bei der Textrezeption zum Tragen kommen sollten, gilt es zunächst zu klären, ob eine kognitive Textverarbeitung überhaupt ohne eine affektive Wahrnehmung vorstellbar ist.

2.5.1 Die Perspektive der Literaturwissenschaft

In der literaturwissenschaftlich orientierten Forschung etablierte I. A. Richards Publikation *Principles of Literary Criticism* (1924/59) die Lehrmeinung, daß der Leser einen Text *entweder* kognitiv *oder* emotional verarbeitet:

> A statement must be used for the sake of the reference true or false, which it causes. This is the scientific use of language. But it may also be used for the sake of the effects in emotion and attitude produced by the reference in occasions. This is the emotive use of language. The distinction once clearly grasped is simple. We may either use words for the sake of the references they produce, or we may use them for the sake of the attitudes and emotions which ensue (ibid.:267).

1934 forderte Louise Rosenblatt in *Literature as Exploration,* diese ihrer Ansicht nach künstliche Trennung zwischen emotionaler und kognitiver Textverarbeitung aufzuheben. In der Schulpraxis ist ihr deutlich geworden, daß bei der Texterarbeitung die Emotionen des Schülers/Lesers nicht erst als Reaktion auf ein kognitiv gesichertes Textverständnis zum Tragen kommen sollten, sondern bereits bei der Sinnkonstitution im Leseprozeß eine entscheidende Rolle spielen müssen:

> It is comparatively easy for the student to think rationally about difficult human problems when impersonal academic treatments make them abstract subjects of thought. Unfortunately, that kind of thinking is probably not very useful; it lacks the conflicting impulses or emotional perplexities out of which thinking usually grows in real life. Reason should arise in a matrix of feeling (ibid.:227).

Bis Ende der fünfziger Jahre wurde ihr Ansatz von Literaturtheoretikern und Lehrern weitgehend ignoriert. Die Emotion des Lesers hatte keinen Platz in dem neuen von den „New Critics“ getragenen „Objektivistischen“ Literaturverständnis[20]. Erst Ende der 60er Jahre,

[20] Eine kritische Auseinandersetzung mit dieser Literaturströmung bietet U. Halfmanns *Der Amerikanische „New Criticism“* (1971).

als sich die Literaturwissenschaft allmählich dem Leser als gleichberechtigtem Partner zuwandte, wurde auch der affektiven Dimension des Lesens wieder Rechnung getragen.

James Squire (1964), der zu den Bahnbrechern der empirischen Rezeptionsforschung gehörte, konnte eine direkte Beziehung zwischen dem emotionalen Engagement und der literaturwissenschaftlichen Kompetenz seiner Schüler nachweisen. Leider blieb jedoch auch er dem alten Glauben an eine „Emotion-Kognition-Dichotomie" verbunden und übersah bei der Interpretation seiner empirischen Daten, daß die Emotionen seiner Schüler an ihrer mentalen Textverarbeitung unmittelbar beteiligt waren.

Erst mit dem Übergang in die 70er Jahre scheint sich die Komplementarität von affektiver und geistiger Textrezeption allmählich in der Literaturwissenschaft zu etablieren:

> ... most good literature is designed to engage, and does engage, both mind and emotion and does engender responses in which thought and feeling are particularly inseparable (Slatoff 1970:53).

In seinem Werk *With Respect to Readers* (1970) beschreibt Slatoff überzeugend, wie sich affektive und kognitive Rezeptionsfaktoren zu einer intensiven Leseerfahrung ergänzen. Auch der psychoanalytisch orientierte Literaturtheoretiker Miall (1989) spricht von der Untrennbarkeit von Gefühl und Verstand; er hält jedoch insofern an der Dichotomie affektiver und kognitiver Perzeption fest, als daß er *nur* der *emotionalen* Wahrnehmungskapazität eine elementare Funktion zuerkennt: seiner Auffassung nach ist die Sinnkonstitution im Leseprozeß entscheidend davon abhängig, ob der Rezipient die Handlungen der fiktiven Charaktere mit Hilfe seines eigenen Motivationssystems nachempfinden kann; das kognitive „Wissen" über die Beweggründe der *personae* ist für Miall dagegen zweitrangig:

> The major theory of the self in recent cognitive psychology has echoed this: the self is mirrored in our interactions with others. There are recent studies in psychology suggesting that this is mistaken: it is knowledge of

> the self which is primary and such knowledge is constituted primarily in emotional form. Moreover, when we are not concerned simply with the appearance or behaviour of others, we also project this affective, selfreferential information onto understanding others (Miall 1989:18).

2.5.2 Die moderne Emotionsforschung

Scherer kann sieben Jahre nach seiner damals noch umstrittenen Theorie von der kognitiv emotionalen „Verflechtung“ [21] feststellen, daß viele Wissenschaftler Emotion und Kognition nicht mehr als zwei unvereinbare Extreme betrachten:

> Increasingly, there is a realization that both aspects of human functioning are intricately related to each other (Scherer 1988:57) [22].

Mandl und Huber (1983:17) gehen prinzipiell davon aus, daß es keinen „rein affektiven Zustand, frei von kognitiven Elementen“ gibt. Dem widerspricht Panksepp (1990:292) aus psychobiologischer Sicht: "cognitions are neither necessary nor sufficient to create emotions." Allerdings kommt auch Panksepp zu dem Forschungsergebnis, daß sich emotionale Zustände unmittelbar auf kognitive Verarbeitungsprozesse im Gehirn auswirken können:

> ...it seems that the neural forces which arouse emotionality have natural (unconditional) access routes to brain areas which mediate cognitive processing -where they can either facilitate or disrupt cognitive processing, depending on the congruence of the moods and thoughts (ibid.).

Gribble erklärt die Interdependenz emotionaler und affektiver Wahrnehmung am Beispiel der Empathie. Seiner Ansicht können wir echtes Mitgefühl nur dann aufbringen, wenn wir ein bestimmtes kogniti-

---

[21] Cf. Scherer, K.R. (1981), "Wider die Vernachlässigung der Emotion in der Psychologie. In: W. Michaelis (ed.), *Bericht über den 32. Kongress der Deutschen Gesellschaft für Psychologie in Zürich,* pp. 304-317, (Göttingen: Hogrefe).

[22] Cf. ferner Leventhal, H. & K.R. Scherer (1987), "The relationship of emotion and cognition: A functional approch to a semantic controversy". *Cognition and Emotion,* I, pp. 3-28.

ves Wissen über die affektive Situation der anderen Person besitzen:

> Even more is required than knowing how another person feels in a given situation before we can be said to empathize with that person. It is necessary that the observer sees in the situation *reason* sufficient for the person to feel as he does (Gribble 1983:123).

Strongman, der bei seiner Rekapitulation des Forschungsstandes (1987) die Gemeinsamkeiten von mehr als dreißig verschiedenen Emotionskonzeptionen zusammenstellt, kommt zu dem folgenden Ergebnis:

> ...the most telling aspect of recent theories of emotion, whatever specific form they take, or whatever their point of origin or sources of influence, is cognition. All theories now view emotion as intricately and intimately interwined with cognition (ibid.:55).

Eine Vorrangigkeit der affektiven Wahrnehmung ist laut Strongman nicht prinzipiell vorauszusetzen:

> Since emotion and cognition are independent as well as interacting, sometimes, depending on the circumstances, one can be more important or significant for the individual than the other (ibid.:110).

2.5.3 Die affektive Dimension schulischer Literaturbetrachtung

Die Frage, unter welchen Bedingungen die Textwahrnehmung besonders stark emotional gefärbt wird, läßt sich offensichtlich nicht pauschal beantworten, da die Form der Sinnkonstitution ganz entscheidend von dem persönlichen Erfahrungshorizont des Lesers und seiner momentaren psychischen und physischen Disposition abhängig ist. Wir können allerdings davon ausgehen, daß bei einer Lektüre, die den Schüler mit seinen eigenen Problemen konfrontiert, die emotionale Komponente der Textverarbeitung gegenüber der kognitiven erheblich an Bedeutung gewinnt.

Doch kann ein starkes gefühlsmäßiges Arrangement nicht den Blick des Schülers zum Text verstellen?

Squire (1964) weist den Lehrer darauf hin, daß eine allzu enge Bezugsnähe des Textes zu den lebenswirklichen Problemen der Schüler durchaus problematisch sein kann:

> An adolescent's reaction to literature which involves problems similar to his own cannot be predicted with any certainty. Case studies conducted as a part of this research indicate that intense emotional involvement ... may be so painful as to cause them to reject the selection. Affective impulses may also encourage distorted interpretation (D'Arcy, Squire cit. 1973:155).

Nach einer solchen negativen Texterfahrung, wie sie Squire beschreibt, erübrigt sich offensichtlich die Fortsetzung des Interpretationsgesprächs, denn selbst wenn sich der betroffene Schüler (scheinbar) wieder beruhigt hat, wird er im folgenden davon ausgehen, daß mit dem Text auch seine persönlichen Probleme zur Diskussion gestellt werden.

Damit die Schüler von vornherein eine gewisse Distanz zu der fiktiven Lebenswelt herstellen können, sollte sich ihre Lebenswelt also deutlich von der des Textes unterscheiden. Die fremdsprachliche Literatur dürfte diese Voraussetzung bereits durch ihre Implikation „fremder" Kulturkreise schaffen.

Grundsätzlich sollte der Lehrer über die Interessen und Neigungen seiner Schüler unterrichtet sein und sich nicht auf altersspezifische Literaturempfehlungen verlassen. Dabei muß der Lehrer keinesfalls dem „Lesegeschmack" der Schüler gerecht werden.

> Still, it is important that the teacher finds out what the existing tastes and preferences are, so that he can make an informed decision about whether or not to challenge the student with something different, or to work with literature that closely relates to their interests and preferences (Gribble 1983:74).

Mit dem Interesse der Schüler an der Thematik der Lektüre ist eine wichtige Voraussetzung für eine intensive Textarbeit gegeben. Nehmen wir das Wort 'interesse' einmal wörtlich, so bedeutet es in diesem Zusammenhang, daß die Schüler bei den Erlebnissen der fiktiven Personen „dabei sein" können. Damit ist aber noch keineswegs garantiert, daß sie ihr Leseerlebnis im Unterrichtsgespräch auch mitteilen können (Setzen wir einmal voraus, daß der Lehrer die subjektiven Lesarten seiner Schüler gebührend zur Kenntnis nimmt und seine eigene nicht unnötig in den Vordergrund stellt). Entscheidend für das Gelingen des Interpretationsgesprächs ist vielmehr die Gesprächsatmosphäre in der Lerngruppe:

> In einem textbezogenen Gesprächsunterricht, der indirekt die Identität, die subjektive Norm- und Wertwelt der Schüler mitdiskutiert, ist nun das psychosoziale Klima der Klasse von großer Bedeutung. Nur in einer entspannten Unterrichtsatmosphäre, die gekennzeichnet ist von wechselseitiger Wertschätzung zwischen Schülern und Lehrer, aber auch der Schüler untereinander, sind optimale Rezeptionsgespräche, in denen die Schüler zugleich ihre Ich-Identität einbringen und aufarbeiten, zu erwarten (Brusch 1986:88).

3. „Schülerorientierte" Rezeptionsgespräche im Fremdsprachenunterricht

Bei der Betrachtung „schülerorientierten" Lernens im fremdsprachlichen Literaturunterricht gilt es zu berücksichtigen, daß der Grad der „Schülerorientierung" nicht nur in dem literaturdidaktischen Ansatz des Interpretationsgesprächs zum Ausdruck kommt, sondern sich auch in der begleitenden oder integrierten Spracharbeit zeigt. Das Interaktionsverhalten des Lehrers könnte sich nun in beiden Fällen unterschiedlich auf den Lernerfolg des Schülers auswirken. Es wäre z.B. denkbar, daß der Schüler gegen eine Lehrerdominanz bei der Sprachvermittlung nichts einzuwenden hat (oder sich sogar eine stark „lehrerzentrierte" Sprachschulung wünscht), daß aber ein Mangel an kognitiver „Schülerorientierung" den Lernfortschritt hemmt. Sollte der Lehrer also im sprachlichen und kognitiven Bereich ein prinzipiell anderes Interaktionsverhalten zeigen, um optimale Lernbedingungen zu schaffen?

Nur eine empirische Untersuchung zum Gesprächsverhalten von Lehrern und Schülern kann offensichtlich Klarheit über die mögliche Wechselwirkung von Interaktionsverhalten und Lehr-/Lernerfolg verschaffen. Wichtig ist dabei, daß der spezifischen Eigenheit fremdsprachlicher Kommunikation bereits im Forschungsansatz Rechnung getragen wird.

Welches also sind die besonderen Gesprächsbedingungen des fremdsprachlichen Literaturunterrichts? Ist es im Fremdsprachenunterricht überhaupt sinnvoll, die Behandlung von Literatur in Form eines Gesprächs zu gestalten? Können die Schüler, die in der Regel auch noch auf der Sekundarstufe II der sprachlichen Hilfestellung des Lehrers bedürfen, überhaupt als gleichberechtigte Partner im textverarbeitenden Gespräch gelten?

Um einen fachgerechten Anspruch an eine „Schülerorientierung“ im fremdsprachlichen Literaturunterricht formulieren zu können, wird es zunächst erforderlich sein, den Stellenwert des Gesprächs aus der Sicht der englischen Fachdidaktik zu bestimmen.

3.1 Zur Problemlage des Rezeptionsgesprächs im Englischunterricht

Bereits 1974 bezeichnete Nissen die textbezogene Gesprächsführung als „das Zentrum fremdsprachlicher Lernbewegung“. Heute wird das Gepräch (cf. Lehrplan Englisch für die Sekundarstufe II, Hamburg 1989, p. 9) als die zentrale Arbeitsform im Englischunterricht anerkannt:

> Die Schüler sind ständig aufgefordert, sich mit der Textvorlage, den Reaktionen der Mitschüler und Mitschülerinnen und des Lehrers/der Lehrerin auseinanderzusetzen.

Über den Umgang mit dem Text hinaus geht es im fremdsprachlichen Unterrichtsgespräch also um Kommunikation und Interaktion. Von diesem Austausch unterschiedlicher Schülerperspektiven und ihrer komplementären Ergänzung lebt das unterrichtliche Gespräch, das über das Textverstehen hinaus, auf die Bewußtmachung individueller Erfahrungs- und Wahrnehmungshorizonte ausgerichtet ist:

> Private Erfahrung wird in soziale Interaktion eingebettet, durch sie um- und weitergebildet. Verstehen ist mehr als das Aufeinandertreffen eines Kopfes und eines Buches... (Nissen 1985a:21).

In der Schulpraxis hat sich gezeigt, daß insbesondere das Gespräch über

> Literatur, wie in der Gesellschaft überhaupt so im Heranwachsen, in der Ichentwicklung der Heranwachsenden unersetzbare Funktionen hat.. Der Literaturunterricht hat nun die Aufgabe, den Umgang mit Literatur so zu initiieren, zu ermöglichen und zu betreuen, daß die Kinder und Heranwachsenden die ästhetisch-kommunikative, interaktive und sprachliche Kompetenz im Prozeß ihrer Individuation erwerben (Kreft 1977:100f).

Dabei kann und soll die fiktive Wirklichkeit des literarischen Textes dem Schüler erlauben, seine Person geschützt einzubringen. Seine reale Wirklichkeit kommt so nur dann zur Sprache, wenn er es wünscht:

> Der Leser, der nicht als Handelnder in das Geschehen involviert ist, sondern ihm in ästhetischer Distanz gegenübersteht, wird frei, die fiktive Realität in ihrer Komplexität entstehen zu lassen und die einzelnen Momente zueinander in Beziehung zu setzen und ihren Bedeutungsgehalt zu bestimmen (Bredella 1980:113).

Obwohl oft gerade die fremdsprachliche Literatur dem jungen Menschen Einblicke in eine andersartige Lebenswelt verschafft, die seine eigenen Erfahrungswerte relativiert und somit für seine Ichentwicklung von besonderer Bedeutung sein dürfte, ist seit Ende der 60er bis Mitte der 70er Jahre der Sachtext als Artikulationsmodell für das fremdsprachliche Gespräch bevorzugt worden. Erst im Laufe der 70er Jahre erkannte die Fremdsprachendidaktik, daß

> gerade der literarische Text aufgrund seiner Vielschichtigkeit, aufgrund seines Identifikationsangebotes an den Leser und aufgrund seiner oft symbolischkonkreten Darstellung von Wirklichkeit auf Interpretation im Gespräch angelegt ist (Brusch 1989b: 116).

> Thematische Überraschung und innere Betroffenheit, kreative Spracherfahrung und individuelle Redeintentionen, Auseinandersetzung mit der Textbotschaft und ihrem unterschiedlichen Verständnis in der Lerngruppe - dies erzeugt realitätsnahe Sprechsituationen als auch Chancen zum tieferen Text-, Selbst- und Weltverständnis und damit eine integrierte sprachlich/literarische Ausbildung und Bildung (Brusch 1989a:18).

Obwohl heute Literatur und Gespräch als zentrale Gestaltungselemente bei den Fremdsprachendidaktikern anerkannt sind, so ist doch von den Theoretikern noch immer das Argument zu hören, daß ein natürliches Interpretationsgespräch in der Fremdsprache nur idealtypisch vorstellbar sei, da sich ein Schüler nur in seiner Muttersprache frei mitteilen könne.[23]

3.2 Zur Integration von sprach- und mitteilungsbezogener Kommunikation [24]

Nach Auffassung der interaktiv ausgerichteten Spracherwerbstheorie (cf. Wells 1981, 1985 und Ellis 1984) wird Sprache nur durch die ak-

---

[23] Cf. hierzu die Kritik Schiers (1989:103-115) an Werlichs textgrammatischen Modell der Textanalyse und -interpretation.

[24] Die Unterscheidung von sprachbezogener und mitteilungsbezogener Kommunikation ist offensichtlich nur graduell möglich, da im Fremdsprachenunterricht immer ein Element von Sprachbezogenheit mitschwingen dürfte. Dennoch erleichtert die von Black/ Butzkamm (1977) vorgenommene Begriffsdefinition die Diagnostizierung eines einseitig sprachdidaktischen, „lehrerzentrierten" Unterrichts (cf. Brusch 1986:98): "Sprachbezogene Interaktionen gehen zumeist vom Lehrer aus. Gemeint sind alle Äußerungen, bei denen es in der Hauptsache darum geht, ob die Sprache richtig gehandhabt wird ... Sprachbezogene Interaktionen sind eindimensional: es geht stets um die eine Absicht, nämlich herauszufinden (auf seiten des Lehrers) und darzutun (auf Schülerseite), ob beziehungsweise wie bestimmte sprachliche Formen angewandt werden." - „Beim mitteilungsbezogenen Sprechen geht es nicht um die korrekte sprachliche Realisierung einer Mitteilung, sondern das Interesse ist auf die Mitteilung selbst als Ausdruck einer bestimmten kommunikativen Absicht gerichtet. Unzählige Redeabsichten gibt es: ausgeschlossen bleibt *per definitionem* die eine, die darauf abzielt, zu erfahren beziehungsweise zu beweisen, wie gut man eine Sprache beherrscht (Black/Butzkamm 77:117)."

tive Teilnahme am Kommunikationsprozeß erworben:

> The interaction (or social) model of language acquisition holds that language learning occurs in and through participation in speech events, that is, that talking to others, or making conversation, is essential (Lier 1988:74).

Können wir nun aber davon ausgehen, daß selbst ein Fremdsprachenschüler, der sich wirklich mitteilen will, alle erdenklichen Ausdrucksmöglichkeiten aktiviert, um sich verständlich zu machen? Wird er nicht bei der Realisierung seiner Sprechabsicht besonders auf die sprachliche Hilfestellung des Lehrers oder der Mitschüler angewiesen sein, dann aber das neue 'Sprachgut' entsprechend sicher in seinem Gedächnis verankern? Morrison und Low (1983) illustrieren an empirischen Unterrichtsbeispielen, welche Anstrengungen der Fremdsprachenlerner in der Regel unternehmen muß, um seine Sprechabsichten zu verwirklichen. Seine Redebereitschaft kann also keineswegs als selbstverständlich vorausgesetzt werden. Ein Lernfortschritt in der Fremdsprache beruht aber nun gerade darauf, daß der Lernende seine sprachlichen Mittel erprobt, indem er potentielle Redemittel aktiviert und mit Hilfe des Lehrers und der Mitschüler gezielt erweitert. Ein effizienter Sprachunterricht ist also offensichtlich nur dann möglich, wenn die Form der Unterrichtskommunikation den Gesprächsinteressen der Lernenden gezielt Rechnung trägt. Eine offene Gesprächssituation, in der die Schüler ein echtes Mitteilungsbedürfnis entwickeln können, dürfte sich entsprechend positiv auf ihre Kommunikationsbereitschaft auswirken und ihnen die Möglichkeit geben, ihre Sprachfertigkeit zu schulen. Ein Lehrgespräch, in dem die Schüleräußerungen durch geschlossene Lehrerfragen vorprogrammiert werden, dürfte die Sprachausbildung des Schülers hingegen deutlich behindern.

Ist der Schüler grundsätzlich bereit, das beste aus seinen limitierten Redemitteln zu machen, ist eine notwendige, aber noch keine hinreichende Voraussetzung für seine Gesprächsteilnahme erfüllt: Nur wenn sich sein Lehrer und seine Mitschüler so weit auf ihn einstellen, daß sie seine Redeabsicht trotz mangelnder Eloquenz erkennen, kann der Schüler seine Sprechabsicht tatsächlich verwirklichen und auf diese Weise sprachlich „dazulernen“:

> If Aouda (pupil's name) had not been daring enough to stretch out slightly beyond the edge of her own ability to communicate a particular meaning, and if her intercolutors had not been willing to participate in the struggle to find an appropriate form for that meaning, then the potential learning event might not have been triggered off (Morrison/Low 1983:247).

Der hier beschriebene Kommunikationsaustausch war also offenbar nur deshalb möglich, weil die sprachlich unsichere Schülerin permanent darin bestärkt wurde, daß sie einen wichtigen Gesprächsbeitrag zu leisten hätte. Von der Suche nach einer geeigneten Ausdrucksform dürfte aber schließlich nicht nur sie profitiert haben, sondern auch die Mitschüler, die individuelle Sprachkompetenzen komplementär einsetzen und erweitern konnten.

Das Sich-hinein-versetzen in den Gesprächspartner ist keineswegs nur eine schulspezifische Voraussetzung kommunikativen Lernens, sondern eine Grundvoraussetzung jedes „echten“ Gesprächs, wie es Gadamer definiert:

> Das Gespräch ist ein Vorgang der Verständigung. So gehört zu jedem echten Gespräch, daß man auf den anderen eingeht, seine Gesichtspunkte gelten läßt und sich in sofern in ihn versetzt, als man ihn zwar nicht als diese Individualität verstehen will, wohl aber als das, was er sagt (ibid.:363).

Da gerade bei einem fremdsprachlichen Gespräch nicht nur von dem ausgegangen werden kann, was ein Schüler tatsächlich sagt, sondern auch seine Mitteilungsversuche in Betracht gezogen werden müssen, dürfte die fremdsprachliche Kommunikation von den Gesprächspartnern eine besonders hohe Sensibilität verlangen. Die von Bredella in Anlehnung an Herbert Mead formulierten Charakteristika „echter“ Kommunikation, mögen dies verdeutlichen:

> Kommunikation ist .. nicht ein Ausstoßen von Informationen, sondern besagt, daß der Sprecher sich in den anderen versetzt und dort die Wir-

> kung seiner Worte vorwegnimmt und daß der Zuhörer sich in den Sprecher versetzt, um zu erfahren, was er mit seinen Worten meint (Bredella 1979:44).
>
> Echte Kommunikation ist also geradezu Voraussetzung für sprachliches Üben (Brusch 1986:134).

Kommunikative Ansätze der Spracherwerbstheorie haben die empirische Beobachtung und Analyse der im Klassenzimmer üblichen Kommunikationsformen zur dringenden Notwendigkeit erklärt:

> If the key to learning are exposure to input and meaningful interaction with other speakers, we must find out what input and interaction the classroom can provide (Lier 1988:77f).

Lier weist darauf hin, daß zur Zeit noch keine klare Aussage darüber gemacht werden kann, wie ein für den Schüler „geeigneter" Sprachinput beschaffen sein sollte. Wenn der sprachliche Lernerfolg nur davon abhängig ist, wie intensiv und wie lange der Schüler fremdsprachlichen Stimuli ausgesetzt ist, dann muß sich der Fremdsprachenunterricht in der Tat Hüllens Vorwurf gefallen lassen, daß die Schule nur einen zweitklassigen Ersatz für die fehlende realsprachliche Umgebung bieten kann:

> Der Umgang mit der Fremdsprache ist von vornherein in didaktische Bahnen gelenkt. Viele Phänomene des kommunikativen Alltags kommen in der Schule gar nicht vor: Es gibt keine informatorischen oder thematischen Überraschungen; es gibt keine ernsthaften Mißverständnisse; es gibt keinen alltäglichen, sich selbst regulierenden Sprecherwechsel; es gibt nur wenig Selbstkorrekturen und Abweichungen von Normen, die wir uns in der eigenen Sprache immer gestatten; es gibt kein (oder nur wenig) wirkliches Betroffensein von dem, was gesagt wird oder was man selbst sagt (Hüllen 1983:169).

Der Spracherwerbsforscher Stephen Krashen wendet sich (1989) anscheinend gegen eine solche Unterbewertung schulischer Fremdsprachenvermittlung:

> The theory does not predict that language classes are a waste of time. On the contrary, they can be very useful, more useful, in fact, than simply going to the country where the language is spoken. If beginners "go to the country", they will encounter only incomprehensible input, or noise. But a well-taught language class can give beginners a concentrated dose of comprehensible input right from the first day (ibid.:11).

Der Lernvorteil schulischer Fremdsprachenvermittlung besteht laut Krashen jedoch nur solange, wie der Schüler noch nicht in der Lage ist, die Fremdsprache außerhalb des Klassenzimmers zu verstehen. Habe der Schüler einmal gewisse Basiskenntnisse erworben, dann könne er von einem Fremdsprachenunterricht nur noch dann profitieren, wenn er keinen Zugang zu realsprachlicher Kommunikation habe. Krashen begründet seine Überzeugung mit der mangelnden Effizienz von ESL-Kursen für fortgeschrittene Lerner (Krashen 1982). Wissenschaftlich ist dieses Argument allerdings kaum haltbar:

> One problem with such an argument is that comparisons of the amount learned in beginning and advanced ESL classes do not control for the complexity of the material being presented nor for the motivation of the learners (McLaughlin 1989:45).

Es gibt also vorerst keinen Grund anzunehmen, daß ein fortgeschrittener Fremdsprachenschüler, der vorhandene Sprachkenntnisse differenzieren und erweitern will, in einer realsprachlichen Umgebung besser aufgehoben wäre.[25]

Es ist empirisch jedoch ungeklärt, wie sich unterschiedliche Formen fremdsprachlicher Kommunikation - innerhalb und außerhalb des Klassenzimmers - auf die Lernmotivation auswirken.

---

[25] Krashen gibt selbst zu, daß ein Fremdsprachenschüler seine Sprachkompetenz nur dann erweitern kann, wenn die neuen Sprachstrukturen unmittelbar an das bereits akquirierte System anknüpfen. Diese Auffassung wird durch die Ergebnisse der Wahrnehmungsforschung bestätigt: Neue Wahrnehmungseindrükke können nur mit Hilfe bereits vorhandener Perzeptionsmuster verarbeitet werden (cf. Bower 1977:83). Krashens Feststellung, "intermediates are better off in the country" (1989:11), dürfte also mit entsprechender Vorsicht zu begegnen sein.

Nissens Beobachtungen in der Schulpraxis bestätigen die Notwendigkeit einer kommunikativen Ausrichtung des Fremdsprachenunterrichts. Der praxisorientierte Didaktiker wendet sich entschieden gegen die Auffassung, daß die Fremdsprache „dem komplexen Ineinander von 'Eigenem' und 'Anderem' nur ein zusätzliches Element von Fremdheit hinzufügt" (cf. Nissen 1985:20). Als Lehrer hat er erfahren,

> daß der Gebrauch der Fremdsprache im kommunikativen Fremdsprachenunterricht das Verstehen nicht be- oder verhindert, sondern modifiziert, in einem didaktisch äußerst positiven Sinn.
>
> Der Effekt der Fremdsprache ist nicht notwendigerweise reduktiv oder 'gebrochen', es ergibt sich vielmehr eine höhere Bewußtheit, latentes Aufmerken von Sprache, das im wiederholten Transfer 'freier' Äußerungen schrittweise expandierende Bedeutungskonstitution über muttersprachliche Potentiale hinaus möglich macht (Nissen 1985:21).

3.3 Der Motivationsaspekt fremdsprachlichen Lernens

Nach dem Stand der Motivationsforschung können wir zwar davon ausgehen, daß das Lernverhalten des Schülers in unmittelbarer Beziehung zu seiner Lerndisposition steht; wir wissen jedoch nicht, inwieweit das Kommunikationsverhalten des Lehrers die Grundmotivation des Schülers beeinflußt und auf diese Weise möglicherweise auch seinen sprachlichen Lernfortschritt bestimmt.

Die Motivationsforschung hat bisher einen individual-psychologischen Ansatz verfolgt, der es nicht erlaubt, Motivation als unterrichtsgestaltende Komponente zu beschreiben. Es wurde die Lerneinstellung einzelner Schüler ermittelt und mit ihrer individuellen Leistung in einem Kontrolltest korreliert; inwieweit sich unterschiedliche Lerndispositionen gegenseitig bedingen und den gemeinsamen Lernprozeß im Klassenzimmer bestimmen, war hingegen nicht Gegenstand der Untersuchung.

> The social character of classrooms imposes a task environment substantially different from the classic independent learning task typically used in cognitive strategy research and research on aptitude (Corno & Rohrkemper 1985:57).

Wenn wir also der Bedeutung affektiver Faktoren als Voraussetzung für die Unterrichtsbeteiligung und den sprachlichen Lernerfolg der Schüler gerecht werden wollen, dann müssen wir Motivation als unterrichtstragendes Element unmittelbar im sozialen Gefüge des Klassenzimmers beobachten.[26]

3.3.1 Der psychologische Motivationsbegriff

Doch was ist unter dem allgemeinen Begriff der Motivation[27] konkret zu verstehen[28]. Heckhausen (1971:194) spricht von verschiedenen Motivationen, die er als überdauernde Persönlichkeitsvariablen definiert, und Wertungseinstellungen gegenüber den Lehrstoffen des Unterrichts. Beide Komponenten faßt er als Lernmotivierung zusammen:

> Unter Motivierung ist die momentane Bereitschaft eines Individuums zu verstehen, seine sensorischen, kognitiven und motorischen Funktionen auf die Erreichung eines zukünftigen Zielzustandes zu richten und koordinieren.

Nach dem Motivationsmodell von Heckhausen & Rheinberg (1980: 19) ist der Entschluß des Lerners, sich in einer konkreten Lernsituati-

---

[26] Dieser motivationstheoretische Ansatz läßt sich in Anlehnung an Williams & Burden (1997:120) als *soziokonstruktivistisch* (*social constructivist*) bezeichnen: "an individual's motivation is also subject to social and contextual influences. These will include the whole culture and context and the social situation, as well as significant other people and the individual's interactions with these other people."

[27] Der mittellateinische Begriff 'motivum' (Antrieb, Beweggrund) dürfte Motivation als die Aktualisierung einer potentiellen Handlung durch ihre positive Zielausrichtung beschreiben.

[28] Zur Uneinheitlichkeit motivationspsychologischer Theoriebildung cf. Williams & Burden (1997:119).

on anzustrengen, abhängig von der Erwartung eines Lernerfolgs. Als wichtige Komponente dieser zielorientierten Lernmotivation sehen Hofer, Pekrun & Zielinski (1993:228) die Erwartung des Lerners, daß „eigenes zielbezogenes Handeln tatsächlich auch realisiert werden kann".

Wenn wir nun von der Motivation einer Schulklasse (im Englischunterricht) sprechen, dürfen wir nicht vergessen, daß die Schüler durchaus unterschiedliche Bedürfnisse und Interessen mit in den Unterricht hineinbringen und ihr Handeln keineswegs nach denselben Motiven[29] ausrichten:

> ... students bring to the classroom situation differing prior experiences, general ability levels, and mental states at the time. These individual differences in aptitude for learning interact with the various conditions for learning that exist in classrooms, including the nature of classroom tasks and the social-instructional support provided (Cronbach & Snow, 1977). Effective teaching in classrooms, then, involves adapting instructional tasks both to students and to social conditions, while also adapting students to conditions and tasks (Corno & Rohrkemper 1985:74).

Um die Möglichkeiten einer schulischen Lernmotivierung[30] durch den Lehrer realistisch einschätzen zu können, gilt es nun zu berücksichtigen, daß die Prägung der Einstellung zur Schule und zum Lernen für den einzelnen Schüler bereits im Elternhause begonnen hat, und daß auch die in der Schule stattfindende Prägung der Einstellung zum Fach kaum in einer einzelnen Unterrichtsstunde erfolgen dürfte. Nach Kahl gibt es drei motivationsrelevante Faktoren,

> die als Anregungsvariablen der Situation in den Bereich unterrichtsmethodischer Überlegungen fallen. Ziel ist es, die Schüler von der Sache her

[29] „Zu unterscheiden sind die Begriffe Motiv und Motivation. Motive sind die einzelnen Beweggründe eines Individuums, sich in einer gegebenen Situation so und nicht anders zu verhalten. In ihrer Gesamtheit spiegeln sie das Verhältnis dieses Individuums zu seiner Umwelt wider" (Solmecke 1983:15).

[30] Es wird hier Kahls Terminus der *Motivierung* übernommen, der den aktuellen Prozeß des Aufbaus oder der Aktivierung von Motivation bezeichnet (cf. Kahl 1978:12f).

> zu packen, ihre Neugier an den gebotenen Inhalten zu erregen, sie vor Aufgaben zu stellen, die sie reizen und deren Lösung für sie erreichbar erscheint (ibid.:13).

> Through success in language activities and through the satisfaction of recognized and recognizable achievement the student comes to take an interest in the subject for its own sake (that is, an intrinsic interest in learning to know and use English) and what is sometimes called a cognitive drive which is self-sustaining then develops (Rivers 1976:91f).

Neben der Wirkung dieser sogenannten *sachbezogenen* oder *intrinsischen* Faktoren, gibt es die für den Lerneinsatz des Schülers keineswegs zu unterschätzende *sozialbezogene* oder *extrinsische* Motivation.[31] Der Schüler wird nämlich nicht nur durch ein bestimmtes Sachinteresse motiviert, sondern auch durch gewisse äußere Zwänge der Institution Schule zum Lernen angehalten. Er entscheidet sich mitunter nur deshalb zur Mitarbeit, weil er andernfalls die Sanktionen seines Lehrers fürchten muß. Ein anderer Schüler arbeitet vielleicht nur deshalb im Unterricht mit, weil er den Lehrer verehrt und sich seine Anerkennung wünscht. Eine solche personenabhängige Motivation hilft dem Lernfortschritt des betreffenden Schülers allerdings kaum: gibt es Unstimmigkeiten im Lehrer-Schüler-Verhältnis oder findet gar ein Lehrerwechsel statt, dann dürfte sein Lerneinsatz plötzlich entscheidend nachlassen (cf. Kahl 1978:13).[32]

---

[31] Cf. die Begriffsdefinitionen von Johnson & Johnson (1985:260): "Intrinsic motivation may be defined as motivation that is inherent in the activity and its perceived meaning. Learning for the joy of it, to benefit others, and as a result of personally meaningful feedback are intrinsic to learning activities. Extrinsic motivation may be defined as motivation for outcomes separate from and following the activity. Winning (beating the other individuals or teams) and performing up to an external criteria are extrinsic to learning activities."

[32] Cf. Walmsleys Begriffe der *Affiliation* und *Dominanz*: "Unter Affiliation verstehen wir das Bedürfnis des Kindes nach gefühlsbetonten, engen, persönlichen Beziehungen - das Bedürfnis nach der gefühlsmäßigen Gewißheit, einer festen sozialen Gruppe anzugehören und einen klar definierten Platz in ihr einzunehmen. Und Dominanz bedeutet das Verlangen, die Vorstellungen, Werte und das Verhalten anderer zu beeinflussen. Dieses Verlangen drückt sich in dem Bemühen aus, Anerkennung, Bewunderung und Billigung zu finden" (Walmsley

Die situationsbezogene extrinsische Motivation eines Schülers wird aber keineswegs nur durch sein Lehrerverhältnis bestimmt:

> Of the interpersonal relationships available in the classroom, peers may be the most influential on motivation to learn (Johnson & Johnson 1985:250).

Z.B. mag die Sorge, sich vor den Mitschülern zu blamieren, auch denjenigen Schüler zum Lernen bewegen, den die Aussicht auf schlechte Zensuren wenig berührt.

Aber auch dort, wo Schüler bereits intrinsisch motiviert sind, darf die Wirkung extrinsischer Motivationsfaktoren auf das Lernverhalten nicht unterschätzt werden:

> In der Schulwirklichkeit müssen intrinsische und extrinsische Faktoren zusammenwirken, um die notwendige Mitarbeit der Schüler zu sichern. Dabei sollte extrinsische Motivation nicht im ganzen als negativ abqualifiziert werden. Sie ist realer Bestandteil des Lebens und Lernens in unserer modernen Gesellschaft und hat daher auch in der Schule ihren Platz (Kahl 1978:15).

> Die Bereitschaft zur aktiven Mitarbeit im Unterricht hängt zu einem wesentlichen Teil von dem Lern- und Arbeitsklima in der Klasse ab. Eine entspannte Atmosphäre, in der sich jeder äußern kann, ohne befürchten zu müssen, daß er sich lächerlich macht oder ständig korrigiert wird, ist eine entscheidende Voraussetzung für die Beteiligung auch schüchterner Schüler (ibid.:20).

Die Trennlinie zwischen sach- und sozialbezogener Motivation ist offensichtlich in der Schulpraxis keineswegs eindeutig zu ziehen.[33] Dies ist aber auch gar nicht notwendig. Es geht hier nur darum zu erkennen, daß das Wirkungsgeflecht persönlicher, sozialer und sachbezo-

---

1977:67).

[33] "... contributing to others' learning and well-being gives a sense of significance to one's efforts to develop skills and acquire knowledge. It is through interaction with other people that students learn to value learning for its own sake, enjoy the process of learning, and take pride in their acquisition of knowledge and development of skills" (Johnson & Johnson 1985:250).

gener Handlungsursachen zu vielschichtig ist, als daß die Fachdidaktik Patentrezepte zur Gestaltung eines „motivierenden“ Fremdsprachenunterrichts geben könnte:

> Handlungsanweisungen der didaktischen Literatur ... können daher niemals für eine bloße „Anwendung“ gedacht sein, sondern lediglich als Vorschlag für unterrichtliches Verhalten, dessen Wirksamkeit mit einer gewissen Wahrscheinlichkeit vorhergesagt werden kann, dessen konkrete Realisierung aber vom Lehrer selbst entschieden werden muß. Nur er kennt die Voraussetzungen der jeweiligen Lerngruppe und damit ihre zu erwartende Reaktion im Unterricht. (Solmecke 1983:19)

3.3.2 Der fremdsprachenspezifische Motivationsbegriff

Die Gültigkeit der hier entwickelten allgemein-psychologischen Motivationskonzeption ist offensichtlich nicht auf den Fremdsprachenunterricht beschränkt:

> Die Lernenden geben ihr außerunterrichtliches Leben nicht an der Schultüre ab, um dann nur noch Schüler zu sein. Sie wechseln auch nicht von Stunde zu Stunde und von Fach zu Fach ihre Persönlichkeit, um nur noch Mathematik-, Biologie- oder eben Englischlernende zu sein (Solmecke 1983:13).

Gibt es also überhaupt eine fremdsprachen*spezifische* Lernmotivaton?[34]

Im fremdsprachlichen Unterricht beschreibt das theoretische Hilfskonstrukt 'Motivation' offensichtlich sowohl Verständnis- als auch Mitteilungsbereitschaft: der Schüler wird durch bestimmte innere und

---

[34] Solmecke fordert (1983), den Begriff der *Motivation* im *Kontext des Fremdsprachenunterricht*s neu zu definieren: „Wenn a l l e s, was im Fremdsprachenunterricht passiert, i r g e n d w i e mit der Motivation der Lernenden zu tun hat, dann wird der Begriff für unsere Zwecke unbrauchbar. Wenn wir andererseits willkürliche Begrenzungen setzen, übersehen wir möglicherweise höchst wichtige Zusammenhänge.“

äußere Faktoren „bewegt“ (motus), (schriftliche und mündliche) Äußerungen in der Fremdsprache zu verstehen und zu produzieren.

Doch welches sind nun konkret die „Kräfte“, die eine Sprachhandlung in der Fremdsprache einleiten und tragen?

> The study of the way language is learned has brought out the fact that a strong emotional element is involved. As we express our personality through speech and its associate features, the student who is asked to begin learning a language is placed in a completely different position from that in which he finds himself in any other school subject. We are suddenly depriving him of a support and a defense, of a tool for inquiry, self-expression, and retention (Rivers 1969:161).

> To encourage authentic language activity, the teacher needs to create a structure and develop a process wherein the individual student feels safe in venturing his own contribution in interaction, where there is a warmth which welcomes what he has to contribute and gives it that serious consideration which builds him up in his own and in his fellow students' esteem (Rivers 1976:103f).

Nach Brusch (1989b:118), der sich wie Kahl[35] besonders mit den affektiven Voraussetzungen des Englischlernens befaßt hat, wird der Fremdsprachenschüler motiviert durch:

- sein Interesse am Lerngegenstand,
- ein Vertrauensklima im Klassenzimmer und
- die Aussicht auf einen Lernfortschritt. [36]

---

[35] Cf. Kahls empirisches Forschungsprojekt (1977), *Innovation durch Curriculumentwicklung.* (Hamburg: Institut für Didaktik der Sprachen).

[36] Cf. Rivers (1969:157ff): "In order to provide the best setting for the development of spontaneous communication in the language, the teacher must realize that the student cannot converse in the foreign language if he has nothing to communicate. He must want to communicate and must have some ideas to express.

... The atmosphere should be relaxed and there must be no tensions between student and teacher, or student and student, if the spontaneous use of the language is not to be inhibited. The silence which falls over a social group in a native-language situation where individuals do not feel at ease with each other

Aus der Sicht der interaktiv-kommunikativen Spracherwerbstheorie sieht Brusch das Wirkungsgefüge dieser drei Motivationskomponenten als treibende Kraft der Sprachakquisition:

> Das Interesse des Lernenden an der sprachlichen Botschaft, also Interesse am Thema, auch ein Vertrauensklima in der Lerngruppe sind für die erfolgreiche Sprachaneignung wichtig. In der Auseinandersetzung mit dem Inhalt sprachlicher Botschaften vollzieht sich „nebenbei" Sprachaneignung (Brusch 1989b:14).

Eine fremdsprachenspezifische Definition „motivierten" Lernens gewinnen wir also offensichtlich nicht dadurch, daß wir den Motivationsbegriff von vornherein fachdidaktisch verengen. Es kommt vielmehr darauf an, die allgemeinen Motivationskomponenten schulischen Lernens im Kontext des jeweiligen Faches systematisch zu konkretisieren.

Im Fremdsprachenunterricht umfaßt nun das *Interesse am Lerngegenstand* nicht nur die Haltung zum dargebotenen Unterrichtsstoff, sondern zugleich immer auch die affektive Bezugnähe des Schülers zu einer fremden Kultur (cf. Gardner und Lambert 1959, 1972)[37]:

---

has nothing to do with ability to speak the language. Silences in a foreign-language classroom can easily result from similar tensions. Ability to communicate freely in the foreign language will be developed more quickly in a classroom where the students, at ease with the teacher and their classmates, are always actively involved and feel free to divert the conversational line of the lesson from time to time to areas of interest to them, provided that the interchange is consistently carried on in the foreign language.
... The effort to communicate in the foreign language is facilitated by give-and-take among peers and the presence of a sympathetic audience which is not unduly critical. In this way each student may have frequent experiences of success, in a major or minor form, and this feeling of success will increase his motivation to persist in the study of the language to a point of greater mastery."

[37] "The original theory was an outgrowth of Mowrer's views (1950) on individual development which emphasize the importance of identification with a valued person. Gardner and Lambert (1959 /1972) built on this idea and considered the extent to which people esteem and want to identify with not

> In both the first- and second-language cases,..language is a means to an end rather than an end itself, in the sense that languages are typically learned in the process of becoming a member of a particular group, and the sustaining motivation appears to be one of group membership, not of language acquisition per se (Gardner & Lambert 1972:12).

> The language student must be willing to adopt appropriate features of behavior which characterize members of another linguistic community. The words, grammatical patterns, mode of pronunciation, and the sounds themselves should have a significance for the successful learner that goes beyond simple translations or equivalences given by a teacher, a grammar book, or a dictionary. Instead these come to be regarded as distinctive aspects of behaviour of the other cultural group. The student's attitudinal orientation toward that group, we argue, will influence this progress and efficiency in adopting these novel and strange linguistic habits into his own repertoire (ibid.:14).

Da der Fremdsprachenschüler nicht auf die Muttersprache als Ausdrucks- und Kommunikationsmittel zurückgreifen kann, ist er bei seinen Mitteilungsversuchen auf die besondere Geduld und Toleranz von Lehrer und Mitschülern angewiesen. *Die Lernatmosphäre* muß ihm das Gefühl vermitteln, daß er trotz eingeschränkter sprachlicher Mittel als Gesprächspartner ernst genommen wird.

Fremdsprachlicher *Lernerfolg* sollte für den Schüler entsprechend nicht nur an der Korrektheit seiner sprachlichen Ausdrucksform, sondern vielmehr auch an der kommunikativen Wirkung seiner Beiträge zu erkennen sein. Hat der Lernende eine Mitteilungsabsicht - gegebenenfalls unter Mithilfe der anderen Kommunikationspartner - verwirklicht, muß er darin bereits einen wertvollen Lernfortschritt er-

---

only particular individuals but also foreign peoples. Variation in these factors was thought to be the result of attitudes towards foreigners which were probably formed under the influence of parents, the home environment, and the native culture. Gardner and Lambert (1972) suggested that those people who identify positively in this way would like to resemble the foreign peoples concerned, to understand their culture, and to be able to participate in it." (Skehan 1989:52f) kennen dürfen.

Brusch veranschaulicht die Rolle emotionaler Faktoren im Spracherwerbsprozeß mit dem Modell eines affektiven Filters,

> der möglichst durchlässig sein muß, damit die sprachlichen Botschaften überhaupt an den Spracherwerbsmechanismus herangelassen werden (Brusch 1989a:12).

Die Existenz eines 'affektiven Filters' wurde zum ersten Mal von Dulay und Burt (1977) postuliert und in Krashens Monitortheorie (Krashen 1981, 1982, 1985; Krashen and Terrell 1983) schließlich zum entscheidenden Mechanismus des Spracherwerbs erklärt:

> The affective filter hypothesis claims that comprehensible input, although necessary, is not sufficient for second language acquisition. Input may be understood by the acquirer, but this does not mean that this input will reach the Language Acquisition Device (Krashen 1989:10).

Der Einfluß affektiver Faktoren auf die Lernfähigkeit wird von der Motivationsforschung der 80er Jahre bestätigt. Unter der Annahme, daß das Filtermodell die komplexe Vorstellung emotionaler Sprachaneignung plastisch vereinfachen und der Schulpraxis zugänglich machen kann, gilt Krashen heute in der amerikanischen Fremdsprachendidaktik als zukunftsweisender Spracherwerbsforscher. Die Monitortheorie kann jedoch kaum als ein wissenschaftlich exakter Entwurf gelten, da sie komplizierte mentale Prozesse als 'black boxes' simplifiziert:

> Krashen has provided no coherent explanation for the development of the affective filter ... Nor does the hypothesis bear detailed linguistic scrutiny. Although most researchers in the field of second-language acquisition would admit that affective variables play a critical role, few would see a need to postulate an affective filter that is vague in its origin and function (McLaughlin 1989:55).

Solange wir aber den affektiven Filter nicht als Entität, sondern als metaphorisches Hilfskonstrukt verstehen, dürfte es keinen Grund geben, bei der sprachdidaktischen Theoriebildung auf seine begriffliche Anschaulichkeit zu verzichten.

3.4 Zur Relevanz intuitiven Spracherwerbs

Wichtiger als die Filterkonzeption ist der Fremdsprachenforschung und -didaktik heute Krashens Akquisitionstheorie, in der zwischen einer unbewußten Sprachaneignung (acquisition) und einem bewußten Sprachlernen (learning) unterschieden wird:

> The cornerstone in current theory is the distinction between acquisition and learning, the idea that we have two independent means of gaining ability in second languages... Acquisition now appears to play a far more central role than learning in second language performance. Our ability to use second languages comes mostly from what we have acquired, not from what we have learned (Krashen 1989:8).

Brusch liest aus Krashens „Hinweis, daß Sprachaneignung und Sprachausübung unbewußt und intuitiv geschehen", eine wichtige Botschaft an die Praxis unseres Fremdsprachenunterrichts, in der „Grammatikkenntnisse noch immer als der Schlüssel zur Sprachbeherrschung angesehen werden" (cf. Brusch 1989a:11). Der Universitätsdidaktiker fordert entsprechend, den Sprachunterricht nicht mehr länger an einer kognitiven Vermittlung grammatischer Regeln und isolierten Sprachdrills auszurichten, sondern dem intuitiven Verstehensprozeß natürlicher Kommunikation anzupassen. In Anlehnung an Krashen geht Brusch davon aus, daß der Fremdsprachenschüler in einem kommunikativen Sinnzusammenhang auch solche sprachlichen Strukturen erschließen kann, die ihm grammatisch nicht erklärt worden sind. Lesetexte, die lediglich zur Anwendung und Vertiefung erlernter grammatischer Phänomene dienen, sind demnach also keine notwendige Voraussetzung sprachlicher Kontextualisierung.

Die kommunikative Vermittlung von Sprachbedeutung hat inzwischen sowohl den imitativen Sprachdrill als auch die kognitive Grammatikreflexion aus dem Fremdsprachenunterricht verbannt:

> Im natürlichen Sprachgebrauch lösen wir keine grammatischen Probleme, sondern Formulierungsprobleme (Butzkamm 1989:19).

Im Mittelpunkt des fortgeschrittenen Fremdsprachenunterrichts steht entsprechend das Gespräch, dem als Artikulationsmodell ein Text zugrunde liegt (cf. Lehrplan Englisch für die Sekundarstufe II, Hamburg 1989, pp. 2f). Nicht die detaillierte Beschreibung von Textstrukturen, sondern die Rezeption und Kommunikation von Textbedeutung sind hier Zielsetzung des Unterrichts. Grammatische Kompetenz zielt entsprechend nicht auf ein abstraktes Sprachwissen, sondern auf den sicheren Gebrauch kommunikationsrelevanter Redemittel.[38]

Grammatikarbeit ist insofern ein Teil der Textarbeit, als die Schüler modellhaft Einblicke in die Funktion von grammatischen und syntaktischen Erscheinungsformen gewinnen. (cf. Hamburger Lehrplan 1989:11)

4. Zur Integration von Sprach- und Literaturunterricht

Wie nun die Integration von Sprach- und Literaturunterricht in der Unterrichtspraxis zu verwirklichen sei, darüber gibt die englische Fachdidaktik nur sehr zögernd Auskunft. Hans Webers Modellvorstellung von einem *Rezeptionsgespräch*, das den Schülern erlaubt, sich mit dem Lehrer in einer realen Gesprächssituation über eine Textbedeutung zu verständigen (cf. insb. Weber 1977), repräsentiert das moderne Ideal fachdidaktischer Gesprächstheorie. In diesem *Rezeptionsgespräch* kann es keine exakte Planung geben, weil sich das Sinnpotential des Textes erst in der Meinungsvielfalt der Schüler entwickelt (cf. ibid.:127). Es muß widersinnig anmuten, Webers „Liberales Idealbild eines Unterrichtsgesprächs“ zu begrüßen und zu-

---

[38] Zur Polarität von sprachlicher Bildung und Ausbildung in der Geschichte des neusprachlichen Unterrichts vergleiche insbesondere: W. Vietor (1892), „Der Fremdsprachenunterricht muß umkehren“. In: K.-H. Flechsig (1965) (ed.), pp. 155-172. Siehe auch W. Hüllen (1960), *Sprachunterricht-Sachunterricht-Literaturunterricht.* Cf. K. Schröder (1971), „Englisch als Schulfach“. *Neusprachliche Mitteilungen* 24, pp. 144-152, und W. Brusch (1986), *Text und Gespräch in der Fremsprachlichen Erziehung*, pp. 11-25.

gleich „seine verfahrensmäßige bzw. methodische Abstützung“ zu verlangen (cf. Lange/Lehberger 1982: 43).

Wünschenswert wäre allerdings ein konkreter Hinweis zur Durchführung der Spracharbeit im Kontext der Texterarbeitung. Weber geht offenbar davon aus, daß ein „echtes“ Gespräch Voraussetzung für das sprachliche Üben des Schülers ist:

> Man kann das Sprachkönnen der Schüler schlecht fördern, wenn das, was da verbessert werden soll, sich erst gar nicht regt (Weber 1979:126).

Leider erfahren wir nur wenig darüber, wie sich Weber diese Spracharbeit konkret vorstellt. Er hält es offensichtlich für notwendig, daß den Schülern bereits zu Beginn des Interpretationsgesprächs alle erforderlichen Redemittel zur Verfügung stehen:

> Er (der Lehrer) wird langfristig die Redemittel verfügbar machen und regsam halten müssen, die sie (die Schüler) brauchen, um sich in den Interaktionsabläufen der Lektürestunden gegenstandsbezogen wie zugleich partnerbezogen, thematisch-inhaltlich wie auch situationsangemessen äußern zu können (ibid.:122).

Wie aber kann der Lehrer bereits wissen, welche Ausdrucksmittel gefragt sein werden, wenn das Interpretationsgespräch noch gar nicht begonnen hat? Führt nicht die Vorausgabe von Vokabeln und Ausdrucksmustern zu einer indirekten Beeinflussung des Gesprächsverlaufs?

Schier sieht grundsätzlich kein Problem in der linguistischen Vorbereitung des Interpretationsgesprächs, denn seiner Auffassung nach kann die Textbesprechung ohnehin nur dann erfolgreich sein, wenn der Lehrer bestimmte (sprachlich und inhaltlich festgelegte) Deutungsmuster vorgibt:

> Und natürlich wird (der Lehrer) auch seine in der didaktischen Interpretation antizipierten <produktiven Besprechungsansätze> (Weber 79:123) in das Gespräch einbringen können, damit ein ergiebiges Gespräch gelingen kann (Schier 1989:152).

Wenn wir aber grundsätzlich von einer kognitiven und sprachlichen Vorausplanung ausgehen, wird dann nicht die Grundidee eines *Rezeptionsgesprächs* zwischen gleichberechtigten Gesprächspartnern ad absurdum geführt?

Aus den Überlegungen zu Webers *Rezeptionsgespräch* dürfte deutlich geworden sein, daß eine gesprächsdidaktische Theoriebildung, die Spracherwerb nicht als Komponente des Unterrichtsgesprächs sieht, dem kommunikativen Ansatz fremdsprachlichen Lernens kaum gerecht werden kann. Das bedeutet keineswegs, daß die Vorstellung von einem „echten" Interpretationsgespräch nicht „der ergiebigste Weg der Lektüreerschließung" (cf. Weber 1979:127) wäre. Die Tatsache, daß in einem fremdsprachlichen Literaturunterricht immer zugleich auch Spracharbeit geleistet wird, steht nämlich keineswegs im Widerspruch zu einer spontanen Gesprächsführung, wie sie von Weber gefordert wird. Der Schüler darf sich durchaus bewußt sein, daß der Fremdsprachenunterricht vor allem auch seinem sprachlichen Lernfortschritt dient; die Spracharbeit soll und darf jedoch nicht soweit in den Blickpunkt einer inhaltlichen Diskussion rücken, daß die Form der Schüleräußerungen zum eigentlichen Gesprächsgegenstand wird.

Von einem kommunikativen Gesprächsentwurf für den Fremdsprachenunterricht erwarten wir also vor allem auch eine klare methodische Konzeption zur Durchführung von Spracharbeit. Aus der Fülle didaktischer Gesprächskonzeptionen[39] sind hier vor allem die Entwürfe von Egon Werlich, Rudolf Nissen und Wilfried Brusch zu nennen, da sie jeweils konkrete Vorstellungen zur Integration von Sprach- und Literaturunterrricht entwickeln.

---

[39] Black/Butzkamm entwickelten mit ihrer Konzeption des „Klassengesprächs" eine kommunikative Sprachlehrmethode für die Unterstufe, deren Darstellung den Rahmen dieser Arbeit sprengen müßte. Cf. daher Black/Butzkamm, *Klassengespräche. Kommunikativer Englischunterricht: Beispiele und Anleitung* (1977a).

4.1 Werlichs Interpretationsgespräch

In seiner *Praktischen Methodik des Fremdsprachenunterrichts mit authentischen Texten* (1986) beschreibt Werlich die „im Umgang mit literarischen Texten ins Spiel kommende Gesprächsform als Interpretationsgespräch", das Gadamers hermeneutischem Gespräch nahesteht:

> Wie jedes Gespräch bildet das fremdsprachliche Interpretationsgespräch eine 'gemeinsame Sache' in der Gruppe heraus - als ein Feld von 'Bezugstexten', die als Verlängerung und Erweiterung der Textvorlage unter den Gesprächsteilnehmern produziert werden.., indem die gemeinsame Sache erarbeitet wird (ibid.:197f).

Zur differenzierten Aneignung des fremdsprachlichen Textes und seiner Thematik fordert Werlich die Vermittlung eines Ergänzungswortschatzes während des unterrichtlichen Gesprächs. Zu Recht betont er, daß sich der Bedarf bestimmter Redemittel immer erst aus der kommunikativen Interaktion der Lerngruppe mit dem Text ergeben kann:

> Redemittel als Versprachungshilfen werden im fremdsprachlichen Interpretationsgespräch immer dort (gezielt und punktuell, nicht in Listen) eingeführt, wo sie in der Auseinandersetzung mit der Thematik des vorliegenden Textes und den durch die Thematik in der Gesprächsrunde ausgelösten 'sekundären Textes'.. von den Gesprächspartnern gebraucht werden (ibid.:198).

Diese theoretische Grundlegung Werlichs entspricht also durchaus dem von Weber entworfenen Idealbild eines *Rezeptionsgesprächs*. Es muß aber leider festgestellt werden, daß Werlichs konkretes Unterrichtsprogramm diesen theoretischen Anspruch nicht erfüllt, denn er entwickelt eine formalstrukturalistische Methode der Texterarbeitung mit starr fixierten sprachlichen und inhaltlichen Erarbeitungsstufen und umgeht so den im Bereich der Literaturdidaktik geltenden Methodenpluralismus zugunsten einer einseitigen satz- und textgrammatischen Vorgehensweise. Seine Konzeption, „Grammatikarbeit als integrierte Spracharbeit in das textbezogene Interpretationsgespräch einzuarbeiten" (ibid.:53), führt insbesondere in der Evaluationsphase des Interpretationsgesprächs, „die das grammatische Phänomen einordnend benennt und evtl. mit einer Regelformulierung versieht" (ibid.:54), zu einer künstlichen Interpolation von Sprachanalysephasen in die laufende Unterrichtsdiskussion. Die gesprächsintegrierende Spracharbeit in einer sogenannten Evaluationsphase gestaltet sich für Werlich u.a. dadurch, daß ein Ergänzungstext gewählt wird, der bestimmte teilthematische Bereiche des Ausgangstextes anspricht. Für das Textgespräch empfiehlt er folgende methodische Teilschritte:

1. „Vorgabe der zu übenden Struktur (topikaler Impuls mit konstanter Strukturvorgabe)".

2. „Blicklenkung auf eine Struktur durch Isolation an der Tafel".

3. „Impuls zur Wiederaufnahme der Struktur mit veränderter Füllung aus dem thematischen Zusammenhang".[40]

Der Schwerpunkt der hier beschriebenen Textarbeit dürfte also eindeutig auf der Aneignung einer bestimmtem grammatischen Struktur und nicht auf der Erarbeitung eines inhaltlichen Aspekts beruhen. Wenn wir aber den literarischen Text als ein Sprachobjekt für die Grammatik- und Wortschatzvermittlung benutzen wollen, dann müssen wir uns darüber im klaren sein, daß wir damit das inhaltsbezogene Interpretationsgespräch zu Gunsten eines sprachbezogenen Lehrer-/ Schülerdialogs zurückstellen.

Werlich geht in seinem Bemühen, die Sprachanalyse in den Dienst des Textgesprächs zu stellen, offensichtlich von der Voraussetzung aus, daß eine fremdsprachliche Redeschulung ohne kognitive Aktivierung linguistischer Strukturen unmöglich ist. Eine solche Auffassung widerspricht jedoch der Überzeugung der modernen Spracherwerbsforschung, daß mitteilungsbezogenes Sprechen die effektivste Form der Sprachvermittlung bedeutet. Wenn Werlich darauf hinweist, daß

[40] Zur Illustration von Werlichs „gesprächsdidaktischer" Konzeption cf. seinen Beispieldialog, (1986:57).

> auf Lehrerfragen und -impulse, die Sprache vorgeben und kontrolliert Sprache beim Schüler auslösen, im Fremdsprachenunterricht weitgehend nicht verzichtet werden <kann> (1986:47),

distanziert er sich damit von der hermeneutischen Grundlegung seines Entwurfs. Wenn nämlich

> das im fremdsprachigen Interpretationsgespräch angestrebte Verstehen und die mit Sprache anreichernde Auslegung <tatsächlich> ein und dasselbe <sind> (ibid.:198),

dann nimmt jede sprachliche Vorgabe des Lehrers dem Schüler von vornherein die Möglichkeit zu einem kognitiven und affektiven Lernfortschritt.

Werlichs anerkennenswerter Versuch, die Spracharbeit in das Unterrichtsgespräch zu integrieren, scheitert also letztlich daran, daß der neue Wortschatz nicht aus dem Mitteilungsbedürfnis der Schüler heraus entwickelt wird, sondern als textbezogenes Besprechungsvokabular der thematischen Schwerpunktsetzung des Lehrers entspringt. Werlichs modellhafte Interpretationsgespräche können entsprechend kein positives Zusammenwirken von Sprach- und Interpretationsarbeit demonstrieren, sondern zeigen vielmehr, wie die künstliche Interpolation eines Besprechungsvokabulars, das ausschließlich die Rezeptionsperspektive des Lehrers verbalisiert, den Gesprächsfluß der Schüler hemmen kann. Es überrascht also nicht, daß in Werlichs „Interpretationsgesprächen“ alle Gesprächsinitiativen von dem Lehrer ausgehen. Brusch weigert sich unter dieser Voraussetzung, Werlichs Interpretationsdialoge als *Gespräche* anzuerkennen (cf. Brusch 1989b:122).

Brusch beklagt an Werlichs Modell vor allem, daß das Interpretationsgespräch laufend unterbrochen wird, um das Besprechungsvokabular an der Tafel zu fixieren und schlägt vor, die Schüler bereits vor der ersten Textbegegnung mit dem metasprachlichen Besprechungs- und Ergänzungswortschatz vertraut zu machen. Bei dieser Forderung müssen wir allerdings berücksichtigen, daß Brusch von der Erarbeitung einer Textsequenz ausgeht, die einen bestimmten Sach- und Problemkreis ausbaut. Das Themavokabular kann dadurch also vorausgenommen werden, ohne daß der Schüler in seinem Gesprächsansatz festgelegt wird.

So hilfreich eine solche sprachliche Vorentlastung auch sein mag, so kann sie doch nur eine sehr grobe Hilfestellung bei der Erarbeitung eines literarischen Textes bedeuten, da sich die Gesprächsbedürfnisse der Schüler erst allmählich im Diskussionsverlauf entwickeln dürften. Wenn Brusch angibt, daß er mit einer solchen Textfolge „ähnliche, unterschiedliche und gegensätzliche Aussagen zum Thema“ berücksichtigen will (1989b:123), dann dürften dem Schüler vor allem bei der Besprechung des ersten Textes, dann aber auch bei der Behandlung andersartiger Positionen in den folgenden Texten, entscheidende Redemittel fehlen. Dies ist aber grundsätzlich nicht problematisch, denn eine sprachliche Hilfestellung im Unterricht dürfte dem Mitteilungsinteresse der Schüler durchaus förderlich sein, solange der Lehrer die sprachliche Unsicherheit eines Gesprächsteilnehmers nicht zum Anlaß für eine ausführliche Sprachlektion nimmt.

Nach der Überzeugung der modernen Spracherwerbsforschung ist eine situative Erweiterung der sprachlichen Kompetenz eine weitaus effizientere Form der Sprachvermittlung als die kognitive Aneignung von Vokabellisten vor oder nach dem Textgespräch. Es dürfte also auch aus sprachpragmatischen Gründen wünschenswert sein, eine Gesprächsmethodik zu entwickeln, die kommunikatives Fremdsprachenlernen verwirklicht. Werlichs Unterrichtsmodell konnte diesen Anspruch offensichtlich noch nicht erfüllen.

4.2 Nissens Lehr-/Lerngespräch

In seiner Konzeption von einem textverarbeitenden Lerngespräch im fortgeschrittenen Fremdsprachenunterricht (1974, 1979, 1982, 1984) stellt Nissen das hermeneutische Interpretationsgespräch in den Dienst sprachbezogenen Handelns:

> Aller verarbeitende Umgang mit Texten hat hermeneutische Qualität. Bezeichnet der Formulieraspekt des Lerngesprächs dessen Strenge, so der hermeneutische Aspekt dessen - dialogische - Freiheit...Lernarbeit im Englischunterricht, auf dieser Stufe geht, vom Text und vom Schüler aus - und ist darin Arbeit, *Formulierarbeit* (1982:115).

Entsprechend kann für Nissen ein Interpretationsgespräch nur dann gelingen, wenn der Gesprächsanlaß dazu genutzt wird, vorhandene „Sprachreserven" zu aktivieren und neue Ausdruckspotentiale zu erschließen. Dem Lehrer kommt vor allem die Funktion des sprachlichen Organisators zu, der

> das im Gespräch rekurrierende Vokabular sowie die verwandten Strukturen bewußt selektiert und <einsetzt>. So entsteht ein immer wieder zu vernehmendes Modell in den Lehreräußerungen. Dieses lenkt und sichert das sprachliche Verhalten der Schüler durch seine Überschaubarkeit und regelmäßige Wiederkehr ... (1974:104).

In kognitiver Hinsicht spielt der Lehrer hingegen keine produzierende, sondern eine eher evozierende Rolle. Als Gesprächskoordinator provoziert er Äußerungsanlässe (1), korreliert/strukturiert Gesprächsbeiträge (2), kristallisiert Gesprächstendenzen/-ergebnisse (3) und fordert zu einer Transzendierung der Gesprächsergebnisse auf (4). Diese vier Lehrtätigkeiten führen in Nissens 4-Phasenmodell (cf. 1982: 115f) stufenweise zu der kognitiven und sprachlichen Manifestierung einer interaktiv ermittelten Textbedeutung. Nissen weist darauf hin, daß die genannte Stufenfolge "nicht starr, sondern als offener Optionsrahmen aufzufassen ist" (1982:123). Ihm kommt es vor allem darauf an, daß die Schüler ihr Textverständnis in der Lerngruppe entwickeln und nicht durch eine kognitive Gesprächsvorgabe des Lehrers gelenkt werden:

> <der Lehrer> darf nicht immer wieder persönlich engagiert, sofort und selbst reagieren wollen. Er sollte immer wieder auch scheinbar Erreichtes und Fertiges ruhevoll in die Lerngruppe zurückreichen (ibid.:124f).

Wie sehr wir auch eine solche Lehrerhaltung begrüßen mögen, sollten wir dabei nicht übersehen, daß schon die Reinitiation eines Schülerimpulses den Gesprächsverlauf beeinflussen kann. Ein Lehrer, der die Interpretationsaussagen der Schüler permanent an die Lerngruppe zurückreicht, dürfte sich leicht den Vorwurf zuziehen, daß er nur dann eine Textdeutung als Unterrichtsergebnis akzeptiert, wenn sich seine didaktische Absicht - scheinbar wie von selbst - erfüllt hat.

Nissens Lehrgespräch beruht also offensichtlich auf einer gezielten Gesprächslenkung, die ganz bestimmte Schüleräußerungen evozieren will. Wenn Nissen angibt, daß Lehrerimpulse als Gesprächsauslöser permanent erforderlich sind, da „'Selbstauslöser' unter den Schülerimpulsen wünschenswert, aber rar <sind>" (1982: 122), impliziert er damit die Forderung nach einer konstanten „Lehrerdominanz". Brusch geht entsprechend davon aus, daß der Lehrer „beim Nissenschen Lehr-/Lerngespräch immer der <listenreiche Gesprächslenker> (Nissen 1974:248) bleibt" (cf. Brusch 1986: 108).

Solange Gesprächsverlauf und -ergebnis durch den Lehrer bestimmt bleiben, kann offenbar ein hermeneutisches Gespräch, wie Nissen es anstrebt, nicht wirklich gelingen.

Doch inwieweit kann ein fremdsprachliches Interpretationsgespräch tatsächlich auf die Impulsgebung des Lehrers verzichten?

Nissens Annahme, daß der Lehrer kaum mit „Selbstauslösern" in der Lerngruppe rechnen kann und darum permanent Äußerungen stimulieren muß, wird durch keine empirische Untersuchung gestützt. Die „Anwendung und Überprüfung" seiner theoretischen Konzeption „an tatsächlichen Unterrichtsverläufen (Videodokumentationen, Wortprotokollen etc.)" ist aber offensichtlich dringend erforderlich, wenn wir die Möglichkeit einer verstärkten Schülerinitiation diskutieren wollen (cf. Brusch 1986:107).

4.3 Das „echte" Gespräch nach Brusch

Im Gegensatz zu Nissen ist Brusch der Überzeugung, daß es keiner methodischen Konzeption für den Fremdsprachenlehrer bedarf, sondern daß die Beherzigung der Regeln allgemeiner Gesprächsführung auch gerade im Fremdsprachenunterricht zu einem kognitiven und sprachlichen Lernerfolg der Schüler führt. Diese Gesprächsauffassung, die er zuerst 1984 in einem Aufsatz zur Unterscheidung von pädagogischem Dialog und „echtem" Gespräch publiziert, wird 1986 in der ausführlicheren Darstellung *Text und Gespräch in der fremdsprachlichen Erziehung* an empirischen Fallstudien aus dem Englischunterricht illustriert. Brusch kommt zu dem Ergebnis, daß ein intensives Textgespräch nur dann gelingt, wenn der Lehrer sein „Fragemonopol" aufgibt:

> Pädagogisches Fragen führt zum Scheindialog. Nur, wo Schüler und dann auch der Lehrer <echte> Fragen zum Text haben, nur dort entwikkelt sich ein echtes Gespräch! In solchen Gesprächen kommt es zu vertiefenden Spracherwerbsprozessen (ibid.:211).

Als wichtigste Regel für das Gelingen eines „echten" Gesprächs sieht Brusch aus personalinteraktionaler und allgemeinpädagogischer Perspektive die Notwendigkeit eines „schülerorientierten" Interpretationsansatzes. Der Didaktiker definiert „Schülerorientierung" im textdeutenden Interpretationsgespräch als die gemeinsame literarische Rezeption einer Lerngruppe, die über ihr „subjektiv unterschiedliches Text- und Weltverstehen miteinander ins Gespräch kommt" (ibid.:211).

> Diese unumgängliche Subjektivität des Verstehens sollte nicht bedauert, sondern gerade im schulischen Kontext gefördert werden, denn gerade hier liegt in der Interpretation durch die Lerngruppe die Chance zum echten Gespräch in der Zielsprache (ibid.:210).

Brusch ist der Auffassung, daß sich der Lehrer spätestens auf der Oberstufe aus der aktiven Lenkung des Unterrichts zurücknehmen sollte. Er ist sich darüber im klaren, daß ein fremdsprachliches Gespräch in der Lerngruppe nicht nur gedankliche Emanzipation, sondern auch eine bestimmte Sicherheit im Umgang mit Redemitteln und Interpretationstechnika verlangt; er geht aber offenbar davon aus, daß ein Oberstufenschüler diese Fertigkeiten bereits auf der Grund- und

Mittelstufe erworben hat.

Brusch versäumt allerdings nicht, darauf hinzuweisen, daß auch der Anfangsunterricht in den Dienst mitteilungsbezogener Kommunikation gestellt werden sollte:

> Fragen wie 'What is your name? How old are you? Have you got a brother or a sister?' dürfen von dem Lehrer nicht als mechanische Sprachübung <durchgenommen> werden, sondern müssen als Chance zu echtem Fragen genutzt werden (ibid.:207).

In Anlehnung an die interaktiv orientierte Spracherwerbstheorie geht der Gesprächsdidaktiker also davon aus, daß sprachliches Üben grundsätzlich nur dann sinnvoll ist, wenn es in einem kommunikativen Kontext erfolgt.

Seine Überlegungen zur Relevanz der Schülerperspektive im fremdsprachlichen Interpretationsgespräch der Sekundarstufe II basieren offensichtlich auf einer klaren Konzeption „schülerorientierter" Gesprächsführung: Erkenntnisinteresse und -vermögen der Schüler werden zum Ausgangspunkt der Textbetrachtung gemacht, damit sich ein intensives Interpretationsgespräch in der Lerngruppe entwickeln kann. Die Schüler leiten das Textgespräch und bestimmen das Interpretationsergebnis. Der Lehrer, der selbst keine aktive Gesprächsrolle übernimmt, leitet die sprachliche Vor- und Nachbereitung der Schülerdiskussion.

Der Forderung nach einer schülergeleiteten Gesprächsführung verleiht Brusch mit seinen Videoaufzeichnungen Gewicht. Er zeigt, wie eine Schülerin im 2. Semester eines Leistungskurses den Lehrer in seiner Rolle als Gesprächsleiter ablöst und mit der Lerngruppe ein Interpretationsgespräch ohne sprachliche Schwierigkeiten führt (cf. ibid.:136-156). Brusch gibt zu, daß eine schülergeleitete Textinterpretation noch nicht dem Idealbild eines „echten" spontanen Textgesprächs entspricht; er sieht jedoch in der Übertragung der Gesprächsleitung auf einen Schüler den notwendigen ersten Schritt zur Emanzipation der Lernenden.

Aus seiner eigenen Unterrichtserfahrung weiß Brusch, daß die Gesprächsleitung nur an sprachlich besonders weit fortgeschrittene Schüler abgegeben werden kann. Die sprachpraktische Übung, die er sich für den gesprächslenkenden Schüler verspricht, dürfte also unerheblich sein. Für die kognitive Emanzipation und die Mitteilungsbereitschaft der Gesprächsteilnehmer dürfte es aber wiederum unbedeutend sein, ob sie durch den „richtigen" Lehrer oder durch einen „fähigen" Mitschüler „gelenkt" werden. Entscheidend ist vielmehr das Gesprächsverhalten des Diskussionsleiters: Mißbraucht er seine Autorität als Gesprächsführer dazu, die eigene subjektive Interpretation als Diskussionsergebnis durchzusetzen, oder erlaubt er den spontanen Meinungsaustausch eines gemeinsamen Rezeptionsgesprächs?

Bruschs Forschungsergebnisse zum „schülerzentrierten" Unterricht bieten keinen Grund zu der Annahme, daß sich mit der Übernahme der Gesprächsführung durch einen Schüler das Kommunikationsverhalten der Lerngruppe tatsächlich ändert. Es wird vielmehr deutlich, daß auch die gesprächsleitende Schülerin autoritäres Lehrerverhalten entwickelt und die Kommunikation eindimensional in ihre Richtung lenkt. Brusch kritisiert dieses Verhalten jedoch nur bedingt, da er glaubt, daß „Lehrerverhalten in der Schule doch eigentlich völlig legitim <ist>. Wo gelernt werden soll, da muß auch gelehrt und belehrt werden, egal wer der Lehrer ist." (ibid.:155). Diese Schule der Belehrung bedeutet für Brusch allerdings immer nur eine Phase des Übergangs, in der die Lernenden miteinander Möglichkeiten und Grenzen spontaner Gespräche erproben.

Bruschs Fallstudien zum „schülerorientierten" Unterricht haben bewiesen, daß fortgeschrittene Fremdsprachenschüler durchaus in der Lage sind, eigene Interpretationsansätze zu entwickeln. Die Beobachtung der zur Zeit üblichen Unterrichtspraxis zeigt jedoch, daß die Lernenden selten als Gesprächspartner ernst genommen werden: Der Lehrer fragt, der Schüler antwortet. Anstatt die Lernenden bereits auf der Mittelstufe zu eigenem Fragen anzuhalten, werden ihnen oft noch auf der Oberstufe die „zu behandelnden" Textaspekte vorgegeben. Eine solche „Gängelung" des Fremdsprachenschülers steht kaum im

Einklang mit der allgemeinpädagogischen Zielsetzung der Schule, den jungen Menschen zu einem mündigen Erwachsenen zu erziehen: Wenn aber die Emanzipation des Schülers gar nicht erst angestrebt wird, wie kann er dann die Fähigkeit zum Gespräch entwickeln, „die für die Teilnahme und das Sich-Behaupten im gesellschaftlichen Leben sowie für die produktive Einwirkung auf dieses Leben notwendig ist.“(Ritz-Fröhlich 1977:12)?

Zweifellos setzt ein offener Gesprächsaustausch zwischen gleichberechtigten Partnern bereits die Mündigkeit beider Teilnehmer voraus; das „echte“ Gespräch ist jedoch „nicht als abstraktes Postulat hinzustellen, sondern muß sich in sehr verschiedener Weise je nach dem erreichten Grad der Mündigkeit abwandeln“ (Bollnow 1973:17).

Wie nun aber kann die Emanzipation des Fremdsprachenschülers eingeleitet werden?

Die optimale Form „emanzipierenden Lernens“ sehe ich im Unterschied zu Brusch nicht unbedingt in einem schülergeführten Interpretationsgespräch, denn der gesprächsleitende Schüler müßte den Wissens- und Erfahrungshorizont eines Lehrers besitzen, um eine den Mitschülern angemessene Form der Impulsgebung finden zu können. Es ist nun aber anzunehmen, daß auch besonders fortgeschrittene Kursteilnehmer noch von dem alters- und ausbildungsbedingten Erkenntnisvorsprung des Lehrers profitieren können:

> The dialogue between pupil and teacher may reveal to (adolescents) disjunctions between their implicit beliefs and those offered by the teacher. If suitably motivated, (adolescents) may then focus on parts of their worldview which they had not previously considered problematic, and so go on to record their experience and to reconstruct their understanding of it (Edwards/Mercer 1987:29).

Bruschs Warnung vor der Dominanz des Lehrers im Interpretationsgespräch ist m.E. nur dort angebracht, wo dieser den Schülern die Möglichkeit nimmt, die Interpretationsfreiräume des Textes mit ihrer eigenen Vorstellungskraft zu füllen und ihnen sein persönliches Textverständnis oktroyiert. Solange der Schüler jedoch die Möglichkeit hat, etwas zum Interpretationsgespräch beizutragen, das er als seine persönliche Leistung und nicht als ein vom Lehrer vorfabriziertes Denkprodukt erkennt, dürften wir auf seine Mitarbeit im Interpretationsgespräch zählen können:

> Literaturunterricht muß dem Schüler nicht nur gestatten, bei der Rezeption seine zunächst bornierte und egozentrische "Interpretation" zu entwickeln, er muß über Phasen der Korrektur am Text - vermittelt über die Kommunikation mit den anderen Rezipienten und an deren Rezeptionen sich ebenfalls abarbeitend und darin die eigene Biographie, die in die Interpretationen eingeschlossen ist, aufarbeitend - auch eine *Interpretation intendieren*, die immer noch die seine, also die eines individuellen Subjekts ist. Aufgeben muß der Literaturunterricht das verfehlte positivistische Ideal der *"allein wahren"* Interpretation, auf die der Lehrer, der sie im voraus kennt, bzw. der Wissenschaft verdankt, den Unterricht zielstrebig hinzuführen pflegt (Kreft 1977:102).

Für das Gelingen eines schulischen Interpretationsgesprächs dürfte es also auch manchmal erforderlich sein, daß der Lehrer seine Rezeptionsperspektive im Dialog mit den Schülern differenziert und modifiziert.

Brusch zeigt anhand einer empirischen Fallstudie (1986: 187-200) den unmittelbaren Zusammenhang zwischen dem Interaktionsverhalten des Lehrers und dem Gesprächsengagement der Lerngruppe. Er dokumentiert, wie der gleiche Lehrer dieselbe Kurzgeschichte in zwei vergleichbaren Leistungskursen einmal „lehrerzentriert" und einmal „schülerbezogen" unterrichtete: Die erste Lerngruppe wurde durch enge Lehrerfragen zu einer bestimmten Interpretation veranlaßt, während die Schüler der zweiten Gruppe untereinander ins Gespräch kamen und ein gemeinsames Diskussionsergebnis formulierten. Die Videoaufnahmen zu dieser „Teach and Reteach" Situation zeigen, daß die „schülerorientierte" Gesprächsführung zu einem deutlich höheren Interpretationsengagement der Lerngruppe führte als die kognitive Steuerung durch den Lehrer.

Wenn eine solche fruchtbare Zusammenarbeit von Theorie und Praxis auch in der Tat wünschenswert ist, so bleibt der Erfolg des beschriebenen „Teach and Reteach“ Verfahrens doch sehr stark an die Einsicht und Flexibilität der beteiligten Lehrer und Schüler gebunden: Welcher Lehrer läßt sich denn gerne von einem Universitätsprofessor belehren und kann noch dazu sein autoritäres Lehrverhalten wie einen Mantel an der Garderobe des nächsten Klassenzimmers abgeben? Und welche Lerngruppe ist denn von heute auf morgen zu einer selbständigen Gesprächsführung in der Lage, nachdem sie lange Zeit an die Interpretationsvorgaben eines autoritären Lehrers gebunden war?

Der Aussagewert der empirischen Studie wird keineswegs dadurch geschmälert, daß Brusch sich auf die Mitwirkung der beteiligten Lehrer und Schüler verlassen konnte. Im Gegenteil, es dürfte anzuerkennen sein, daß der Gesprächsdidaktiker den zunächst unbekannten Lehrer in einem persönlichen Gespräch zu einer Änderung seines Lehrverhaltens bewegen konnte:

> Es war mir wichtig, diesem mir unbekannten Lehrer von Anfang an zu signalisieren, daß ich ihn als Person völlig akzeptierte. Nur dann hatte ich überhaupt eine Chance, daß meine notwendigerweise massive Kritik überhaupt gehört und akzeptiert würde, ohne daß ich als neunmal kluger Universitäts-Theoretiker abgelehnt werden würde (ibid.:188).

Brusch gibt selbst zu, daß die schließlich gezeigte Einsicht des Lehrers alle seine Erwartungen übertraf. Der hier dokumentierte Erfolg des „Teach - Reteach“ Verfahrens kann also wohl kaum als Regelfall gelten. Für eine statistisch relevante Studie schulischen Interaktionsverhaltens dürfte es daher ratsam sein, einen methodischen Zugang zu wählen, der nicht auf der exzeptionellen Verhaltensänderung einzelner Lehrer basiert.

Bruschs Forschungsinteresse richtet sich offensichtlich nicht primär auf die Möglichkeiten und Grenzen „schülerorientierten“ Lehrerverhaltens, da er die ideale Form „schülerorientierten“ Unterrichts in einem freien Gespräch innerhalb der Lerngruppe sieht. Sein Blickpunkt bietet jedoch auch einen wichtigen Ansatzpunkt für die „Schülerorientierung“ lehrergeführter Gespräche:

> Die Hauptaufgabe des Lehrers ist es nicht, den Schülern zu sagen, wie sie den Text zu verstehen haben, sondern zu allererst sie dahin zu führen, durch ihre unterschiedlichen Ansichten miteinander ins Gespräch zu kommen (ibid.:193).

5. *Zur empirischen Fundierung „schülerorientierter“ Gesprächsführung*

In welcher Form und in welchem Umfang die Berücksichtigung der Schülerperspektive im fremdsprachlichen Literaturunterricht grundsätzlich möglich ist, darüber gibt der Forschungsstand der englischen Fachdidaktik keine klare Auskunft.

Werlich begründet seine Gesprächskonzeption an selbst erfundenen, idealtypischen Stunden. Nissen läßt sich durch seine Unterrichtserfahrungen mit dem lehrergeführten Lerngespräch inspirieren, verzichtet aber auf eine statistisch signifikante Studie. Brusch beschränkt sich bei seiner Advokation „schülerorientierten“ Unterrichts auf wenige Fallstudien.

Wünschenswert wäre eine Langzeitstudie, die typische „schülerorientierte“ Interaktionsstrukturen auf verschiedenen Lernstufen diagnostiziert und mit dem Unterrichtsengagement der jeweiligen Lerngruppen korreliert.

Es gibt offensichtlich Gründe dafür, daß derartig aufwendige Untersuchungen bisher noch nicht eingeleitet worden sind. Abgesehen von dem erheblichen Zeitaufwand des Forschers, der den im Gespräch mit Direktoren und Fachlehrern lang erkämpften Schulbesuch aus schulorganisatorischen Gründen schließlich fallen lassen muß, setzen die Auflagen der Schulbehörde der Experimentierfreudigkeit des Erziehungswissenschaftlers in der Regel Grenzen.

Wenn wir die Konzeption der „Schülerorientierung“ praxisorientiert konkretisieren wollen, kann es allerdings nicht genügen, die Dimensionen individueller Textwahrnehmung zu beschreiben, sondern es muß darüber hinaus eine Methode zur Deskription der Schülerrezeption im Unterrichtsgespräch entwickelt werden.

In einer empirischen Vergleichsstudie zum Rezeptionsverhalten verschiedener Oberstufenkurse müssen die Versuchsgruppen offensichtlich ein vergleichbares Sprachniveau besitzen, da andernfalls keine generalisierbare Aussage über einen eventuellen Wirkungszusammenhang zwischen Lehrerverhalten und Schülerengagement möglich ist. Im Rahmen dieser Forschungsarbeit konnte die Beziehung zwischen der Sprachkompetenz der Schüler und ihrem Gesprächsengagement also nicht vollständig erfaßt werden, denn dazu wäre es erforderlich gewesen, die Möglichkeiten und Grenzen „schülerorientierter" Gesprächsführung auf mehreren verschiedenen Lernstufen zu vergleichen. Aus der Beobachtung des Kommunikationsverhaltens in den ausgewählten Versuchsgruppen (vergleichbaren Sprachniveaus) konnte jedoch ein erster Eindruck davon gewonnen werden, wie sich die verschiedenen, heute in der Unterrichtspraxis beobachtbaren, Strukturen explizit geleisteter Spracharbeit auf die Gesprächsbeteiligung fortgeschrittener Fremdsprachenlerner auswirken können. (Da es in keiner Versuchsgruppe eine sprachliche Vorausplanung des Interpretationsgesprächs gegeben hatte, waren die Voraussetzungen für die situationsbezogene Spracharbeit jeweils unmittelbar vergleichbar.) Nach dem aktuellen Stand der Fachdidaktik kann ein freies Gespräch nur auf der obersten Lernstufe des Fremdsprachenunterrichts geführt werden (cf. Brusch 1989b, Pauels 1995:236). Ein offener Kommunikationsaustausch zwischen Schülern und Lehrern ist demnach nur dort möglich, wo die Schüler bereits über ein linguistisches und sprachpragmatisches Grundwissen verfügen. Es kann aber offenbar nur im Einzelfall entschieden werden, inwieweit ein Oberstufenkurs noch auf die linguistische Hilfestellung des Lehrers angewiesen ist und, ob unter den gegebenen Sprachvoraussetzungen eine offene Gesprächsphase sinnvoll ist. Wenn sich diese Untersuchung auf das Leistungskursniveau konzentriert, soll damit also keineswegs suggeriert werden, daß ein freies Rezeptionsgespräch nicht auch in einem

Grundkurs (oder einem Vorstufenkurs) möglich wäre.[41] Es wurden allerdings bewußt keine außergewöhnlich eloquenten Schülergruppen in die Untersuchung aufgenommen, da die dort feststellbaren Möglichkeiten und Grenzen „schülerorientierter“ Gesprächsführung kaum für andere Oberstufenkurse gelten dürften.

In dieser Arbeit soll nun eine Analyse der Schülerperspektive im fremdsprachlichen Textgespräch vorgelegt werden, die das Unterrichtsgeschehen als ein Wirkungsgefüge von Ursache (Lehrverhalten) und Wirkung (Lernverhalten und -ergebnis) beschreibt, ohne dabei die Eigengesetzlichkeit individueller Schüler- und Lehrerreaktionen (in ihrer gruppenspezifischen Besonderheit) aus dem Blickfeld zu lassen. Es wird nicht beabsichtigt, ein bestimmtes Lehrverhalten als „richtig“ oder „falsch“ zu diagnostizieren, denn offensichtlich können nur die jeweils beteiligten Lehrer und Schüler darüber befinden, inwieweit und in welcher Form die Rezeptionsperspektive der einzelnen Kursteilnehmer zu berücksichtigen ist.

> In the end successful language 'teach-learning' is going to be dependent upon the willing cooperation of the participants in the interaction and an agreement between them as to the goals of their interaction. Cooperation cannot be imposed but must be negotiated (Corder 1977:13).

Das vorliegende Projekt empirischer Unterrichtsforschung mag dem Fremdsprachenlehrer allerdings helfen, das schulische Rezeptionsgespräch auf die Bedürfnisse der Lernenden abzustimmen, indem es ihn für bestimmte fachspezifisch relevante Faktoren sensibilisiert, die das Lerninteresse fortgeschrittener Fremdsprachenschüler beeinflussen

[41] Die Tatsache, daß ein Schüler an einem Leistungskurs teilnimmt, garantiert offensichtlich nicht, daß sein Sprachwissen zur Partizipation in einem offenen Rezeptionsgespräch befähigt. Bei der Auswahl der Versuchsgruppen wurde jedoch darauf geachtet, daß die Mehrheit der Gruppenteilnehmer daran gewöhnt war, sich „frei“ (ohne die Vorgabe sprachlicher Strukturmuster) zu äußern. Diese Bedingung wurde meiner Beobachtung nach bereits von den (anvisierten) Leistungskursen des ersten Semesters erfüllt, so daß es wenig sinnvoll erschien, das Forschungsprojekt auf eine bestimmte Semester- oder Jahrgangsstufe zu begrenzen.

können. Diese Forschungsarbeit versteht sich entsprechend als ein erster Beitrag zur systematischen Erfassung der *Möglichkeiten* „schülerorientierter“ Gesprächsführung im fortgeschrittenen Fremdsprachenunterricht.

Da zu Beginn der Forschungsarbeit noch keineswegs feststand, ob sich das Gesprächsinteresse der Schüler aus ihrem anfänglichen Textinteresse und/oder aus der kommunikativen Interaktion mit Lehrer und Mitschülern ergeben würde, war es zunächst erforderlich, sowohl das anfängliche Textinteresse der Schüler als auch die im Klassenzimmer praktizierte Interaktionsform als separate Ursachenfaktoren für das Diskussionsinteresse der Lerngruppe zu überprüfen. Dazu war es wiederum notwendig, die Möglichkeit eines Wirkungszusammenhangs zwischen dem Textinteresse der Schüler und der Interaktionsform des unterrichtlichen Gesprächs zu testen.

Die kommunikative Literaturdidaktik geht davon aus, daß ein für die Lerngruppe interessanter Unterrichtstext nur dann zu einem intensiven Interpretationsgespräch führt, wenn die Schüler die Möglichkeit zu einer selbständigen Textdeutung haben. Bestehe in der Gruppe dagegen kein Interesse an dem ausgewählten Unterrichtstext, so blieben die Schüler verstärkt auf die kognitive Initiation des Lehrers angewiesen und die Konzentration des Gesprächs auf die Schülerperspektive könne nur graduell über eine „schülerbezogene“ Impulsgebung des Lehrers verwirklicht werden.

Ohne empirischen Nachweis kann jedoch nicht davon ausgegangen werden, daß der Lehrer die Lerngruppe nicht auch zu einer intensiven Auseinandersetzung mit einem weniger attraktiven Text führen kann. Und wenn er dieses Ziel erreichen will, wird er dann nicht auf eine „lehrerzentrierte“ Form der Gesprächsinitiierung zurückgreifen müssen?

> You can be a good empiricist only if you are prepared to work with many alternative theories rather than with a single point of view and "experience". This plurality of theories must not be regarded as a preli-

minary stage of knowledge which will at some time in the future be replaced by the One True Theory (Feyerabend 1974:14).

Zweiter Teil

Grundlagen und Prinzipien Empirischer Forschung

> "How", said the seeker to a wellknown Sufi, "can one do even the minimum service towards helping the teaching?" "You have already done it", he said, "for to ask how to serve is already a contribution towards service"(Idries Shah).

1. Zur Interdependenz von Theorie und Praxis in Forschungsansatz und -methode

> If a theory is to tell us anything about the world, it must contain empirical elements. There must be some connection to the intersubjective world of observation and experience, or the theory is indistinguishable from fantasy (McLaughlin 1989:12).

Wenn wir die Zielsetzung erziehungswissenschaftlicher Theoriebildung darin sehen, die Komplexität der Unterrichtswirklichkeit zu ordnen und bestimmte Gesetzmäßigkeiten in der Dynamik des Unterrichtsprozesses aufzuzeigen, so ergibt sich daraus zwangsläufig die Notwendigkeit einer empirischen Unterrichtsforschung.

Dennoch hat die deutsche Fremdsprachendidaktik ihre Forschungsinhalte und -methoden bislang kaum aus der empirischen Beobachtung und Analyse tatsächlichen Unterrichtsgeschehens abgeleitet. Die real existierenden Lehr- und Lernbedingungen sind bei der abstrakten Konzipierung fachdidaktischer Unterrichtsmodelle so wenig berücksichtigt worden, daß der Praxisbezug der erziehungswissenschaftlichen Theoriebildung nicht immer erkennbar ist.

Der Verzicht auf eine empirische Unterrichtsforschung führt aber offensichtlich nicht nur zu einem Verlust an Reflexions- und Planungskompetenz in der Unterrichtspraxis, sondern auch zu einem Erkenntnisdefizit in der Erziehungstheorie, die bei der Überprüfung und Erweiterung ihrer Hypothesen auf ein Feedback aus dem Schulalltag angewiesen bleibt.

Die Notwendigkeit einer Zusammenarbeit zwischen Unterrichtstheorie und -praxis wird nun in diesem Forschungsprojekt klar erkennbar; über die narrative Beschreibung hypothetischer Lehr- und Lernsituationen hinaus wird hier die fachdidaktische Theoriebildung aus der empirischen Beobachtung konkreten Unterrichtsgeschehens abzuleiten sein.

Doch auch ein empirisches Forschunsprojekt muß sich offensichtlich unmittelbar an dem theoretischen Kenntnisstand der Fachwissenschaft orientieren, um den wissenschaftlichen Stellenwert seines Programms intersubjektiv definieren zu können.

Für die deutsche Unterrichtsforschung im Bereich der Fremdsprachendidaktik ergibt sich nun konkret das Problem eines umfangreichen theoretischen Apparats, dessen Praxisbezug bisher nur spekulativ hergestellt worden ist. Für die Progression erziehungswissenschaftlicher Forschung dürfte allerdings auch eine strikt deduktiv ausgerichtete Untersuchung, die sich auf eine schlichte Falsifikation oder (vorläufige) Verifikation etablierter theoretischer Konzeptionen beschränkt, wenig ertragreich sein. Ohnehin dürfte eine solche Vorgehensweise kaum der „Realität des Forschungsgeschehens“ entsprechen:

> Vielmehr werden im Verlauf der Analyse zahlreiche <<neue>> Hypothesen entwickelt und getestet. Spekulativ werden viele mögliche Zusammenhänge durchgeprüft. Doch liegen diese <<Experimente>> zumeist nahe bei den untersuchungsleitenden Ausgangshypothesen. Sie eröffnen dann in der Regel keine neuen theoretischen Perspektiven, sondern tragen eher zur weiteren Spezifikation des vorliegenden theoretischen Bezugsrahmens bei (Werle 1989:12f).

2. *Observation als empirische Forschungsmethode*

Da es im angelsächsischen Bereich schon seit drei Jahrzehnten eine empirische Unterrichtsforschung gibt, die sich mit der Erforschung von Lehr- und Lernprozessen im Klassenzimmer befaßt, basieren die im folgenden darzulegenden Voraussetzungen empirischer Unterrichtsbeobachtung und -analyse im Wesentlichen auf den konzeptionellen und methodischen Überlegungen englischer und amerikanischer Wissenschaftler.

Bei der Analyse sprach- und mitteilungsbezogener[1] Interaktion im Fremdsprachenunterricht müssen offensichtlich nicht nur die Erkenntnis- und Begriffsbildungsmethoden der unmittelbar didaktisch und pädagogisch orientierten Unterrichtsforschung berücksichtigt werden, sondern es gilt darüberhinaus, die Bedeutung der soziolinguistischen Diskursanalyse für die Konzeptionalisierung schulischer Kommunikationsprozesse zu überprüfen.

Die gesprächsdidaktischen Analysen deutscher Unterrichtsforscher dürften leider für die konkrete Deskription und Evaluation schulischer Kommunikationsstrukturen weitgehend unerheblich sein, da ihnen eine signifikante empirische Fundierung fehlt.

Im Bereich der Fremdsprachendidaktik erkennt Weber (1979) zwar die Notwendigkeit empirischer Unterrichtsforschung, verzichtet aber bedauerlicherweise auf eine eigene empirische Datenerhebung: er übernimmt die Daten seiner englischen Kollegen und überträgt sie auf die Lernbedingungen des deutschen Klassenzimmers. Er beschränkt sich dabei weitgehend auf eine narrative Beschreibung von Unterrichtseindrücken; eine Konzeptionalisierung von Unterrichtsgeschehen findet nicht statt.

2.1 Ideologie und Methodik Systematischer Observation[2]

In den USA gibt es bereits seit den 60er Jahren eine empirische Unterrichtsforschung, die schulische Kommunikationsstrukturen mit Hilfe eines geschlossenen deskriptiven Kategoriensystems unmittelbar im

[1] Zu den Begriffen „sprach-" und „mitteilungsbezogener" Kommunikation cf. den ersten erkenntnistheoretischen Teil dieser Arbeit, p. 60.

[2] der Begriff der *Systematischen Observation* ist eine Übertragung der amerikanischen „systematic observation" aus der u.a. von Flanders begründeten Interaktionsanalyse (*interaction analysis*).

Klassenzimmer zu erfassen sucht. Nach dieser Methode der *Systematischen Observation* (systematic observation) wird das im Klassenzimmer beobachtbare Lehrer- und Schülerverhalten in regelmäßigen Zeitintervallen (etwa alle drei Sekunden) bestimmten Interaktionskategorien zugeordnet, deren frequentiver Anteil an der Gesamtkommunikation die Form der Kommunikationsstruktur in den jeweiligen Schulgruppen konstituiert.

2.1.1 Die Interaktionsanalyse

Das bekannteste Kodiersystem einer solchen Interaktionsanalyse (interaction analysis) ist das von Ned Flanders (1955-1960) entwikkelte FIAC[3] , das der Diagnostizierung eines tendenziell „autoritären" oder „demokratischen" Unterrichtsstils dienen soll. Als „demokratisch" bezeichnet Flanders prinzipiell jede Lehreräußerung, die sequentiell auf eine Schüleräußerung folgt. Er wählt für diese Sprechakte (speech acts) den Begriff *Response*[4], obwohl die Schülerbeiträge darin in der Regel „autoritär" durch den Lehrer evaluiert werden. Flanders Analysekategorien dienen fast ausschließlich der Beschreibung des kommunikativen Lehrerverhaltens; der interaktionale Bezug der Schüleräußerungen bleibt dabei weitgehend unberücksichtigt.

Flanders Definition eines „demokratischen Unterrichtsstils" ist für den modernen Gesprächsdidaktiker auch deshalb unakzeptabel, weil sie die Kommunikation innerhalb der Lerngruppen unberücksichtigt läßt und nicht zwischen einer Schüleräußerung als Reaktion auf den Lehrer und einer selbständigen Gesprächsinitiation des Lernenden unterscheidet.

---

[3] *Teaching* FIAC = Flanders's Interaction Analysis Categories. Cf. Flanders, N. (1970), *Analysing Behaviour*, p. 34.

[4] Als *Response* kategorisiert Flanders folgende Kommunikationshandlungen des Lehrers: 1. Accepts feeling 2. Praises or encourages 3. Accepts or uses ideas of pupils.

Als „autoritäres“ oder „direktes“ Lehrerverhalten bezeichnet Flanders Lehrervortrag, Handlungsanweisung, Tadel, und Rechtfertigung der Autorität von Seiten des Lehrers. Eine höhere Frequenz der als „demokratisch“ definierten Lehreräußerungen gegenüber den sogenannten „autoritären“ sieht Flanders als Indiz für einen effizienten Unterrichtsstil. Dieses Urteil, auf dem sein Interaktionssystem von vornherein ideologisch aufbaut, ist allerdings bisher von keinem Interaktionsforscher empirisch validiert worden.

2.1.2 Die Flanderstradition

Von den zahlreichen in den 60er und 70er Jahren veröffentlichten Interaktionssystemen ist hier vor allen das von Moskowitz (1967) entwickelte *Foreign Language Interaction* (FLint)System zu nennen, das die allgemeindidaktischen Deskriptionskategorien Flanders in Hinblick auf eine explizite Sprachvermittlung und -korrektur im Fremdsprachenunterricht erweitert. FLint verlangt von dem Forscher die Handhabung von 22 verschiedenen Interaktionskategorien, von denen jeweils eine einzige (in Abständen von drei Sekunden) dem Unterrichtsgeschehen zuzuordnen ist.

(Die dem Moskowitzsystem zugrunde liegende Auffassung der behaviouristischen Sprachinstruktion durch pattern drill entspricht keineswegs dem modernen kommunikationsorientierten Ansatz der Fremdsprachenerwerbsforschung, so daß FLint schon aus diesem Grunde keine fremdsprachenspezifische Konzeptionskategorien für die Analyse der Kommunikationsstrukturen im Englischunterricht liefern kann.)

Wie Flanders stellt Moskowitz das Analyseinstrumentarium in den Dienst der Lehrerausbildung. Durch die Observation mehrerer nicht unmittelbar am Unterrichtsgeschehen beteiligter Forscher will sie eine objektive Basis für die Evaluation von Unterricht schaffen. Indem sie von den Interaktionsforschern verlangt, dieselben Deskriptionskategorien auf verschiedene Lehrer und Klassen anzuwenden, hofft sie, dem auszubildenden Lehrer die Reflexion seines eigenen „Lehrstils“ zu erleichtern und ihm eine Vergleichsmöglichkeit mit anderen Unterrichtsformen zu verschaffen. Die sogenannte Objektivität der Observation versucht sie zusätzlich dadurch zu sichern, daß sie jeweils mehrere Forscher an der Observation desselben Lehrers beteiligt.

Die Unterrichtsanalyse mit dem FLintSystem ist in der Forschungspraxis allerdings selten von unabhängigen Interaktionsforschern übernommen worden, sondern blieb Aufgabe der auszubildenden Lehrer (und ihrer Ausbilder), die jeweils umschichtig in den Klassenzimmern ihrer Kollegen hospitierten.

Moskowitz geht davon aus, daß ein (auszubildender) Lehrer, der gelernt hat, FLint zu praktizieren, daraus unmittelbar für seinen Unterricht profitieren kann. In ihrem System stellt sie jedoch keine explizite Beziehung zwischen dem Lehrerverhalten und dem Lernfortschritt der Schüler her, sondern überläßt diesen Schritt den Unterrichtenden selbst.

Die von Flanders ermittelten Frequenzwerte für die direkte und indirekte Lehrerkommunikation sind für Moskowitz zwar kein notwendiger Bestandteil der Interaktionsanalyse (cf. Moskowitz 1971: 219), auf der anderen Seite distanziert sie sich aber keineswegs von der Flandersprämisse, daß der Lehrer die Unterrichtskommunikation notwendigerweise dominiere und daß darum nur wenige Interaktionskategorien zur Beschreibung des verbalen Schülerverhaltens erforderlich seien.

Entsprechend richtet sich die Mitte der 70er Jahre laut werdende Kritik an der sogenannten *Objektiven Methode* sowohl an Flanders als auch an Moskowitz. Die in der Lehrerausbildung tätige Leona Bailey spricht (1975), nach mehrjähriger Erfahrung mit FIAC und FLint, sowohl von einer ideologischen Prädisponierung der Interaktionskategorien als auch von einer mangelnden Konklusivität und Praktikabilität der Observationsmethode:

> The ambiguities of the category definitions, the problem of making rapid decisions, and the inability to overcome certain prejudices are all issues which the researcher must confront when he tries to interpret and evaluate the interobserver reliability scores which interaction analysis und Flint users include in reports of their work (ibid.:341).

2.2 Ideologie und Methodik Interpretierender Observation[5]

Unter dem Einfluß der Anthropologie und Ethnographie bricht die amerikanische und britische Sozialwissenschaft in den 70er Jahren mit der naturwissenschaftlich orientierten behaviouristischen Verhaltensforschung, die die Unterrichtsprozesse als lineare Kausalmodelle zwischen Verhaltensvariablen beschreibt. Die neue Denkrichtung distanziert sich von dem positivistischen Objektivitätsideal der 50er und 60er Jahre und eröffnet eine hermeneutisch interpretative Wissenschaftsperspektive:

> ...interpretive research maintains that causal explanation in the domain of human social life cannot rest simply upon observed similiarities between prior and subsequent behaviors, even if the correlations among these behaviors appear to be very strong, and experimental conditions obtain (sic). Rather, an explanation of cause in human action must include identification of the meaning in the interpretation of the actor. "Objective" analysis (i.e., systematic analysis) of "subjective" meaning is thus of the essence in social research, including research on teaching, in the view of interpretive researchers (Erickson 1986:127).

[5] Die deutsche Bezeichnung *Interpretierende Observation* steht hier für den angelsächsischen Begriff *Interpretative Interpretation*, den Erickson (1986) aus drei verschiedenen Gründen als Oberbegriff für eine Vielzahl verwandter qualitativer Forschungsströmungen gewählt hatte: "(a) It is more conclusive than many of the others (e. g. ethnography, case study); (b) it devoids the connotation of defining these approaches as essentially non-quantitative (a connotation that is carried by the term qualitative), since quantification of particular sorts can often be employed in the work; and (c) it points to the key feature of family resemblance among the various approaches - central research interest in human meaning in social life and its elucidation and exposition by the researcher" (ibid.:119).

Die qualitativ-interpretativ orientierten Sozialwissenschaftler sind der Auffassung, daß die spezifischen Lehr- und Lernbedingungen einer Schulgruppe nur aus der Sinnperspektive der am Unterrichtsprozeß beteiligten Lehrer und Schüler diagnostiziert werden können und jeweils nur für einen spezifischen Untersuchungskontext Gültigkeit haben.

Das holistische Prinzip der ethnographischen Forschung verbietet dem Unterrichtswissenschaftler die Festlegung einer konkreten Beobachtungsperspektive:

> Quite deliberately they adopt a 'catch-what-you-can' approach, making no attempt to control or ignore 'irrelevant' variables. If there is any categorization of the talk, it has to be done retrospectively that is, in forms <u>derived</u> from the data (Edwards/Furlong 1986:54).

Danach gilt im Sinne der *Ethnographic Observation* jedes, zum Zeitpunkt der Unterrichtsbeobachtung bereits existente, Kodiersystem (wie das FIAC) als unzulässige Wahrnehmungsverengung:

> Prespecified coding systems are usually concerned only with overt, observable behaviour. They do not take directly into account the differing intentions that may lie behind such behaviour. Where intention is relevant to the observational category (as in Flanders's Category 2, 'Teacher praises or encourages') the observer has himself to impute the intention, making no attempt to discover the actor's actual or self-perceived intention. Thus by concentrating on surface features, interaction analysis runs the risk of neglecting underlying but possibly more meaningful features (Delamont/Hamilton 1986:29).

Die Intentionalität schulischer Kommunikationshandlungen kann nach Auffassung der *Interpretierenden* Sozialforscher nur durch eine langfristige intensive Beobachtung und Befragung der beteiligten Schüler ermittelt werden:

> A casual observer cannot understand what is being said in a way that allows him to hear the talk as it is being heard by the pupils. What he hears are meanings available to anyone in the culture; what he misses are the meanings only available to a participant in the relationship. In some

> classrooms it is often just those local, immediate and personal meanings that are educationally most significant, any research technique that designs them out of consideration runs the risk of completely misunderstanding and misrepresenting the reality (Walker/Adelman 1986:5).

Da der ethnographisch orientierte Forscher das Unterrichtsgeschehen unmittelbar aus der Perspektive der Partizipienten zu betrachten sucht, wird diese Forschungsmethode häufig auch als „participant observation" bezeichnet.

Um der Komplexität des Unterrichtsgeschehens Rechnung zu tragen, werden die Untersuchungseindrücke in ausführlichen, narrativen Erlebnisprotokollen festgehalten. Der Umfang der Daten wird allerdings dadurch begrenzt, daß sich die Unterrichtsanalyse auf wenige Fallstudien (case studies) beschränkt. Auf statistisch signifikante Populationswerte glauben die ethnographischen Forscher verzichten zu können, da sie eine normative Generalisierbarkeit beobachteter Unterrichtszusammenhänge nicht für möglich halten.

Ihrer Auffassung nach ist das Unterrichtsgeschehen zu komplex, als daß es ad hoc im Klassenzimmer analysiert werden könnte:

> ...on-the-spot-analysis is theoretically impossible for it demands some account of the prospective and retrospective elements of action. Theoretically it also demands that we look at any incident in terms of continuously changing relationships between talk and identity-forself and identity-for-others within their social context, and this is something that can only be guessed at from the surface facets of action (ibid.:6).

2.3 Zum Forschungsanspruch Interpretierender Observation

Der Anspruch der ethnographischen Unterrichtsforschung, das Unterrichtsgeschehen spontan, ohne ein „wahrnehmungssteuerndes" Erkenntnisinteresse, beobachten zu können, wird durch die Forschungsergebnisse der modernen Wahrnehmungsforschung in Frage gestellt (cf. Teil I dieser Arbeit, pp. 28ff).

Die Überzeugung, daß die Beobachtung schulischer Kommunikationsprozesse prinzipiell nur *innerhalb* eines theoretischen Konzeptionssystems möglich ist, hat sich in der internationalen Unterrichtsforschung allerdings bisher kaum durchgesetzt.

Green und Evertson gehören heute zu den wenigen etablierten Sozialwissenschaftlern, die weder der Ethnographie noch der *Systematischen* Interaktionsforschung eine „objektive“ Wahrnehmungsmethode zuerkennen:

> ...the task or object selected, the observer's frame of reference, and the purpose of observation, among other factors, will influence what will be perceived, recorded, analyzed, and ultimately described by the observer (ibid.:164).

Die beiden amerikanischen Forscherinnen teilen ihren erkenntnistheoretischen Standpunkt mit dem Kritischen Rationalisten Karl Popper, der mit seinem Hinweis auf die subjektive Selektivität unserer Wahrnehmung ein wichtiges Forschungsergebnis der modernen kognitiven Psychologie vorausnahm:

> Twenty-five years ago I tried to bring home the same point to a group of physic students in Vienna by beginning a lecture with the following instructions: "Take pencil and paper; carefully observe, and write down what you have observed!" They asked, of course, what I wanted them to observe. Clearly the instruction "Observe!" is absurd ... Observation is always selective. It needs a chosen object, a definite task, an interest, a point of view, a problem. And its description presupposes a descriptive language, with property words; it presupposes similiarity and classification, which in its turn presupposes interest, points of view, and problems (Popper 1963:21).

Für die Erziehungswissenschaft ist die erkenntnistheoretische Position des Kritischen Rationalismus offensichtlich von hoher Relevanz, da sie den Objektivitätsanspruch jeder empirischen Unterrichtsforschung relativiert:

> If one adopts this epistomelogical stance, scientific truth can be known only as it is mediated by the perspectives of the scientists and thus there are multiple accounts of what is seen. Multiple ways of seeing results in multiple truths (McLaughlin 1989:6).

Auch wenn der ethnographische Forscher versucht, die subjektive Erlebnis- und Erfahrungsperspektive der Lernenden zu übernehmen, bleibt er also bei der Unterrichtsbeobachtung an sein eigenes Konzeptionssystem gebunden:

> Although the ethnographer is committed to having an open mind as possible during his period of observation, it is inevitable that he will begin his work with some preconceptions and some foreshadowed problems which will lead him to pay attention to certain incidents and ignore others. If he presents his observations as 'objective description' he is probably naively unaware of his own selectivity (Edwards/Furlong 1986:54).

Nichtsdestoweniger ist es erforderlich, daß der Unterrichtsforscher zu einer Differenzierung und Erweiterung seines konzeptionalen Systems bereit ist, um sich von vorgefaßten Meinungen über unterrichtliche Zusammenhänge befreien zu können. Eine solche Offenheit der Beobachtungsperspektive wird allerdings kaum dadurch verwirklicht, daß der Forscher die Komplexität des Unterrichtsgeschehens zunächst nach dem „catch-what-you-can" Prinzip relativ unstrukturiert festhält, um dann post hoc eine Theoriebildung einzuleiten; auch wenn der Forscher nämlich seine Untersuchungsperspektive relativ breit angelegt hat, wird er möglicherweise bereits unbewußt geleitet von seinem Erkenntnisinteresse einen Beobachtungsschwerpunkt gesetzt haben, der sein Forschungsergebnis maßgeblich beeinflußt.

Eine wissenschaftliche Theoriebildung wird also noch keineswegs durch eine extensive Akkumulation empirischer Daten in begrenzten Untersuchungskontexten validiert, wie die Ethnographie offensichtlich voraussetzt:

> The complex relationship between theory and data is not unravelled simply by producing richly detailed case studies. Theory will still dictate

> what questions are being asked, and what categories are likely to emerge in the analysis. It is essential, therefore, that the researcher makes explicit the theory that guided his observations and that provided the basis for his particular selective record of events. If he fails to do this, his account will seem more 'open' than it is, the observations being so impregnated with interpretation that they can support no other view of events than the one offered (ibid.:84).

Die heute prinzipiell ethnographisch orientierte Unterrichtsforschung verzichtet weitgehend auf quantitative Frequenzbestimmungen zur Typisierung beobachteter Kommunikationsstrukturen:

> ..it has to be said that ethnography, as currently practised, does not pursue effective testing of factural and theoretical claims. Too often the problems involved in linking concepts and data and the difficulty of assessing the force of rival explanations are simply ignored (Hammersley 1986:47).

Die grundsätzliche Abneigung der „Ethnographen" gegen eine *Systematische* Interaktionsanalyse hat in der fachdidaktischen Theoriebildung zu einer generellen Ablehnung von quantitativen Analyseverfahren geführt.

Die von der *Systematischen* Interaktionsforschung erkannte Notwendigkeit, die Beobachtung schulischer Lehr- und Lernbedingungen auf eine intersubjektive Vergleichsbasis zu stellen, ist daher von der *Interpretierenden* Sozialwissenschaft weitgehend ignoriert worden.[6] Die ethnographische Forschung hat zwar zu Recht kritisiert, daß die „Objektive Methode" Flanders auf bestimmten subjektiven Prämissen beruhe und darum zu keinen validen Aussagen über unterrichtliche Funktionszusammenhänge gelangen könne. Sie hat dabei jedoch offenbar übersehen, daß auch *Interpretierende Beobachter* einen gewissen Anspruch auf die Generalisierbarkeit ihrer Forschungseindrücke erheben müssen:

---

[6] Auch wenn die Flanderstradition bisher kein adäquates Meßinstrumentarium zur Ermittlung relevanter Wirkungszusammenhänge zwischen Lehrer- und Schülerverhalten herstellen konnte, so hat sie doch immerhin die Notwendigkeit eines quantitativ statistischen Meßverfahrens demonstriert.

> Despite their diversity, individual classrooms share many characteristics. Through the detailed study of one particular context it is still possible to clarify relationships, pinpoint critical processes and identify common phenomena. Later, abstracted summaries and general concepts can be formulated, which may, upon further investigation, be found to be germane to a wider variety of settings. Case studies, therefore, are not necessarily restricted in scope (Delamont/Hamilton 1989:36).

Umso mehr überrascht es, daß die ethnographische Forschung es bisher nicht für nötig erachtet hat, die Bedingungen der von ihr vorausgesetzten (partiellen) Komparabilität schulischer Kommunikationsprozesse zu klären.

> As one might expect, then, most observers base many of their conclusions about what happens in the classroom on quantification. What differentiates systematic observers from others is that their quantifications are necessarily vague; and whereas systematic observers' generalizations are on a statistical basis, the basis of other observers' generalizations is far from clear (McIntyre/Macleod 1986:17).

Delamont und Hamilton gehören zu den wenigen ethnographischen Sozialwissenschaftlern, die die Notwendigkeit einer Integration quantitativer und qualitativer Methoden erkannt haben. Sie warnen (1986) davor, daß ein methodischer Solipsismus, wie er von den Interaktionsanalytikern einerseits und den Ethnographen andererseits praktiziert wird, zur Stagnation praxisrelevanter Unterrichtsforschung führt:

> We sought in 1972, and we are still seeking for a new, open-ended attitude towards research, in which eclectic combinations of research methods can be used and in which different problems can be tackled by different, and mutually appropriate methods. Instead of looking for one solution to all problems, we suggest that more consideration be given to the nature of the specific problems being faced and, hence, to choosing a particular research strategy, appropriate for that problem (ibid.:39f).

Delamont und Hamilton sind der Überzeugung, daß die Multidimensionalität empirischer Unterrichtsforschung durch die Flexibilität einer kontextbezogenen Methodenwahl verwirklicht werden kann. Sie machen aber leider keine Angaben dazu, *welche* Forschungsansätze des FIAC sich unabhängig von ihrer ideologischen Herkunft in die ethnographische Perspektive integrieren lassen. Im Gegenteil, sie richten sich gemäß der allgemeinen Forschungsdoktrin der 70er und 80er Jahre in ihrem eigenen Forschungsprogramm streng nach ethnographischen Grundsätzen.

2.4 Die Integrative Methode

Einen überzeugenden Beitrag zur Integration *Interpretativer* und *Quantitativer* Forschungstraditionen leisten dagegen die beiden Unterrichtsforscher Evertson und Green (1986). Sie glauben, daß die Wahl einer Observationsmethode unabhängig von der ideologischen Orientierung des Forschers erfolgen könne. Die etablierte Vorstellung von einer methodischen Trennlinie zwischen „systematischer" und „ethnographischer" Forschungstradition versuchen die Forscherinnen entsprechend durch die Evokation eines Methodenkontinuums mit korrespondierenden Endpunkten auszuräumen:

> While the two ends of the continuum have tended to be mutually exclusive in the past, there is no theoretical reason that the two ends cannot work together (ibid.:168).

In der empirischen Unterrichtsforschung der 90er Jahre wird es zweifellos erforderlich sein, aus den konzeptionalen Entwürfen beider Forschungsrichtungen zu lernen. Allerdings dürfte zu der Ermittlung der „Projekttauglichkeit" eines bestimmten methodischen Verfahrens auch das Wissen um sein erkenntnistheoretisches Fundament gehören.

Es wurde bereits darauf hingewiesen, daß sowohl die Interaktionsforschung als auch die Ethnographie bei ihrer Entscheidung für ein bestimmtes Analyseverfahren von einer bestimmten Wahrnehmungskonzeption ausgeht. Die Vorstellung einer konzeptionsfreien Methodenwahl, wie sie von Green und Evertson evoziert wird, sollte uns also nicht dazu verleiten, die erkenntnistheoretischen Rahmenbedingungen eines Analysesystems ungeklärt zu lassen.

Damit soll keine prinzipielle Unvereinbarkeit einzelner *Systematisch-Quantitativer* und *Interpretativer* Observationsstrategien impliziert werden. Um der Komplexität des Unterrichtsgeschehens gerecht werden zu können, ist es sogar unbedingt erforderlich, methodische Kombinationen zu finden, die eine multidimensionale Forschungsperspektive eröffnen:

> It is difficult to maintain that one view of classroom events is more accurate than another. Rather, we must learn from each perspective, identify matches and mismatches among perspectives... By investigating several perspectives in each study, we will improve understanding of the social reality of classrooms (Weinstein 1983:306).

2.5 Die Rezeptionsperspektive des Schülers aus multidimensionaler Forschungsperspektive

Auch dieses Forschungsprojekt will sich offensichtlich nicht der extremen Richtung einer Forschungstradition verschreiben und wendet sich daher ausdrücklich gegen einen methodischen und erkenntnistheoretischen Solipsismus wie er heute von der etablierten ethnographischen Unterrichtsforschung noch immer praktiziert wird.

Zukünftige Projekte mögen nützliche Anregungen aus der integrativen Methode gewinnen, die in dieser Arbeit entwickelt wird; eine generelle Übertragbarkeit des Forschungsdesigns kann und soll hier allerdings nicht beansprucht werden, da mit der Differenzierung und Erweiterung einer pädagogischen Fragestellung offensichtlich auch eine Innovation der Methodik erforderlich werden dürfte.

Prinzipiell wird hier davon ausgegangen, daß die konzeptionelle Fundierung einer Forschungsmethode intersubjektive Gültigkeit beanspruchen kann, sofern sie auf den Wissens- und Erfahrungsgrundsätzen einer kulturellen Gemeinschaft basiert. Die Darstellung dieses Projekts zur Erforschung fremdsprachlicher Kommunikationsprozesse hat im ersten Teil dieser Arbeit ensprechend mit der erkenntnistheoretischen Reflexion der erziehungswissenschaftlich und fachdidaktisch relevanten Wissenschaftsdisziplinen begonnen.

Unter Bezugnahme auf die beiden divergierenden Forschungstraditionen der empirischen Unterrichtswissenschaft soll nun im zweiten Teil dieser Arbeit ein Forschungsdesign vorgestellt werden, das die in den 80er Jahren etablierte ethnographische Untersuchungsperspektive um entscheidende quantitative Dimensionen erweitert.

Zuvor soll allerdings der erkenntnistheoretische Fortschritt der *Interpretierenden* Forschung gegenüber der behaviouristisch orientierten Interaktionsanalyse aus der Wissens- und Erfahrungsperspektive der 90er Jahre[7] rekapituliert werden.

2.6 Gültige Prinzipien der Interpretierenden Observation

Aus dem holistischen Prinzip der ethnographischen Forschung sind folgende Prämissen für die empirische Beobachtung und Analyse schulischer Kommunikationsprozesse abzuleiten:

Schulische Lehr- und Lernstrukturen ergeben sich aus der kommunikativen Interaktion der am Unterrichtsgeschehen beteiligten Schüler und Lehrer und müssen daher in ihrer Kontextualität und Intentionalität betrachtet werden. Eine Rekapitulierung isolierter linguistischer Strukturen ohne Diagnostizierung ihres sprachpragmatischen Äußerungszusammenhangs ist für die Evaluation des Unterrichtsprozesses entsprechend irrelevant.

> I find it difficult to see what relationship there could possibly be between isolated, surface features of language and learning and teaching strategies... Nor can a teaching style ever be defined merely in terms of

---

[7] Cf. hierzu die erkenntnistheoretische Reflexion der projektrelevanten Forschungsdisziplinen: Allgemeine Pädagogik, Fremdsprachendidaktik, Literaturwissenschaft, Rezeptionsforschung, Wahrnehmungspsychologie, Philosophie, Spracherwerbsforschung, Empirische Sozialwissenschaft, Soziolinguistik im ersten Teil dieser Arbeit.

> the number of closed questions the teacher asks or the number of pupil initiations. The relationship between language and educational processes is much less direct than this, and seems to depend crucially on a notion of the organisation of the language as a *system* of communication (Stubbs 1986:76).

Eine Beschreibung von Kommunikationsabläufen ist nur dann sinnvoll, wenn sie die Bedeutung der Handlungsstrukturen aus der Perspektive der Partizipienten berücksichtigt. Für die Erforschung der Schülerperspektive ergibt sich die methodische Notwendigkeit, die beteiligten Schüler nach ihren Unterrichtseindrücken zu befragen.

Allerdings kann der Forscher die Distanz des „neutralen Beobachters" verlieren, wenn er *während* der Observation mit den Schülern kommuniziert und versucht, ihre Erlebnisperspektive nachzuvollziehen. Die Befragung der Schüler sollte also z.B. durch den Einsatz von Fragebögen von der Beobachtung im Klassenzimmer getrennt werden. Ein geschlossenes Observationssystem, das dem Forscher nicht erlaubt, über seinen theoretischen Erwartungshorizont hinauszublicken, kann nicht der Progression wissenschaftlicher Unterrichtsforschung dienen. Jedes Konzeptionssystem zur Analyse schulischer Kommunikationsprozesse sollte daher unbedingt in der Auseinandersetzung mit den empirischen Daten entwickelt werden.

Es ist unerheblich, ob der Forscher bereits einzelne Observationskriterien definiert hat oder ob er einer allgemein gehaltenen Untersuchungsperspektive folgt. Entscheidend ist vielmehr, daß er bereit ist, seine mehr oder minder bewußt vorhandenen Unterrichtserwartungen und -vorstellungen zu differenzieren. Um die Forschung nicht von vornherein auf solche Wahrnehmungen zu beschränken, die sich in vertraute Konzeptionsmuster fügen, sollten zunächst möglichst viele Daten mit einem Video- oder Tonbandrekorder „registriert" werden (Der narrative Report der Ethnographie nimmt bereits eine Auswahl des Analysematerials vor.). Die Analyse und Evaluation von Unterrichtsprozessen sollte den natürlichen Äußerungsstrukturen folgen und eine künstliche Segmentierung schulischen Kommunikationsverhalten in temporalen Kodierungsintervallen vermeiden.

2.7 Gültige Prinzipien der Systematischen Observation

Einzelne subjektive Erlebnisschilderungen erlauben keine generalisierbaren Aussagen über schulische Kommunikationszusammenhänge.

Ohne den „systematischen" qualitativen Vergleich der Unterrichtseindrücke fehlt der empirischen Unterrichtsforschung die Möglichkeit einer validen Theoriebildung.

Dringend erforderlich ist ein linguistisches Analysesystem zur intersubjektiven Deskription schulischer Lehr- und Lernstrukturen:

> Without technical language one cannot develop a description of what teachers and students usually do, compare lessons, methods or different 'schools' of language teaching or see relationships between what was done and the teacher's intentions. Nor can one see the extent to which classroom behaviours reflect a theory of language teaching or measure the effect on learning of particular communications (Fanselow 1977:18).

Die hier erhobene Forderung nach einem Konsensus in der linguistischen Deskription von Unterrichtseindrücken ist unbedingt von der Forderung einer normativen Objektivierung der Forschungsperspektive (im Sinne Flanders) zu unterscheiden. Hier geht es um die Etablierung einer fachspezifischen Begriffsbildung, die eine intersubjektive Kommunikationsbasis zwischen den Forschern einer gemeinsamen Lebens- und Erfahrungswelt schaffen kann.

Eine Generalisierbarkeit von Forschungsergebnissen ist nur durch ein quantitativ-statistisches Erhebungsverfahren zu etablieren.

Die Frequenzbestimmungen der von Flanders entwickelten Interaktionsanalyse gehen von der Prämisse aus, daß das unterrichtliche Interaktionsverhalten in jedem Falle von dem Lehrer dominiert werde. Ein statistisches Verfahren ist aber offensichtlich nur dann verifizierbar, wenn es von dem tatsächlich beobachtbaren Unterrichtsgeschehen ausgeht und dieses nach den anerkannten Prinzipien der Mathematik und Informatik analysiert und evaluiert. Diese empirische Forschungsarbeit will sich daher entschieden von den willkürlichen Rechenoperationen der Flanderstradition distanzieren.

3. Die Entwicklung einer Integrativen Methode zur empirischen Beobachtung individueller Rezeptionsperspektiven im Literaturunterricht

Inwieweit eine Lerngruppe ihre Rezeptionsperspektive im Interpretationsgespräch eröffnen kann, hängt nach Ansicht der Literaturdidaktiker entscheidend davon ab, welchen Stellenwert der Lehrer den Erkenntnisinteressen der Lerngruppe gibt. Demnach wird also die Möglichkeit der Lernenden, ihre Leseeindrücke in das unterrichtliche Gespräch einzubringen, entscheidend von der im Klassenzimmer üblichen Form der kommunikativen Interaktion bestimmt.

Sowohl im fremdsprachlichen[8] als auch im muttersprachlichen Literaturunterricht hat es aber bislang an einer Untersuchung gefehlt, die schulische Literaturrezeption nicht nur als eine Addition individueller Schülerrezeptionen betrachtet, sondern auch der gruppenspezifischen Dynamik der Sinnbildungsprozesse Rechnung trägt.

Die dementsprechende Forderung von Heuermann, Hühn und Röttger (1982), Literaturunterricht als Feld sozialer Interaktion zu betrachten,

---

[8] Die Bedeutung der Leser/Schülerperspektive für das Verständnis fremdsprachlicher Literatur ist vor allem von Hühn und Künne in ihren Fallstudien zur Rezeption *Englischer Trivialer Frauenliteratur* (1978) demonstriert worden. In einer weiteren *Untersuchung zum Rezeptionsverhalten deutscher Schüler bei englischen Texten* untersucht Hühn gemeinsam mit Heuermann die Rolle der Fremdsprache für die affektive Reaktion auf Texte, kommt aber zu keinem eindeutigen Ergebnis.

ist mit der eigenen Studie der drei Rezeptionsforscher leider noch nicht erfüllt worden.[9] Ihr Unternehmen, den einzelnen Schüler nach seinen persönlichen Leseeindrücken und Rezeptionsinteressen zu fragen, bedeutet zweifellos einen ersten wichtigen Schritt bei der Analyse der Rezeptionskomponenten im Literaturunterricht. Nur wenn wir aber den Rezeptionsprozeß im Unterricht weiter verfolgen, können wir feststellen, wie sich die Rezeptionsperspektive des Schülers im gemeinsamen Gespräch mit dem Lehrer und den Mitschülern verändert.

3.1 Die Konzeption eines soziolinguistischen Analysesystems zur Erfassung schulischer Rezeptionsgespräche

Wollten wir die Konstituierung individueller Rezeptionsperspektiven im Literaturunterricht allein mit der isolierten Textwahrnehmung der einzelnen Schüler erklären, würden wir dabei übersehen, daß sich individuelle Leseeindrücke oft erst im Interpretationsgespräch zu einer differenzierten Sinnperspektive ergänzen; durch die kommunikative Interaktion im Klassenzimmer können idiosynkratische Lesarten (aus der intersubjektiven Sinnperspektive der schulischen Interpretationsgemeinschaft) revidiert und neue Verständnisperspektiven eröffnet werden.

Der empirische Beobachter kann die Interdependenz individueller Rezeptionsperspektiven offensichtlich nur durch den kommunikativen Bezug der Sprachäußerungen im schulischen Interpretationsgespräch diagnostizieren. Da sich die individuellen und gruppenspezifischen Rezeptionsperspektiven im Unterricht in sprachlicher Form manifestieren, ist der Forscher zu einer systematischen Analyse verbalen Kommunikationsverhaltens aufgefordert. Die Erfassung und Deskrip-

---

[9] In dieser Studie haben Heuermann et al. die Verstehensprozesse von 1500 Lesern/Schülern beschrieben. Den Autoren gelang es durch den Einsatz von Fragebögen, neben der Textstruktur auch bestimmte Lesermerkmale als konstituierende Faktoren des Rezeptionsprozesses zu diagnostizieren.

tion signifikanter Unterrichtstrukturen verlangt entsprechend ein linguistisch fundiertes Analysesystem.

Die Analyse fremdsprachlicher Rezeptionsgespräche trägt eine zusätzliche Untersuchungsdimension dadurch, daß die Sprachstrukturen nicht nur auf ihre mitteilungs-, sondern auch auf ihre sprachbezogene Funktionalität hin untersucht werden müssen. Die sprachliche Form einer Mitteilung kann im fremdsprachlichen Rezeptionsgespräch offensichtlich zum Aussageinhalt per se werden, wenn die adäquate sprachliche Darstellungsform eines Interpretationsstandpunktes zur Diskussion steht.

3.2 Das soziolinguistische Modell der Diskursanalyse

Um die Intentionalität und Funktionalität schulischer Sprachäußerungen erfassen zu können, benötigt der Forscher offenbar ein linguistisches Analyseinstrumentarium, das die Identifikation und Beschreibung kommunikativer Strukturen *oberhalb* der Satzebene erlaubt.

Ein solches Kategoriensystem ist erstmalig von Sinclair und Coulthard (1975) unter der Bezeichnung *Discourse Analysis* veröffentlicht worden. Die beiden Linguisten haben, unter dem Einfluß der von John Searle begründeten Sprechakttheorie (1969), ein soziolinguistisches Schema zur hierarchischen Klassifizierung der Unterrichtskommunikation in fünf deszendierenden Stufenfolgen entwikkelt:

Lesson (Lektion/Unterrichtsstunde)[10]
Transaction (Phase/Transaktion)
Exchange (Äußerungsfolge)
Move (Schritt)
Act (Akt)

[10] Die deutsche Terminologie ist von Krumm (1977) übernommen worden.

Eine Unterrichtsstunde besteht demnach aus einer oder mehreren Transaktionen, die sich wiederum aus einer oder mehreren Äußerungsfolgen zusammensetzen, ... etc.

Die funktionale Relevanz der genannten Subkategorien kommunikativer Interaktion glauben Sinclair und Coulthard auf der Analyseebene *Exchange* nachweisen zu können, wo sie die folgende Kommunikationsstruktur diagnostizieren:

Initiation(Lehrer) - *Response*(Schüler) - *Feedback*(Lehrer)

> So important is the feedback that if it does not occur we feel confident in saying that the teacher has deliberately withheld it for some strategic purpose. (ibid.:51).

Die beiden Forscher äußern sich leider nicht dazu, ob die Äußerungsfolge I-R-F für sie eine empirisch verifizierbare Regelmäßigkeit konstituiert oder lediglich die linguistische Umsetzung ihrer eigenen, nicht näher begründeten, Vorstellung von einem „funktionierenden" Unterrichtsdialog bedeutet. Darüberhinaus bleibt die Beziehung von Diskursregel und -strategie bei der Erklärung kommunikativer Interaktion ungeklärt. Die Autoren haben zwar erkannt, daß sprachpragmatische Kommunikationsregeln (wie z. B. „der Schülerantwort muß eine Evaluation des Lehrers folgen") aus strategischen Erwägungen gebrochen werden können (z.B. kann der Lehrer sein Feedback bewußt zurückhalten); sie haben aber offensichtlich nicht bedacht, daß strategische Entscheidungen in der Regel auf bestimmten pädagogischen und fachdidaktischen Konzeptionen beruhen, die sich im Wandel einer generellen oder fachdisziplinarischen Progression erziehungswissenschaftlicher Theoriebildung verändern können.

Indem Sinclair und Coulthard voraussetzen, daß eine „normale" schulische Kommunikation grundsätzlich nach dem Gesprächsmuster *Initiation* (Lehrer) - *Response* (Schüler) - *Feedback* (Lehrer) abläuft, tragen sie bereits eine bestimmte Rollenerwartung an den Lehrer heran. Wollte der Unterrichtende von dem scheinbar etablierten Schema abweichen, müßte er gegen die von Sinclair/Coulthard erhobenen Spielregeln unterrichtlicher Kommunikation verstoßen.

Wie aber kann eine Interaktionsstruktur als richtungsweisend für die Unterrichtspraxis gelten, wenn ihre Relevanz für die Effizienz des schulischen Lehr- und Lernverhaltens empirisch nicht überprüft worden ist?

Kann die besagte Interaktionssequenz *Lehrerinitiation - Schülerantwort - Lehrerfeedback* überhaupt als typisch für die deutsche Unterrichtspraxis gelten?

Schulische Kommunikationszüge, in denen Schüleräußerungen durch den Lehrer nicht programmiert und evaluiert werden, sind mit den von Sinclair/Coulthard konzipierten Interaktionskategorien offensichtlich gar nicht erst erfaßbar, da das System der beiden Interaktionsforscher grundsätzlich nur auf „lehrerzentrierte" Unterrichtsformen zugeschnitten ist. Ein Unterrichtsforscher, der die Äußerungsfolge I-R-F erwartet, mag die kommunikativen Implikationen ähnlicher Strukturmuster ohnehin leicht übersehen und geneigt sein, auch eine Schülerantwort, die einen Gesprächsansatz initiiert, als einfache *Response*-kategorie (R) des vertrauten Strukturmusters zu kategorisieren.[11] Selbst wenn dieser Forscher erhebliche Abweichungen von dem Schema I-R-F registrieren kann, wird er auch dann nur in der Lage sein, eine temporäre Divergenz von dem etablierten Verhaltenskodex zu diagnostizieren.

---

[11] Diese Annahme entspricht dem psychophysischen Prinzip diskriminierender Wahrnehmung: "An important factor in sensory experience is the *discrimination of differences in stimuli.* This minimum increase in a physical stimulus necessary to notice a difference is called the *difference threshold* or, more commonly, the *just noticable difference* (JND)." (Ornstein 1986:84) Wie groß die Diskrepanz zwischen der vertrauten und der neuen Wahrnehmungskategorie sein muß, um perzeptionsrelevant zu sein, ist offensichtlich nicht absolut feststellbar. Die Wahrnehmungsschwelle kann jeweils nur individuell und kontextbezogen diagnostiziert werden.

3.3 Zur pädagogischen und didaktischen Implikation linguistischer Diskursstrukturen

Aus der Perspektive „schülerorientierten" Lernens ist vor allem zu berücksichtigen, ob sich nicht in einem Unterricht, der die Rezeptionsperspektive des Schülers unmittelbar berücksichtigt, ganz andere Strukturmuster schulischer Kommunikation etabliert haben. Es gilt zu beobachten, ob nicht auch ein kommunikatives Initiation-Response-Netz innerhalb der Lerngruppe erkennbar ist, dessen Knotenpunkte durch die initiierenden, respondierenden oder evaluierenden Gesprächsbeiträge von Lehrer *oder* Mitschüler konstituiert werden.

Die Beobachtbarkeit der linearen Exchangefolge I-R-F setzt zweifellos einen bestimmten „lehrerzentrierten" Unterrichtsstil voraus, der die Rolle des Schülers zu einer passiven, rezipierenden reduziert und ihm die Möglichkeit zu einer kognitiven und affektiven Emanzipation im Unterrichtsgespräch verweigert. Ein solches Lehrerverhalten mag in den von Sinclair und Coulthard besuchten englischen Schulen der frühen 70er Jahre tatsächlich zu beobachten gewesen sein; die moderne „schülerorientierte" Didaktik der 90er Jahre dürfte jedoch ein stärkeres Schülerengagement erwarten lassen.

Um die Untersuchung schulischer Kommunikationsstrukturen nicht durch die selektive Untersuchungsperspektive einer ideologischen Gesprächsschule zu beeinflussen, darf die funktionale Beziehung der Äußerungsschritte (Moves) *Initiation*, *Response*, *Feedback* erst in der Auseinandersetzung mit den Unterrichtsdaten festgelegt werden. Jede Deskription eines Strukturschemas auf der Interaktionsebene *Exchange* bedeutet nämlich bereits eine konklusive Aussage über die Interdependenz schulischer Lehr- und Lernstrukturen.

Nichtsdestoweniger bleibt es das Verdienst von Sinclair und Coulthard, einen soziolinguistischen Begriffsapparat zur Beschreibung *einer* möglichen kommunikativen Interaktionsform zwischen zwei Gesprächsparteien mit einem unterschiedlichen Autoritätsstatus gefunden zu haben (cf. Krumm 1977:28): Ihre linguistische Deskription der Interaktionszüge *Initiation*, *Response* und *Feedback* dürfte somit einen ersten wichtigen Schritt zur Konstituierung einer erziehungswissenschaftlichen Terminologie im Bereich kommunikativer Unterrichtsforschung bedeuten[12].

Krumm ist darin zuzustimmen, daß die von Sinclair und Coulthard genannten Kommunikationsschritte erst in ihrer Sequenz als Äußerungsfolge konstitutiv für die Funktionalität des schulischen Kommunikationssystems sind:

> Für uns ist die Basiseinheit der Interaktion nicht die einzelne Äußerung, sondern die Äußerungsfolge, die zumindest aus zwei Beiträgen oder Schritten verschiedener Sprecher besteht (Krumm 1977:27).

Es ist jedoch zu bezweifeln, daß jede Unterrichtskommunikation immer nach demselben Sequenzmuster abläuft:

Jede (Äußerungsfolge) beginnt mit einem Eröffnungsschritt, der prospektiv ist und durch Fragen, Befehle oder das Geben von Information nach einer Antwort, Reaktion oder Bestätigung seitens des nächsten Sprechers verlangt. Der zweite beantwortende Schritt ist retrospektiv und erfüllt die Erwartungen oder Anforderungen des ersten (ibid.:27).

Es wäre z.B. vorstellbar, daß sich die Folge „Lehrerinitiation - Schülerinitiation - negatives Lehrerfeedback" in einem Klassenzimmer als diskurstypische Struktur erweist:

> much teacher talk is expended in getting pupils to conform to the rules and even to respond to directives. Thus there arises what one might call

---

[12] Meine Unterrichtsbeobachtungen haben allerdings ergeben, daß die Interaktionskategorien *Interaction* und *Response* auf Lehrer- *und* Schüleräußerungen anwendtbar sind. Nur die Feedbackkategorie ist offenbar lehrerspezifisch; mit ihr wird eine Schüleräußerung als Leistungsperformanz ausgewiesen. Wertende Schülerreaktionen auf Lehrer- oder Mitschülerbeiträge fallen hingegen nicht in diese Kategorie, weil die Lernenden in der Institution Schule keine Beurteilungsfunktion wahrnehmen können.

> disciplinary digressions, which can amount to anything from a look to a half-hour lecture (Hammersley 1986:97).

Ignoriert der Forscher eine solche I-I-F Sequenz, kann er offensichtlich nur darüber berichten, wie sich die Unterrichtskommunikation seiner Ansicht nach gestalten sollte, aber nicht darüber, wie sie tatsächlich verläuft.

Keineswegs ist nun jede Lehrerantwort, die einer Schüleräußerung folgt, automatisch als (positives oder negatives) Feedback zu verstehen, wie Sinclair und Coulthard offensichtlich voraussetzen. Weder Wortlaut noch Tonfall einer Lehrerreaktion können dem Beobachter immer direkt Auskunft über die Existenz einer wertenden Modalität geben. Der Unterrichtsforscher wird sich also mit der Lehrerpersönlichkeit *und* der gegebenen kommunikativen Unterrichtssituation auseinandersetzen müssen.

Dazu muß er die Distanz des *Objektiven Beobachters* jedoch keineswegs aufgeben, wie die ethnographische Unterrichtsforschung von ihm verlangt. Anstatt den Lehrer zu fragen, wie „schülerorientiert" seine Äußerungen denn „gemeint" wären, sollte er vielmehr beobachten, wie die Schüler auf die Lehreräußerung reagieren. Zeigen sie in ihrem Kommunikationsverhalten, daß der Lehrer einen für sie interessanten Gesprächsaspekt angesprochen hat, oder geben sie ihm zu verstehen, daß sie in seiner Äußerung eine unerwünschte Gesprächslenkung sehen?

Sicherlich ist die Intention einer Sprechäußerung als Teil einer kommunikativen Interaktion nicht immer mit ihrer funktionalen Wirkung identisch; für die Analyse und Evaluation tatsächlich etablierter Kommunikationsbezüge dürfte jedoch *der funktionale Aspekt* von primärer Bedeutung sein. In dem Analysesystem dieser Forschungsarbeit wird entsprechend auf eine separate Erhebung der *Intentionalität* einer schulischen Gesprächsäußerung verzichtet.

4. Diskursanalyse im deutschen Fremdsprachenunterricht

Offenbar weil das Forschungsinteresse der Linguisten Sinclair und Coulthard nicht pädagogisch oder fachdidaktisch orientiert ist, vermißt der Didaktiker in ihrem Analysesystem die Exemplifizierung „-schüler“ und „lehrerorientierter“ Kommunikationsschritte. In seiner Übersetzung und Erweiterung der *Discourse Analysis* fordert Krumm (1977), die angelsächsische Methode, nach der Unterrichtsgespräche nur als ein Beispiel von Sprachverhalten analysiert werden, gezielt für die didaktische Analyse des deutschen Fremdsprachenunterrichts nutzbar zu machen. Von den deutschen Fremdsprachendidaktikern ist Krumms Anliegen allerdings kaum weiterverfolgt worden. Butzkamm sieht (1983) die dringende Notwendigkeit, didaktische Fragestellungen von vornherein in das linguistische Kategorienschema aufzunehmen, unternimmt aber selbst keinen Schritt in dieser Richtung.

Konstruktiver dürfte die Kritik von Nissen sein, der den kommunikationstheoretischen Ansatz von Sinclair/Coulthard (1987) in Hinblick auf den Fremdsprachenunterricht modifiziert. Nissen ist davon überzeugt, daß sich die drei von Sinclair/Coulthard genannten Funktionskomponenten muttersprachlicher *Exchanges* (Äußerungsfolgen): *Initiation* (Eröffnung), *Response* (Reaktion) und *Feedback* (Rückmeldung) besonders gut zur Analyse fremdsprachlicher Unterrichtsgespräche eignen. Er geht nämlich davon aus, daß die Äußerungsfolge *Initiation* (meistens durch Lehrer), *Response* (durch einen oder mehrere Schüler), *Feedback* (durch den Lehrer) eine typische Interaktionsstruktur im fortgeschrittenen Fremdsprachenunterricht konstituiert. Das *Feedback* ist seiner Beobachtung nach gerade im fremdsprachlichen Interpretationsgespräch besonders stark vertreten, da dort jede Schüleräußerung nicht nur kognitiv, sondern auch sprachlich evaluiert werde.

4.1 Die Interaktionsstruktur als Relevanzkriterium „schülerorientierten" Lehrens und Lernens

Die von Nissen definierte *Feedback*struktur hat sich in diesem Forschungsprojekt bereits bei der unvermittelten[13] Unterrichtsbeobachtung als wertvoller Ansatzpunkt für die Überprüfung einer „lehrerzentrierten" Evaluierung" von Schüleräußerungen erwiesen. Um eine mögliche „Schülerorientierung" des Lehrerfeedbacks diagnostizieren zu können, ist es bei der differenzierteren Unterrichtsanalyse dann allerdings notwendig gewesen, zwischen einem sprachlichen und einem kognitiven *Feedback* zu unterscheiden. (In Nissens Interaktionsmodell bleibt empirisch ungeklärt, ob sich eine sprachliche und inhaltliche Evaluation der Schülerbeiträge tatsächlich in derselben Weise auf die Mitteilungsbereitschaft der Lernenden auswirkt.)

Da zu Beginn dieser Untersuchung keine empirisch gesicherten Kenntnisse über die Wirkung des fremdsprachlichen Lehrerfeedbacks vorlagen, konnte die evaluierende „Rückkoppelung" zunächst weder im mitteilungsbezogenen noch im sprachbezogenen Gesprächsbereich als „lehrerzentrierter" Kommunikationsschritt gewertet werden.

Die von Nissen in *Beyond Sinclair/Coulthard* (1987) erhobene Forderung nach einer vierten Interaktionskategorie ist aus der Perspektive „schülerorientierter" Gesprächsdidaktik elementar, da das Analysesystem der beiden englischen Sprachwissenschaftler offenbar kein hinreichendes Instrumentarium für die Erfassung der Schülerperspektive im fremdsprachlichen Interpretationsgespräch bietet. Der Didaktiker weist zu Recht darauf hin, daß eine undifferenzierte Initiationskategorie nicht erlaubt, dem Grad der „Schülerbezogenheit" eines Lehrerimpulses Rechnung zu tragen. Um eine mögliche „Schülerbezogenheit" des Unterrichts diagnostizieren zu können, müsse zunächst einmal

[13] Mit „unvermittelter" Unterrichtsbeobachtung ist hier der spontane Unterrichtseindruck *vor* der detaillierten Analyse der transkribierten Wortprotokolle gemeint.

festgestellt werden, ob der Lehrer einen eigenen Interpretationsimpuls gibt oder, ob er lediglich einen Schülerimpuls verstärkt.

Für die Integration der Schülerperspektive in den fremdsprachlichen Literaturunterricht dürfte außerdem entscheidend sein, ob sich der Lehrer unmittelbar am Rezeptionsstandpunkt der Schüler orientiert oder, ob er eigenen Deutungskonzeptionen folgt. Eine solche Unterscheidung ist wiederum nur möglich, wenn wir eine Interaktionskategorie haben, die *Initiation* und *Response* simultan in einem Äußerungszug (Move) erfaßt.

Für die Diagnostizierung der „Schülerorientierung" im Unterricht ist also entscheidend, ob der Lehrer die Schüleräußerungen evaluiert oder, ob er sich auf eine „wertfreie" Reaktion und Initiation einläßt. Einer empirischen Untersuchung „schülerorientierten" Kommunikationsverhaltens sollte daher zugleich eine *Response/Initiation* und eine *Feedback/Initiation* Kategorie zugrunde gelegt werden.

Während Nissen (1987) seine 4. Interaktionskategorie noch als eine Mischform aus den drei Grundkomponenten *Initiation*, *Response*, und *Feedback* versteht, modifiziert er (1990) mir gegenüber diese Klassifizierung, indem er das *Feedback* aus dieser „Kombinationskategorie" eliminiert. In der Kombination von *Initiation* und *Response* sieht Nissen heute die Wiederaufnahme der Schüleraussage durch den Lehrer, der linguistisch, kognitiv und didaktisch eine Modifikation, Differenzierung, oder Progression der Schülermitteilung initiiert, ohne dabei seine eigene Sichtweise kundzutun. Nissen bezeichnet einen solchen Äußerungszug als *Recycling Move*.

Dieser *Recycling Move* beschreibt offenbar einen wesentlichen Aspekt „schülerorientierter" Gesprächsführung: Der Lehrer reagiert ohne evaluierendes *Feedback* und kultiviert damit die Möglichkeit eines „echten" Gesprächs zwischen gleichberechtigten Gesprächspartnern.

Nach Ansicht der Fachdidaktiker gibt es jedoch in der zur Zeit üblichen Unterrichtspraxis kaum fremdsprachliche Rezeptionsgespräche ohne ein (sprachliches) Lehrer*feedback*. Wir können also die Analyse schulischer Interaktionsstrukturen nicht von vornherein auf Observationskategorien beschränken, die ausschließlich der Diagnostizierung „schülerorientierter“ Dimensionen im Lehrerverhalten dienen.

Nissen nimmt nun leider nicht dazu Stellung, inwieweit der von ihm auf den Lehrer bezogene *Recycling Move „Initiation/ Response“* auch von Schülern ausgehen kann und sollte. In Hinblick auf die Diagnostizierung möglicherweise vorhandener „schülerorientierter“ Gesprächsstrukturen im fremdsprachlichen Rezeptionsgespräch muß aber offensichtlich bei jeder Unterrichtsbeobachtung festgestellt werden, ob die Schüleräußerungen primär auf den Lehrer oder einen/mehrere Mitschüler gerichtet sind.

4.2 Zur Interdependenz von Diskursstruktur und -inhalt

Die Frage, inwieweit bei einem Kommunikationsaustausch in der Lerngruppe die Rezeptionsperspektive der Schüler gezielter berücksichtigt wird als bei einem primär dialogisch ausgerichteten Gespräch zwischen Schülergruppe und Lehrer kann offensichtlich nicht pauschal beantwortet werden, sondern muß für jede Lerngruppe in Hinblick auf den zu behandelnden Text neu geklärt werden.

Besteht bei den Schülern ein großes Interesse an der Unterrichtslektüre, erwartet die moderne „schülerorientierte“ Fremdsprachendidaktik mit Brusch, daß die Teilnehmer mit ihren Beiträgen unmittelbar auf einen Mitschüler reagieren wollen, anstatt auf eine direkte Aufforderung des Lehrers zu warten. Doch ist dies in der Unterrichtspraxis tatsächlich der Fall? Und wie können wir überhaupt feststellen, welche Gesprächsbedürfnisse in der Lerngruppe vorhanden sind, wenn der Lehrer eine Zentralisierung der Unterrichtsdiskussion erzwingt, indem er alle Gesprächsbeiträge der Schüler kommentiert und evaluiert?

In dieser empirischen Forschungsarbeit sollte entsprechend festgestellt werden, inwieweit das Kommunikationsverhalten der Schüler (in den ausgesuchten Leistungskursen) von der kommunikativen Offenheit ihres Lehrers bestimmt wird, und welche Bedeutung die kommunikative Interaktion innerhalb der Lerngruppen für die Entfaltung der Schülerinteressen im Interpretationsgespräch besitzt.

4.3 Zur Unterscheidung kognitiver und sprachlicher Interaktion im fremdsprachlichen Rezeptionsgespräch

Nach den ersten unvermittelten Unterrichtsbeobachtungen in den Versuchsgruppen war der Eindruck entstanden, daß die Oberstufenschüler eher zu einer kognitiven als zu einer sprachlichen Differenzierung von Mitschüleräußerungen (bereit und) in der Lage waren, obwohl ihre Lehrer in der Regel von dem umgekehrten Fall auszugehen schienen. Danach wäre für die betreffenden Fachlehrer zu überlegen gewesen, inwieweit sie sich nicht durch eine Verringerung ihrer kognitiven Strukturierungsimpulse Freiraum für eine sprachliche Betreuung ihrer Schüler schaffen sollten.

Es galt diesen spontanen Forschungseindruck durch gezielte Interaktionsanalysen zu überprüfen. Damit die sprachliche und inhaltliche Gesprächsdominanz des Lehrers jeweils separat in ihrer Wirkung auf die Intensität und Frequenz der Schülerbeiträge betrachtet werden konnte, war es bei der empirischen Analyse der beobachteten fremdsprachlichen Interpretationsgespräche jeweils erforderlich, zwischen sprach- und inhaltsbezogenen Interaktionskategorien zu unterscheiden.

5. Der Entwurf eines diskursanalytischen Systems zur Beschreibung fremdsprachlicher Rezeptionsprozesse

Um die genannten Observationsdimensionen bei der Analyse fremdsprachlicher Rezeptionsgespräche berücksichtigen zu können, gilt es bei empirischen Untersuchungen schulischer Kommunikationsstrukturen offensichtlich auf folgende Interaktionsbezüge einer **Schüleräußerung** zu achten:

1. Sequentieller Bezug der Schüleräußerung:
Response, Initiation und Response/Initiation.

2. Personaler Bezug der Schüleräußerung:
Schüler und lehrergerichtete Kommunikation.

3. Sprachpragmatischer Bezug der Schüleräußerung:
Sprach und inhaltsbezogene Kommunikation.

Zur Feststellung der kommunikativen Werte, die für die „Schülerorientierung" einer **Lehreräußerung** relevant sind, dürfte es erforderlich sein, die folgenden Interaktionsbezüge herzustellen:

1. Sequentieller Bezug der Lehreräußerung:
Initiation, Response, Response/Initiation, Feedback und Feedback/Initiation.

2. Originärer Bezug der Lehreräußerung:
Auto-initiation und Re-initiation/Amplifikation einer Schüleräußerung.

3. Sprachpragmatischer Bezug der Lehreräußerung:
Sprach und inhaltsbezogene Kommunikation.

4. Evaluativer Bezug der Lehreräußerung:
(existent): Feedback und Feedback/Initiation.
(nicht existent): Initiation, Response und Response/Initiation.

Das Kodiersystem reiht sich insofern in die von Flanders begründete und (vor allem) von Sinclair/Coulthard kultivierte angelsächsische Interaktionsforschung ein, als es die Notionen *Initiation*, *Response* und *Feedback* (wenn auch mit jeweils innovativer Bedeutungsnuance) übernimmt. Durch die Erweiterung des angelsächsischen Begriffsapparats in englischer Sprache soll vermieden werden, daß das hier entwickelte Kodiersystem zur fremdsprachlichen Interaktionsanalyse durch die Einführung deutscher Sprachäquivalente unnötig kompliziert wird.

5.1 Zur Kombinatorik induktiver und deduktiver Methodik im Kodiersystem

Es wurde bereits darauf hingewiesen, daß empirische Wahrnehmung stets an bereits existente Vorstellungskonzeptionen gebunden bleibt. Somit kann auch das schulische Kommunikationsverhalten nicht ohne ein bestimmtes Grundverständnis von den Diskursregeln des Klassenzimmers beobachtet werden. Es ist allerdings durchaus möglich, bestehende Vorstellungskategorien über unterrichtliche Kommunikationszusammenhänge in der rezeptiven Auseinandersetzung mit der Schulpraxis zu differenzieren.

Diese empirische Forschungsarbeit begann mit der erkenntnistheoretischen Prämisse, daß die Lernenden prinzipiell Einfluß auf den schulischen Diskussionsverlauf nehmen könnten, obwohl die Institution *Schule* dem Lehrer mit der (evaluierenden) Feedbackstrategie ein höheres Maß an Gesprächskontrolle zuspräche. Damit wurde der empirischen Untersuchung eine klar definierte Beobachtungsrichtung gegeben, die es durch konkrete Beobachtung in der Unterrichtspraxis zu verifizieren oder falsifizieren galt. Die Forschungsmethode war in dieser Hinsicht also deduktiv ausgerichtet.

Die empirische Grundkonzeption der Unterrichtsbeobachtung basierte ferner auf der Annahme, daß die drei Grundkategorien *Initiation*, *Response* und *Feedback* das schulische Interpretationsgespräch hinreichend beschreiben könnten, sofern sie als Bausteine eines Analysesystems verwandt würden. Bei der empirischen Beobachtung der Unterrichtsdiskurse wurde also entsprechend auch auf Mischkategorien zwischen *Response* und *Initiation* bzw. *zwischen Feedback* und *Initiation* geachtet. Somit war die Sequenz dieser einzelnen Gesprächskomponenten in der empirischen Untersuchungsperspektive noch keineswegs festgelegt: die Äußerungsfolge *Initiation* (Lehrer) *Response*

(Schüler) *Feedback* (Lehrer) stellte nur eine von vielen möglichen Sequenzmustern dar. Die fachdidaktische Theoriebildung begann hier also induktiv bei den empirischen Unterrichtsdaten.

Nach Werle (1989) aber ist die empirische Wahrnehmung von Gruppenprozessen erst dann konstitutiv für eine intersubjektive Theoriebildung, wenn die Forschungseindrücke expliziten Begriffskategorien zugeordnet werden:

> Die Analyse sozialer Sachverhalte setzt voraus, daß *Begriffe* existieren bzw. entwickelt werden, die es ermöglichen, Eindrücke (Beobachtungen) sprachlich zu ordnen und zu kommunizieren. Die zentralen Begriffe einer Studie sind deshalb definitorisch zu bestimmen. (ibid.:4).

Eine solche linguistische Bestimmung der Konzeptionskategorien zur Analyse und Evaluation von Unterrichtskommunikation im fremdsprachlichen Literaturunterricht soll nun in 5.2 vorgestellt werden; das folgende Kodiersystem ist nach enger Auseinandersetzung mit der Form unterrichtlicher Kommunikation in zehn verschiedenen Englischleistungskursen (mit jeweils anderen Lehrern) entstanden.

5.2 Explikation des Kodiersystems

5.2.1 Die Kategorisierung der Schüleräußerungen im Überblick Kommunikationsschritte des Schülers

mitteilungsbezogen:		sprachbezogen:
S-R	Reaktion auf Lehrer	S-Rs
S-R(S)	Reaktion auf Mitschüler	S-R(S)s
S-I	Initiation	S-Is
S-R/I	Reaktion auf Lehrer+Initiation	S-R/Is
S-R(S)/I	Reaktion auf Schüler+Initiation	S-(S)/Is

5.2.2 Detaillierte Explikation der Kategorien [14]

Die Interaktionskategorie S-R:
Der Schüler reagiert verbal auf die kommunikative Äußerung des Lehrers, ohne selbst einen Beitrag zur Progression des Gesprächs zu leisten.
1) Ein typischer Schülerresponse wäre die verbale Bekundung von Zustimmung oder Ablehnung ohne eine weitere Erklärung, e.g. *yes/ no/perhaps*, *that's right/wrong*,
2) die Beantwortung einer geschlossenen Lehrerfrage oder die Mitteilung, diese nicht beantworten zu können,
3) die Wiederholung einer früheren Gesprächsäußerung oder das Zitieren einer vorgegebenen Textstelle.

Die Interaktionskategorie S-Rs:
Es handelt sich hierbei um eine ausschließlich sprachbezogene Schülerreaktion auf einen entsprechenden Lehrerimpuls. Der Schüler beantwortet eine Vokabel- oder Grammatikfrage, womit er keinen Beitrag zur kognitiven Gesprächsprogression leistet, sondern lediglich sein Sprachwissen unter Beweis stellt. Die Frage nach einer Wortbedeutung kann der Schüler im Sinne dieser Kategorie aber auch mit *I don't know* beantworten.

Die Interaktionskategorie S-R(S):
Der Schüler reagiert kognitiv/affektiv auf einen Mitschüler, ohne einen kreativen Eigenbeitrag zu leisten.
1) Er äußert seine Zustimmung oder Ablehnung, ohne diese weiter zu begründen.
2) Er beantwortet eine rhetorische Schülerfrage.
3) Er wiederholt oder klarifiziert auf Aufforderung eine bestimmte Gesprächsäußerung.

---

[14] Die unter den arabischen Ziffern aufgeführten Applikationsbeispiele der betreffenden Interaktionszüge haben exemplarischen Charakter.

Die Interaktionskategorie S-R(S)s:
Der Schüler reagiert sprachbezogen auf einen Mitschüler.
1) Er bringt seine Zustimmung/Ablehnung zu der sprachlichen Form einer Mitschüleräußerung zum Ausdruck.
2) Er bestätigt einem Mitschüler die (In)Adäquanz einer sprachlichen Form. Er wiederholt eine sprachliche Auskunft.

Die Interaktionskategorie S-I:
Der Schüler gibt dem Gespräch eine neue Bedeutungsnuance, indem er einen Topos initiiert bzw. einen bisher nicht genannten Diskussionspunkt aufwirft.

Die Interaktionskategorie S-Is:
1) Der Schüler verlangt eine sprachliche Auskunft.
2) Er gibt einen Impuls zur sprachanalytischen Textbetrachtung.

Die Interaktionskategorie S-R/I:
1a) Der Schüler reagiert auf eine Lehreräußerung und kommentiert/relativiert/differenziert sie in einem relevanten Kontext.
1b) Der Schüler nimmt unmittelbar auf den Gesprächsstandpunkt des Lehrers Bezug und knüpft daran komplementär oder kontrastiv die Darlegung seiner eigenen Perspektive an.
2) Der Schüler gibt einen inhaltlichen Gesprächsimpuls, nachdem ihm der Lehrer das Wort erteilt hat.
3) Er hält Rücksprache über die Gesprächsprogression.

Die Interaktionskategorie S-R/Is:
1) Der Schüler korrigiert die sprachliche Form oder den linguistischen Inhalt einer Lehreräußerung (bzw. einer Schüleräußerung, die durch den Lehrer approbiert worden ist).
2) Er leistet einen sprachbezogenen Gesprächsbeitrag, nachdem der Lehrer ihm das Wort erteilt hat.
3) Er leistet einen kognitiven Beitrag zur Progression der formalanalytischen Textbetrachtung des Lehrers.

Die Interaktionskategorie S-R(S)/I:
Der Schüler nimmt kritisch zu einer Schüleräußerung Stellung und erörtert den Gesprächsgegenstand aus seiner Perpektive.

Die Interaktionskategorie SR(S)/Is:
1) Der Schüler kritisiert die Ausdrucksform einer Mitschüleräußerung und macht einen Verbesserungsvorschlag.
2) Er nimmt den sprachanalytischen/linguistischen Gesprächsansatz eines Mitschülers auf.

5.2.3 Die Kategorisierung der Lehreräußerungen im Überblick

Kommunikationsschritte des Lehrers

mitteilungsbezogen:		sprachbezogen:
L-R	Evaluationsfreie Reaktion auf Schüler	L-Rs
L-I	Initiation	L-Is
L-I(S)	Re-initiation von Schüleräußerung	L-I(S)s
L-R/I	Evaluationsfreie Reaktion auf Schüler + eigene Initiation	L-R/Is
L-F	Evaluative Reaktion auf Schüler	L-Fs
L-F/I	Evaluative Reaktion auf Schüler + eigene Initiation	L-F/Is

5.2.4 Detaillierte Explikation der Kategorien

Die Interaktionskategorie L-R:
Der Lehrer reagiert auf eine Schüleräußerung, ohne diese zu evaluieren oder durch eigene Zusätze (inhaltlich) zu erweitern.
1) Es handelt sich hierbei oft um eine kurze Zurkenntnisnahme der Schüleräußerung, die u.a. mit *Yes* signalisiert werden kann; der Lehrer gibt dem Sprecher zu verstehen, daß er ihm seine Aufmerksamkeit widmet und ihn als Gesprächspartner ernst nimmt; eine inhaltliche Zustimmung wird damit nicht indiziert.
2) der Lehrer wiederholt auf Verlangen der Schüler bestimmte gesprächsrelevante Angaben.

Die Interaktionskategorie L-Rs:
Der Lehrer erteilt eine sprachliche Auskunft, die für die kommunikative Verständigung im Rezeptionsgespräch nicht unmittelbar relevant ist.

Die Interaktionskategorie L-I:
Der Lehrer initiiert einen Topos, das er aufgrund seines eigenen Textverständnisses und/oder aus didaktischen Erwägungen für relevant hält.

Die Interaktionskategorie L-Is:
Der Lehrer gibt einen sprachbezogenen Impuls.
1) Er überprüft das Sprachwissen eines Schülers/der Lerngruppe mit einer Vokabel- oder Grammatikfrage.
2) Er initiiert einen linguistischen Aspekt der Textbetrachtung.

Die Interaktionskategorie L-I(S):
Der Lehrer (re)initiiert eine Schülerinitiation ohne evaluierendes Momentum. Dies geschieht z.B. dadurch, daß er eine Schüleraussage in Frageform an die Lerngruppe zurückgibt. (Ob eine solche Umformulierung aber tatsächlich wertfrei ist, kann offensichtlich nur kontextuell ermittelt werden. Mitunter dürfte ein zweifelnder Ton des Lehrers die Reinitiation bereits als Evaluation ausweisen.)

Die Interaktionskategorie L-I(S)s:
1) Der Lehrer gibt eine linguistisch orientierte Schülerfrage an die Lerngruppe zurück.
2) Der Lehrer reinitiiert den linguistischen Gesprächsansatz eines Schülers.

Die Interaktionskategorie L-R/I:
1) Der Lehrer nimmt bei der Darlegung seines Textverständnisses unmittelbar auf die Rezeptionsäußerung eines Schülers Bezug.
2) Er erweitert/differenziert eine Schüleraussage als Gesprächspartner.

3) Er antwortet auf eine metasprachliche Frage (e.g. *Is it my turn?*) zur Unterrichtsprogression.

Die Interaktionskategorie L-R/Is:

1) Anstatt direkt Vokabelhilfe zu leisten, fordert der Lehrer die Schüler zu einer Reaktivierung bereits bekannter Redemittel auf.

2) Der Lehrer fragt nach gleichwertigen alternativen Ausdrucksmöglichkeiten zu einer Schüleräußerung.

3) Der Lehrer reagiert auf einen sprachanalytischen/linguistischen Aspekt einer Schüleräußerung mit einer eigenen Impulsgebung.

Die Interaktionskategorie L-F:

Der Lehrer evaluiert den Gesprächsbeitrag eines Schülers, indem er direkt oder indirekt ein Werturteil zur Gültigkeit des Gesagten ausspricht. Er bezieht sich dabei entweder unmittelbar auf die zuletzt getroffene Schüleräußerung oder er gibt ein generelles Urteil zu der „Interpretationsleistung" der Lerngruppe ab.

Die Interaktionskategorie L-Fs:

1) Der Lehrer evaluiert die sprachliche Leistung eines Schülers und/oder korrigiert einen Ausdrucksfehler. (Ist der Lernende selbst zur Verbesserung seiner Ausdrucksform aufgefordert, wird dagegen die L-F/Is - Kategorie akut.)

2) Der Lehrer reagiert affirmativ oder negierend auf einen linguistischen Gesprächsansatz aus der Lerngruppe.

Die Interaktionskategorie L-F/I:

1) Der Lehrer äußert sich zu der Adäquanz einer Schüleraussage und nennt bestimmte Aspekte, unter denen das Gesagte seiner Ansicht nach rekapituliert werden muß.

2) Er pflichtet einem Schüler bei und bekundet sein Interesse an einer ausführlicheren Darstellung des Schülerstandpunktes.

3) Er evaluiert und kommentiert/erweitert/differenziert die Schüleraussage.

Die Interaktionskategorie L-F/Is:
1) Der Lehrer weist auf ein sprachliches Manko in der Schüleräußerung hin und fordert den Sprecher/die Lerngruppe zur Korrektur auf.
2) Der Lehrer greift einen linguistischen Gesprächsansatz der Lerngruppe auf und führt ihn weiter. Er betont dabei die Wichtigkeit des Themas.
3) Er beantwortet eine Vokabel- oder Grammatikfrage und äußert sich kritisch zu dem ***Sprachwissen*** des inquirierenden Schülers.
4) Er elaboriert die Darstellungsform einer Schüleräußerung und macht dabei die Inadäquanz ihrer Stylistik deutlich.

5.3 Explikation der Interaktionskategorien anhand von zwei Gesprächsausschnitten aus der Textbesprechung einer Versuchsgruppe[15]

5.3.1 Erster Gesprächsausschnitt

Der folgende Kommunikationsaustausch über Dorothy Parkers Kurzgeschichte findet zu Beginn der zweiten Besprechungsstunde in Versuchsgruppe A statt.

Lehrer= L Schüler[16] = S1, S2, S3 bis S6

Have any questions arised? <L-I(S)>
Der Lehrer initiiert das Gespräch, ohne die Gruppe auf eine bestimmte Untersuchungsperspektive festzulegen. Er will sich über die Verständnisperspektive seiner Schüler informieren.

No new questions? <L-R/I>

---

[15] Alle Schüler- und Lehreräußerungen werden in ihrer originären sprachlichen Form wiedergegeben. Schon die Korrektur grober sprachlicher Fehler hätte nämlich eine Verfälschung der gezeigten Gesprächsperformanz bedeutet. Anhand der unkorrigierten Gesprächsausschnitte aber kann gezeigt werden, wie die Schüler ihre Mitteilungsabsicht trotz gelegentlicher Ausdrucksschwächen verwirklichten.
[16] Die Zahlen 1,2,3-6 geben die Reihenfolge an, in der sich die Schüler in der ersten Stunde in das Interpretationsgespräch einschalteten.

Der Lehrer reagiert auf die Zurückhaltung der Schüler. Er will sich versichern, daß Unklarheiten tatsächlich behoben sind.

Not even about the mastiff? You understand that, "the hair of the the mastiff that bit me?" <L-Is>
Mit dieser geschlossenen, sprachbezogenen Frage verläßt der Lehrer das offene Diskussionsfeld, auf dem er bisher als „wissender" Berater, jedoch nicht als kontrollierender und prüfender Gesprächsführer in Erscheinung getreten ist.

S1: Didn't we say it was a kind of dog? <S-R/Is>
Der Schüler ist offensichtlich der Auffassung, daß die Frage bereits geklärt ist, will jedoch die Gesprächserwartung des Lehrers nicht enttäuschen. Die Tatsache, daß er seine Antwort in der Form „didn't we say" formuliert, zeigt, daß er der Handlungsaufforderung des Lehrers nicht passiv folgen will, sondern den Stand der Textbesprechung zu klären wünscht.

Yes, but I wanted you to explain the whole phrase. <L-F/Is>
Die Äußerung „Yes" evaluiert die Schülerantwort als prinzipiell richtig; der Unterrichtende honoriert offensichtlich, daß sich S1 als einziger Teilnehmer auf die Frage eingelassen hat. Zugleich will sich der Lehrer aber offensichtlich gegen den Einwand des Schülers verteidigen, indem er ihm ein Mißverständnis seiner didaktischen Intention nahelegt. Der Unterrichtende verzichtet hier offenbar bewußt auf eine sachliche Begründung seiner Gesprächsanweisung und beruft sich stattdessen auf seine Autorität als Lehrer. Er sagt nicht, „how do you understand the whole phrase in the context of the story", sondern „I (the teacher) wanted you to explain the whole phrase".

S1: Oh, mhm, the dog that bit me is the hair, the beginning maybe, he is exactly starting to do what he did yesterday, at the beginning of what happened. <S-Rs>
Derselbe Schüler gibt eine für ihn offensichtliche Erklärung ab, um die Erwartung des Lehrers zu erfüllen. Die Schülerantwort ist in diesem Falle also einseitig auf die Lehrerperspektive ausgerichtet. Da es

sich hier primär um die sprachliche Sicherung der Redewendung „the mastiff that bit me ..“ handelt, wird dieser Schülerresponse als eher sprachbezogen gekennzeichnet.

Mhm, mhm, right. <L-Fs>
Der Lehrer bewertet die Schülerantwort als positive Leistung. Das Feedback „right“ zeigt, daß eine ganz bestimmte Antwort erwartet worden ist.

How does it sound "the hair of the mastiff that bit me? It's a proverb. <L-I>
Der Lehrer versucht die Textbetrachtung mit dieser Initiation auf eine inhaltliche Ebene zu lenken, wie der Hinweis auf den Sprichwortcharakter der Phrase vermuten läßt.

S3: It sounds somehow dark. <S-R/Is>
Der Schüler vermutet hingegen, daß der Lehrer nun die Sprachmelodie des Idioms anzusprechen wünscht. S3 initiiert damit einen auch für den Lehrer überraschenden sprachlichen Textaspekt.

S1: Doggish. <S-R(S)>
Schüler 1 hat sich offensichtlich verhört. Sein verbaler Response läßt vermuten, daß ihm die Argumentation des Mitschülers fremd ist (und entsprechend wohl auch fremd klingt).

Dark, she said. <L-F>
Der Lehrer schaltet sich ein, obwohl die Schüler offensichtlich in der Lage gewesen wären, das Mißverständnis unter sich zu klären. Die Tonlage des Lehrers impliziert einen gewissen Tadel für Schüler 1.

Dark in what sense? <L-I(S)>
Der Lehrer stärkt die Gesprächsposition von Schüler 3, indem er dessen onomatopoetischen Hinweis aufnimmt und um weitere Erklärung bittet. In diesem Moment versucht sich der Didaktiker auf die Rezeptionsperspektive des Lernenden einzustellen. Die Schülerantwort wird nicht vorprogrammiert.

S3: I don't know, I think it depends on the letters.<S-Rs>
Der Schüler restringiert den Aussagebereich auf die Sprachstruktur. Die Perspektive der anderen wird dadurch kaum erweitert.

not the letters, but the ? <L-F/Is>
Der Lehrer reagiert ausschließlich auf die sprachliche Form der Schülerantwort, die als fehlerhaft ausgewiesen wird. Gleichzeitig wird zur Korrektur aufgefordert.

S1: characters <S-Rs>
Ein anderer Schüler macht einen Verbesserungsvorschlag, mit dem er dem sprachlichen Anspruch des Lehrers gerecht zu werden hofft.

That doesn't sound right either, does it? It's not the letter, but it's the ? <L-F/Is>
Der Lehrer kritisiert auch diesen Ausdruck und verlangt den seiner Auffassung nach „richtigen" Begriff.

Der Gesprächsaustausch erstreckt sich zu diesem Zeitpunkt ausschließlich auf den metasprachlichen Bereich der linguistischen Textbetrachtung.

S6: the sound. <S-Rs>
Ein weiterer Schüler versucht das von dem Lehrer gemeinte Wort zu erraten.

S3: the syllables.<S-Rs>
Bevor der Lehrer sein Feedback geben kann, beteiligt sich noch einmal der Schüler an der Wortsuche, der die sprachstrukturelle Betrachtung angeregt hat.

It's the sound! <L-Fs>
Der Lehrer enthüllt den richtigen Begriff und evaluiert damit pauschal die verschiedenen sprachbezogenen Schülerbeiträge.

"The hair of the mastiff that bit me", that's not so dark, is it? <L-R/Is>
Erst jetzt leitet der Lehrer zurück auf die ursprüngliche Stellungnahme von S3 und meldet Zweifel an ihrer Richtigkeit an. Mit der Nachfrage „is it?“ zeigt er jedoch an, daß er den Schüler als Gesprächspartner anerkennt und bereit ist, sich von ihm belehren zu lassen.

S3: I think a bit, yeah. <S-Rs>
Der Schüler fühlt sich entsprechend nicht veranlaßt, seine Beobachtung zurückzunehmen, verzichtet aber auf eine Erläuterung, so daß das Thema hier nicht fortgeführt wird.

Der Lehrer fordert seinerseits keine Erklärung und lenkt auf die inhaltliche Textbetrachtung zurück.

So can we quickly establish what happened to whom? What happened to whom and why? <L-I>
Der Lehrer geht davon aus, daß diese Fragen in der letzten Stunde geklärt werden konnten. Eine Eigenleistung der Schüler ist hier also nicht verlangt.

S6: What happened to whom? <S-R/I>
Der Schüler hält Rücksprache über die Gesprächsprogression. Es geht ihm hier offensichtlich nicht nur um eine akkustische Vergewisserung, sondern zugleich um eine Klarifizierung des Gesprächsansatzes.

Mhm. <L-R>
Dieser Lehrerresponse dient der metasprachlichen Verständigung mit dem Schüler und wird somit nicht als Feedback eingestuft. Das evaluierende Momentum der Lehrerantwort ist allerdings insofern vorhanden, als der Unterrichtende mit seiner Zustimmung den vorläufigen Gesprächsansatz „what happpened to whom?“ ohne das ursprünglich geforderte „and why?“ akzeptiert.

S6: I think there was quite a lot that happened to him, but he doesn't know. And that's his problem because he can't ask her.

And that they spent the night with each other in the cab, and he doesn't remember anything. And she is so happy that he loves her, but he doesn't really want her. And so that's the problem because he can't really say anything, otherwise he would hurt her feelings. <S-R>
Diese inhaltlichen Aussagen gehen auf die ersten beiden Unterrichtsstunden zurück, so daß der Schüler hier keine selbständige Interpretationsleistung erbringt.

Obwohl der Schüler an dieser Stelle eine Kette von Einzelaussagen präsentiert, muß das Interaktionssymbol S-R nur einmal verwandt werden. Der qualitative und quantitative Gehalt bzw. Umfang des Beitrags findet nämlich bereits in der Inhaltsanalyse Aufnahme (Cf. 7.2 in diesem Teil der Arbeit).

Mhm. So what does the end of the story probably mean therefore? <L-F/I>
Der Schülerbeitrag wird als richtig gewertet und damit als positive Leistung anerkannt. Gleichzeitig wird der Schüler aufgefordert, die getroffenen Beobachtungen in einer von dem Lehrer bereits geplanten Richtung fortzuführen. (Die Kurzgeschichte hat für den Lehrer offensichtlich eine verbindliche Aussage.)

S6: It probably means that he has to marry her.<S-R>
Der Schüler spricht die ihm nahegelegte Schlußfolgerung aus.

Mhm, right. <L-F>
Der Lehrer bringt zum Ausdruck, daß die Schülerantwort seinen Erwartungen entspricht.

S6: He can't escape because at that time probably, if you once gave the mhm? <S-R/I>... <S-Is>
Offensichtlich ermuntert durch die positive Rückmeldung des Lehrers leitet der Schüler eine Begründung „seiner“ Schlußfolgerung ein. Da er damit eigentlich auf den Lehrer reagiert, bietet sich die Interaktionskategorie S-R/I an. Der Übergang zur S-I-Kategorie ist hier

nichtsdestoweniger fließend: der Schüler nimmt von sich aus den Gesprächsfaden wieder auf und nimmt damit einen gewissen Einfluß auf die Gesprächsrichtung.

Gleichzeitig signalisiert er, daß er bei der Formulierung seines Beitrags der sprachlichen Hilfestellung von Lehrer (oder Mitschüler) bedarf.

promise? <L-R/Is>
Der Lehrer greift sofort mit einem Vokabelvorschlag ein.

S6: the promise to marry someone, yes, <S-Rs>
Der Schüler nimmt den Vorschlag an.

you couldn't break the promise. And she would probably protest. <S-R/I>

S1: I'm not so sure this has got so much to do with the promise, maybe it has got something to do with something different that might be coming. <S-R(S)/I>
Schüler 1 reagiert unmittelbar auf den Interpretationsstandpunkt von Schüler 6. (laughter)

Is there any evidence in the story? <L-R/I>
Der Lehrer versteht sofort die Anspielung des Schülers 1, daß das Mädchen vielleicht nur deshalb geheiratet werden müsse, weil sie schwanger sei. Anstatt nun dem Schüler unmittelbar zu widersprechen, wie es seinem Textverständnis entsprochen hätte, gibt der Unterrichtende dem Schüler 1 die Möglichkeit, seinen Texteindruck zu begründen.

S1: No, there isn't any evidence in the story, but I mean, if she says he will now have to marry her <S-R/I>
Der Schüler 1 vertritt dem Lehrer gegenüber den Standpunkt, daß eine subjektive Interpretationsaussage auch dann Gültigkeit habe, wenn sie sich nicht am Text belegen lasse.

Does she say this? <L-R/I>
Der Lehrer gibt dem Schüler 1 die Möglichkeit, seine Äußerung zu begründen, auch wenn er die Textposition des Lernenden für unwahrscheinlich hält. Die Lehrerfrage ist hier also kaum als evaluierendes Feedback einzustufen.

S2: No. <S-R>
Der Schüler 2 reagiert auf der Rezeptionsebene des Lehrers, ohne die Argumentationslinie von S1 weiterzuverfolgen. Er hat die Lehrerfrage rhetorisch aufgefaßt.

S1: Well, she says <S-R/I>

Well, is there evidence that he will have to marry her? <L-F/I>
Der Lehrer benutzt die Schülerantwort als Baustein seiner Argumentationskette und programmiert mit dieser Nachfrage das nächste Kettenglied.

Seine Erkundigung nach einem Textbeleg für Peters Heiratsverpflichtung kann in diesem Argumentationszusammenhang von der Gruppe kaum noch bejaht werden.

S6: No, she just says that he can't leave her now when he says that he is going to a monastery in Tibet. <S-R/I>
Der Schüler S6 beantwortet die rhetorisch angelegte Frage des Lehrers, spinnt aber zugleich den Argumentationsfaden von S1 weiter.

Oh, yes, join a monastery in Tibet, yeah. <L-R>
Hier erfolgt keine Stellungnahme zur Angemessenheit der Schüleräußerung, sondern lediglich ein Hinweis, daß die Argumentation von S6 am Text nachvollziehbar sei.

So she says he can't leave her? <L-R/I>
Mit seinem zweifelnden Ton fordert der Lehrer S6 auf, den zuvor gegebenen Textkommentar („she just says that he can't leave her“) zu überdenken. Der Interaktionszug kann im sprachpragmatischen Kon-

text also nicht mit der Kategorie L-I(S) bezeichnet werden, da es sich hier nicht um eine eigentliche Reinitiierung der Schüleräußerung handelt.

S6: No, no. He feels that he wants to leave her or he just says that he wants to, I think, it's just the way that he is coping that he says "I want to go to a monastery". Then she just cries or shouts at him "Oh, no, you can't leave me now". It is possible, but there is no evidence for anything in the story. <S-R/I>
Der Schüler gibt zunächst den von dem Lehrer vorprogrammierten Response, weitet dann aber das Blickfeld der Lehrerfrage, indem er die Unmöglichkeit einer Beweisführung mit der Ambiguität des Textes erklärt.

Der weitere Gesprächsverlauf legt nahe, daß der Lehrer diesem Diskussionsansatz nicht folgen will und bewußt das Thema wechselt.

5.3.2 Anmerkungen zur Kodierung des Gesprächsausschnitts

Die hier vorgenommene Erläuterung schulischen Gesprächsverhaltens dürfte gezeigt haben, daß sich das in dieser Forschungsarbeit konzipierte Analysesystem prinzipiell zur „systematischen“ Beschreibung fremdsprachlichen Interaktionsverhaltens eignet. Es ist allerdings auch deutlich geworden, daß die Zuordnung der Interaktionskategorien auf die kommunikativen Gesprächszüge nicht allein auf der isolierten Betrachtung eines Unterrichtsprotokolls basieren kann. Der Forscher muß die in einem Klassenzimmer spezifisch gültigen Kommunikationsregeln erkennen und die einzelnen Sprachäußerungen in einen sprachpragmatischen Handlungzusammenhang einordnen können. Wichtig sind dabei nicht nur der Aussageinhalt und die Struktur der Gesprächsbeiträge, sondern auch die Tonlage und die Mimik der Sprecher. Entscheidende Voraussetzung für die Charakterisierung schulischen Interaktionsverhaltens ist also, daß sich der Forscher nicht nur mit den thematischen Bezügen der Gesprächsäußerungen auseinandersetzt, sondern auch die zwischenmenschliche, gruppendynamische Komponente der Kommunikation im Klassenzimmer nachvollzieht und die Tonbandaufzeichnungen durch entsprechende „persönliche“ Eindrücke ergänzt. Um die Beobachtungsperspektive für die Leser dieser Forschungsarbeit nachvollziehbar zu machen, sind die Auszüge aus den transkribierten Unterrichtsaufzeichnungen hier im Hauptteil mit einem Begleitkommentar versehen worden, der die jeweilige Zuordnung der Interaktionskategorien verdeutlichen soll.

Keinesfalls kann behauptet werden, daß sich die Kennzeichnung der schulischen Interaktionsbezüge in den vorliegenden Unterrichtsprotokollen immer eindeutig ergab: um die Kommunikationsgewohnheiten der Versuchsgruppen hinreichend kennenzulernen, wäre offensichtlich eine weitaus längere Observationsperiode in den jeweiligen Klassenzimmern erforderlich gewesen. Im Rahmen dieses Projekts aber war es nur möglich, den Unterricht der Versuchsteilnehmer über wenige Stunden hin zu verfolgen.

Es kann und soll hier nicht der Anspruch erhoben werden, daß andere Forscher, selbst wenn sie denselben Unterricht erlebt hätten, notwendigerweise dieselben Interaktionskategorien gewählt hätten. Entscheidend ist vielmehr die interne Konsistenz des für die Unterrichtsanalyse gewählten Deskriptionssystems.

Bei der Kodierung der Unterrichtskommunikation war die Entscheidung zwischen zwei Interaktionskategorien oft nur graduell möglich. Auf eine weitere Differenzierung des Kodierungssystems wurde jedoch verzichtet, da die Komplexität des Observationssystems die Überschaubarkeit des Analysevorgangs und die Eindeutigkeit der Analyseergebnisse gemindert hätte.

In der Forschungsmethodik dieser Untersuchung ist daher bewußt ein Kompromiß zwischen der Trennschärfe der Analysekategorien und der Explizität der Forschungsergebnisse eingegangen worden.

5.3.3 Zur Charakteristik des Interaktionsverhaltens in dem präsentierten Gesprächsausschnitt

In dem (in 5.3.1) analysierten Gesprächsausschnitt reagierten die Schüler in der Regel auf den Lehrer und kaum auf die Mitschüler. Gesprächsimpulse der Lernenden, die nicht an die Lehreräußerung anknüpften, fehlten vollständig. Ein solches Interaktionsverhalten war jedoch keineswegs typisch für den weiteren Gesprächsverlauf in der Versuchsgruppe A, wo es durchaus zu einer lehrerunabhängigen Schülerinitiation kam. Aus dieser „schülerorientierteren“ Unterrichtsphase soll in 5.3.4 ein kurzer Auszug wiedergegeben werden. Die Interaktionsanalyse dieses zweiten Gesprächsausschnitts dürfte die Anwendbarkeit der (bisher noch nicht illustrierten) Interaktionskategorie S-I verdeutlichen und auch die (im ersten Gesprächsausschnitt nur sporadisch vorgekommenen) Interaktionskategorien S-R(S) und S-R(S)/I gezielt zu erläutern helfen.

5.3.4 Zweiter Gesprächsausschnitt

S1: .. obviously she has loved him a long time <S-R(S)/I>
S1 reagiert mit dieser Äußerung direkt auf S2.

S8: "the most important thing in our lives". <S-R(S)/I>
S8 bestätigt die Ansicht seines Mitschülers mit einem Textbeleg. Ein Beitrag zur Gesprächsprogression wird damit nicht geleistet. Die Gesprächsinitiative bleibt bei S1 und S2.

S2: In what sense? <S-R(S)/I>

S1: that she feels now that he loves her and she knows that she loves him. Would that not be enough? <S-R(S)/I>

S2: No, I think no, he tries to get out there, but he can't, and I don't know why. <S-R(S)/I>

Mit dieser Äußerung bietet S2 der Gruppe zwei verschiedene Gesprächsansätze. Entweder wird der Position von S2 zugestimmt, dann ist es erforderlich, den Gedankengang von S2 weiterzuführen. (Mit der Äußerung „I don't know why" bietet S2 einen solchen Gesprächsansatz.) und/oder die Textauffassung von S1 ist zu verstärken und S2 entgegenzuhalten.

He wants to get out, this is clear. <L-F>
Da der Lehrer unmittelbar eingreift, nimmt er den Schülern die Möglichkeit, auf S2 zu reagieren.

S2: to me? <S-R/I>
Die Reaktion von S2 zeigt, daß die Lehreräußerung nicht als Beitrag eines Gesprächspartners verstanden wird, der seinen Textstandpunkt zum Ausdruck bringt, sondern als regulativen Eingriff der Lehrerautorität. Es ist diese Schülerreaktion, die den vorherigen Interaktionszug des Lehrers als Feedback charakterisiert. Entscheidendes Kriterium für die Klassifizierung des Interaktionsverhaltens ist nicht die Intentionalität, sondern die funktionale Wirkung einer Äußerung (cf. p. 121 in diesem Teil der Arbeit).

Yes, to everybody now. <L-R>

S2: Okay, the question is why can he not. <S-I>
Der Schüler S2 überbrückt die durch den Lehrer veranlaßte Unterbrechung. Er lenkt die Aufmerksamkeit der Gruppe auf sein bereits formuliertes Rezeptionsinteresse und initiiert damit eine inhaltliche Gesprächsprogression.

Yes, why can he not. <L-F>

S2: and what happened in the cab. <S-I>

what happened in the cab? Well, he told her that he loved her. <L-R/I>

S1: Yeah, not just that, though. <S-R/I>
Diese Reaktion zeigt, daß der Lehrerbeitrag als Äußerung eines Gesprächspartners aufgenommen worden ist und nicht als kontrollierendes, evaluierendes Feedback des Unterrichtenden.

S2: That's the most important <S-R(S)/I>
S2 nimmt die Gesprächsposition des Lehrers auf und vertritt sie gegenüber S1. Da seine Äußerung als Reaktion auf S1 erfolgt, ist die Kategorie R-(S)/I gewählt worden.

S1: You think that's the most important thing when he says "I love you"? <S-R(S)/I>

S2: No. <S-R(S)/I>

S1: Yes, exactly. And that's what S8 said, and that's quite right. <S-R(S)/I>

S2: No, because he could just say "You know, I was drunk and why don't you just tell me what happened in the cab?" <S-R(S)>

S2: You know, but the other thing is that he tries not to hurt her. <S-I>
S2 wirft damit einen neuen Diskussionspunkt auf, der anschließend sofort durch den Lehrer zurückgestellt wird. Die Gruppe hat keine Gelegenheit, auf S2 zu reagieren.

Das Gespräch wird im folgenden also wieder stärker auf den Lehrer gerichtet.

5.3.5 Zur Evaluation des Interaktionsverhaltens in den beiden Gesprächsausschnitten

Die Rekapitulierung des kommunikativen Interaktionsverhaltens in der ersten Gesprächsphase (cf. 5.3.1) ergab, daß der Lehrer Schüleräußerungen häufig programmierte, kontrollierte und evaluierte. Es entstand daher der Eindruck einer starken Lehrerdominanz und strengen Lehrerkontrolle, obwohl sich der Unterrichtende durchaus auch auf den Rezeptionsstandpunkt der Teilnehmer eingelassen hatte und in der Regel bemüht war, die Textbetrachtung aus Schülersicht nachzuvollziehen.

In der zweiten Diskussionsphase dagegen bestimmten die Schüler weitgehend den Gesprächsverlauf. Auch hier überließ der Unterrichtende den Lernenden zwar nicht vollkommen das Diskussionsfeld, doch trotz der gelegentlichen Gesprächsbeteiligung des Lehrers schien sich die Textbetrachtung eng an den Interpretationsbedürfnissen der Teilnehmer zu orientieren.

Als wie „lehrer-" oder „schülerorientiert" ist das Interaktionsverhalten dieses Lehrers also insgesamt einzustufen? Das Gesamturteil wird zusätzlich dadurch erschwert, daß es in der dreistündigen Besprechung der Gruppe A nicht nur diese beiden Diskussionsphasen, sondern auch noch zahlreiche weitere Formen der Textbesprechnung mit jeweils anderen Interaktionskonstellationen gab. Die Analyse schulischen Interaktionsverhaltens muß zweifellos vage bleiben, wenn wir uns bei der Beschreibung des Kommunikationsverhaltens auf oberflächliche Quantitätsbestimmungen wie „oft, sehr oft, in der Regel, etc." beschränken. Doch bevor ein differenziertes quantitatives Urteil über den Anteil „schülerorientierter" Kommunikationselemente an der Gesamtkommunikation einer Unterrichtsphase ausgesprochen werden kann, gilt es zunächst, konkrete qualitative Kriterien festzulegen, mit deren Hilfe sich die einzelnen Interaktionszüge des beobachtbaren schulischen Kommunikationsverhaltens in Hinblick auf ihre „lehrer-" und „schülerorientierten" Tendenzen vergleichen lassen. Dann kann die Frequenz der „schülerorientierten" Kommunikationsstrukturen in verschiedenen Gesprächsphasen miteinander verglichen werden und es kann eine generelle Aussage über die vergleichsweise Schülernähe verschiedener Interpretationsgespräche formuliert werden.

Doch bevor diese Vorgehensweise im sechsten Kapitel expliziert wird, müssen zunächst noch die Interaktionszüge S-R(S)s und S-R(S)/Is vorgestellt werden, die in den vorgestellten Gesprächsausschnitten bisher fehlten.

5.3.6 Die sprachbezogene Schülerinteraktion in den Versuchsgruppen

Die Tatsache, daß die Interaktionskategorien S-R(S)s und S-R(S)/Is auch in den anderen Versuchsgruppen bestenfalls sporadisch vorkamen, zeigt, wie selten dort eine sprachbezogene Kommunikation zwischen Schülern stattfand. Fehlte es den Teilnehmern an der „richtigen" Vokabel, half der Lehrer in der Regel sofort aus. Selten kritisierten und verbesserten Schüler die sprachliche Ausdrucksform eines Mitschülers. Waren sie dazu prinzipiell nicht in der Lage oder folgten sie damit lediglich eingefahrenen schulischen Kommunikationsregeln für sprachbezogene Interaktion?

Es ist zu fragen, ob diese Schüler nicht in Zukunft stärker für die sprachliche Entwicklung ihrer Mitschüler verantwortlich gemacht werden sollten. Könnten die betreffenden Lerngruppen nicht z.B. dazu ermuntert werden, ihr vorhandenes Sprachwissen gezielter zu ergänzen und zu kompensieren?

Welche Form der sprachlichen Interaktion sich aber tatsächlich am günstigsten auf die Sprachentwicklung der Kursteilnehmer auswirkt, war nicht Gegenstand dieser Untersuchung und kann daher mit den vorliegenden Unterrichtsdaten nur spekulativ beantwortet werden.

Der folgende Gesprächsausschnitt aus Gruppe A enthält nun ein seltenes Beispiel für eine Sprachkorrektur innerhalb der Lerngruppe:
Die relevante sprachliche Interaktion wird im Druckbild hervorgehoben:

L: Maybe some other argument to say that <the story> is not modern, whenever it is. <L-I>

S2: These writers, when they were born or when they were popular. <S-R/I>

S1: It doesn't matter what she (the authoress) is talking about. <S-R(S)/I>

Sure. <L-F>

S2: What, when they were born in the 1930s? <S-R/I>

S1: thirties. <S-R(S)/Is>

S2: Okay. <S-R(S)s>

S2: When did Louisa Alcott write her book? <S-I> ....

Weitere Beispiele von sprachbezogener Interaktion in einer Lerngruppe[17] finden sich in dem folgenden Gesprächsausschnitt aus Versuchsgruppe K:

S6: it was not so obvious that he was not perfectly fine. <S-R>

Yes. <F>

S6: **and that he fell off on the hm ? <S-Is>**
Der Schüler signalisiert, daß ihm der passende Begriff fehlt.

S3: sidewalk. <SR-(S)s>
Ein sofortiger Eingriff des Lehrers hätte S3 die Möglichkeit zur sprachlichen Hilfestellung genommen. Hier aber kann der sprachliche Ausdruck von S6 durch den Mitschüler kompensiert werden. Mit seiner Wortergänzung zeigt S3 eine gewisse Solidarität mit S6 als Gesprächspartner, dessen Argumentation er nachzuvollziehen bereit war.

---

[17] im Schriftbild hervorgehoben durch den Fettdruck

L: Yes, aha. <L-F>
Es liegt nahe, daß der Lehrer mit seinem Feedback die inhaltliche Aussage von S6 evaluiert und nicht die Richtigkeit der von S3 vorgenommenen Sprachergänzung bestätigt. Die Interaktionsanalyse zeigt nämlich, daß der Unterrichtende während des ganzen Interpretationsgesprächs versucht, das Gespräch auf den mitteilungsbezogenen Kommunikationsbereich zu konzentrieren.

Die folgende Suche nach dem englischen Sprachäquivalent „sidewalk" geht entsprechend von der Lerngruppe aus:

Einige Schüler (Gemurmel): that is the American ... <S-Is>

S3: the English one is eh <S-R(S)/Is>

S7: I know the English one: pavement! <S-R(S)s>

L: Ah, yes. Isn't she good, hm? <L-Fs>

S5: What is the English one? <S-R/Is>
Der Schüler wendet sich hier unmittelbar an S7.

S7: pavement. <S-R(S)s>

6. Zur Diagnose „schülerorientierter" Kommunikationsstrukturen

Inwieweit indizieren nun die einzelnen in 5.2 und 5.3 vorgestellten schulischen Interaktionsstrukturen eine Integration der Schülerperspektive in das fremdsprachliche Interpretationsgespräch?

In diesem Kapitel sollen die Kriterien rekapituliert werden, nach denen die verschiedenen, in der Unterrichtspraxis beobachteten, Interaktionszüge der Lehrer und Schüleräußerungen als tendenziell „lehrer-" oder „schülerorientiert" charakterisiert worden sind.

In dem ersten Teil dieser Forschungsarbeit wurden die folgenden erkenntnistheoretischen Prämissen einer „schülerorientierten“ Gesprächsführung entwickelt:

Die Rezeptionseindrücke der Lernenden müssen die Gesprächsgrundlage bieten, damit die Wahrnehmungs- und Erkenntnisperspektive der Lernenden adäquat berücksichtigt werden kann.

Ein Lehrer fördert die kognitive Selbständigkeit des Schülers entsprechend nur dann, wenn er auf eine eigene Initiation weitgehend verzichtet und stattdessen auf die Schüleräußerungen Bezug nimmt, diese reinitiiert, erweitert und/oder transferiert.

Das bedeutet nicht, daß der Lehrer keinen eigenen Beitrag zur Gesprächsprogression leisten darf; im Gegenteil, nur wenn er bereit ist, seinen ausbildungsbedingten und lebensweltlichen Erfahrungsvorsprung in das Literaturgespräch einzubringen, haben die Lernenden die Möglichkeit, ihren literarischen Wahrnehmungshorizont gezielt zu erweitern.

Das Textgespräch darf allerdings nicht aus der Rezeptionsposition des Lehrers entwickelt werden, sondern muß bei den Leseeindrücken der Schüler beginnen.

Demgemäß gilt in der forschungstheoretischen Grundkonzeption dieses Projekts eine Lehrerinitiation erst dann als „schülerorientiert“, wenn sie unmittelbar an eine zuvor getroffene Schüleräußerung anknüpft. Die entsprechende Kodierkategorie lautet L-R/I. Die unvermittelte Präsentation des Lehrerstandpunktes oder die Erklärung einer pädagogischen (didaktischen) Absicht ist dagegen als tendenziell „lehrerzentriert“ einzustufen. Die entsprechende Kodierkategorie lautet L-I.

Die Kommunikationsschritte, in denen der Lehrer auf eine Schüleräußerung Bezug nimmt (L-R oder L-R/I), ohne diese zu bewerten, zeigen dagegen eine unmittelbare kognitive/affektive Gesprächsorientierung an der Rezeptionsperspektive des Schülers. Ein evaluatives Lehrerfeedback nimmt zwar ebenfalls direkt auf die zuletzt getroffene Schüleräußerung Bezug, validiert aber die Schülerperspektive unmittelbar in Hinblick auf den Lehrerstandpunkt. Auch ein positives Feedback bedeutet also keineswegs die Annahme der Schülerperspektive durch den Lehrer, sondern kündigt lediglich an, inwieweit der Lernerbeitrag dem Erwartungshorizont des Lehrenden entspricht. Entsprechend wurde der Kommunikationsschritt *Feedback* in dieser Forschungsarbeit als „lehrerzentriert“ eingestuft.

Für den Schüler ist offensichtlich der Erwartungshorizont des Lehrers besonders leicht zu diagnostizieren, wenn der Unterrichtende geschlossene Textfragen stellt, die sich explizit aus der Lektüre ergeben. In diesem Falle wird nur ein Minimum an geistiger Aktivität von dem Lernenden verlangt; die Beantwortung der Lehrerfrage erfolgt in der Regel in wenigen Worten und wird oft durch ein Feedback bestätigt.

Wie sich eine solche „lehrerdominierte“ Kommunikationssequenz in der Praxis des fremdsprachlichen Literaturunterrichts ausnimmt, soll nun mit Hilfe eines Auszuges aus dem Unterrichtsprotokoll der Versuchsgruppe A verdeutlicht werden.

6.1 Exemplifizierung einer Gesprächsdominanz durch den Lehrer

Der folgende Gesprächsaustausch findet in Versuchsgruppe A in der Anfangsphase der Diskussion über Dorothy Parkers Kurzgeschichte statt:

(1) L: How many characters are there? I mean, that's obvious <L-I>
(2) S4: Two. <S-R>
(3) L: One is? <L-I>
(4) S4: One is female and the other is male. <S-R>
(5) L: Right. <F> How are they described? <L-I>
(6) S4: He is a pale young man. <S-R>
(7) L: He is pale, right. <L-F>

(8) S4: and a clear-eyed girl. <S-R>
(9) L: So what is striking about this description, S6? or is there anything striking? <L-I>

Diese Kommunikationsphase ist durch die vollkommene Absenz einer Schülerinitiation gekennzeichnet. Der Lernende ist nicht Gesprächspartner, sondern Prüfling. Der Lehrer steigert zwar in seiner dritten und erneut in seiner vierten Initiationsfrage (cf. Zeile 5 und 9) die Leistungsanforderung an die Lernenden, verbessert damit jedoch keineswegs ihre Chance zur Gesprächsemanzipation: in Zeile 5 geht der Lehrer offensichtlich davon aus, daß die Charakterisierung der fiktiven Charaktere keine kreative Rezeptionsleistung von Seiten der Schüler erfordert. (Er sagt nicht: „How would you describe the two characters?“, sondern „How are the characters described?“) und auch in Zeile 9 deutet die Form der Fragestellung darauf hin, daß der Lehrende eine ganz bestimmte Antwort erwartet.

6.2 Die Kombinatorik „schüler-“ und „lehrerorientierter“ Gesprächskomponenten

In Kurs D zeigt sich in dem Rezeptionsgespräch über die Short Story eine unmittelbare Verflechtung „lehrer-“ und „schülerinitiierter“ Kommunikationsansätze:

(1) L: Do you like the characters?<L-I> ... (Exkurs)
(2) S8: Well, I liked him because when she said what he did, he realized that he did something wrong the night before.<S-R/I> And I don't like the girl because she is looking for an excuse of his behaviour. She doesn't really accept what he did, she puts something into it. She just sees it that way.<S-R/I>
(3) L: Mhm. <L-R> (silence) Well, if you think about it, perhaps you can say what you like or what you dislike, the way S8 has started! <L-I> S4! <L-R/I>
(4) S4: Well, I liked both of them because the girl I like because she excuses him, on the one hand perhaps she takes him too se-

rious, but on the other hand I like her because she takes it seriously because I thought between them was already a very close friendship.<S-R/I> And in some way both of them destroyed it; he destroyed it by confessing his love to her; and she is destroying it the way she is taking it too serious. But even if <S-I>

(5) L: (Lehrer ließ sich in ein Seitengespräch verwickeln): Sorry, S4! <L-R/I>

(6) S4: It's allright. <S-R>

(7) S13: What I want to know is whether the girl imagined the long ride in the taxi or not. Because Peter doesn't know anything. I think she is able to do it. <S-I>

Zunächst formuliert der Lehrer eine „echte“[18] Frage (cf. 1); er bekundet sein Interesse an der Textperspektive der Lernenden und legt dabei besonderes Gewicht auf die affektive Komponente ihres Rezeptionsprozesses. Da er keine bestimmte Antwort erwartet, muß seine Form der Initiation hier (cf. 1, 3) als erheblich „schülerorientierter“ gelten als die seines Kollegen in dem ersten exemplarischen Gesprächsausschnitt (cf. 6.1: 1, 3, 5, 9).

Die Tatsache, daß die Kursteilnehmer in diesem Gesprächsausschnitt vielfach die Möglichkeit zur Darlegung ihres individuellen Rezeptionsstandpunktes wahrnehmen, dürfte diese Annahme bestätigen.

Allerdings handelt es sich auch hier um keine natürliche Gesprächssituation: Der Lehrer verlangt von der Gruppe, sich zu einem Thema mit einer starken affektiven Komponente zu äußern, ohne zu wissen, ob im Kurs ein solches Mitteilungsbedürfnis besteht. Die Tatsache, daß zunächst nur ein Schüler auf die Lehrerfrage reagiert, könnte nun auf eine bewußte Zurückhaltung der Gruppe hinweisen. Es ist andererseits aber auch nicht auszuschließen, daß die meisten Kursteilnehmer zu diesem Zeitpunkt noch keine klare affektive Beziehung zu den

[18] Zur Begriffbestimmung der „echten“ Frage und des „echten“ Gesprächs cf. Teil I dieser Arbeit 1.2 und 4.3.

personae der Kurzgeschichte etabliert haben, so daß sie mit einer persönlichen Stellungnahme überfordert sind.

Der Umstand, daß der Lehrer seine Initiation (in 6.2: 3) wiederholt, diesmal in Form einer direkten Handlungsaufforderung, expliziert die Lehrerinitiation als Leistungsanforderung. Die Unterrichtskommunikation nähert sich allerdings (in 6.2: 4) wieder einem „echten" Gespräch an, als der antwortende Schüler spontan seine Rezeptionseindrücke darlegt.

Da das Gespräch im folgenden unterbrochen wird, ist nicht zu ersehen, inwieweit Lehrer oder Mitschüler dieser neuen thematischen Richtung folgen wollen. Die Fortsetzung des Textgesprächs in 6.2: 7 bedeutet offenbar keine (direkte) Wiederaufnahme des Gesprächsfadens, zeigt aber nichtsdestoweniger ein hohes Interpretationsengagement auf Seiten des initiierenden Schülers. Mit seiner Frage zum Textverständnis lenkt er das Plenumsgespräch unmittelbar auf seine individuelle Textwahrnehmung und erwirkt damit im folgenden eine „schülerorientierte" Interpretationsperspektive.

6.3 Anmerkungen zur Dokumentation metasprachlicher Kommunikation

Auch in den Äußerungsfolgen, in denen die kommunikative Interaktion per se zum Gesprächsgegenstand erhoben wird, ist die Unterscheidung „schüler-" und „lehrerorientierter" Kommunikationsstrukturen offensichtlich von unmittelbarer Relevanz für die Integrabilität der Schülerperspektive in das Interpretationsgespräch.

Die Relevanz einer Differenzierung „schüler-" und „lehrerorientierter" Interaktionszüge zeigt sich in der in 6.2 rekapitulierten Folge metasprachlicher Kommunikation. Der Lehrer, der sich (in 6.2: 5) für seine mangelnde Beachtung des Schülerbeitrags entschuldigt, bedauert damit einen Verstoß gegen die Kommunikationsregeln des „echten" Gesprächs: „Die Hinwendung zum Gesprächspartner und die

Akzeptanz und Bestätigung seiner Person“ (cf. Buber 1973:193ff). Der Lehrer (re)etabliert damit ein Gesprächsklima, daß für die zukünftige Mitteilungsbereitschaft der betroffenen Schülerin entscheidend gewesen sein dürfte. (Sie schaltet sich nach kurzer Zeit wieder in das Gespräch ein.)

Die metasprachliche Kommunikation über die Vorgehensweise bei der Textarbeit ist oft unmittelbar interpretationsbezogen, so daß eine separate Deskription inhaltsbezogener und organisatorischer Interaktionsschritte nicht immer sinnvoll erscheint. Dies mag aus den folgenden Gesprächsauszügen deutlich werden:

Erstes Beispiel: (aus dem Protokoll der Versuchsgruppe B):
Lehrer: Look at the text! Let's collect arguments in favour of one or the other of these two positions! I mean, you have given enough impressions, now let's argue. <LF/I>

Zweites Beispiel (aus dem Protokoll der Gruppe B):
Lehrer (zu einem Schüler gewandt): Yours is the most basic question. It has to be answered first before we answer the other two. <L-F/I>

Drittes Beispiel: (aus dem Protokoll der Gruppe F):
(1) Lehrer: How would you begin to analyze the story? <L-I>
(2) Schüler: With the structure. <S-R>[19]
(3) Lehrer: with the structure, mhm, good idea. <L-F> What have you noticed? <L-R/I>
(4) Schüler: There is no introduction. They started talking about the last evening. <S-R/I>
(5) Lehrer: Mhm! (acknowledging). So not the traditional expositi on. Mhm. <F>

[19] Der Kontext dieser Unterrichtsphase zeigt, daß es sich in Zeile 2 nicht wirklich um die Initiation einer Schüleridee handelt (In diesem Falle wäre das Symbol R/I angemessen gewesen). Der Lehrer hatte nämlich gleich zu Beginn der Stunde bekundet, daß er eine Strukturierung des Textes für sinnvoll hielt.

Im ersten Beispiel verzichtet der Lehrer zwar darauf, seine eigene Gesprächsposition zu explizieren, nimmt aber nichtsdestoweniger Einfluß auf die Untersuchungsperspektive, indem er eine Koordinierung und Evaluation der bisher genannten Rezeptionseindrücke verlangt. Es mag hier der Eindruck entstehen, daß der Lehrer versucht, das Textverständnis der Teilnehmer zu vereinheitlichen; der weitere Diskussionsverlauf zeigt jedoch, daß er die Gegensätzlichkeit der Interpretationsansätze durchaus als Unterrichtsergebnis akzeptiert.

Im zweiten Beispiel versucht der Lehrer offenbar Einfluß auf die Verständnisperspektive der Schüler zu nehmen, indem er die Gesprächsprogression nicht, wie im „echten“ Gespräch, den Teilnehmern überläßt, sondern aus seiner eigenen Textposition heraus bestimmt. Der auf der Diskursoberfläche als metasprachlich einzustufende Interaktionsschritt L-F/I evaluiert den Schülerbeitrag also auch inhaltlich.

Auch im dritten Beispiel bestimmt der Lehrer und nicht der Schüler letztlich die Form der Unterrichtsprogression, denn der Vorschlag aus der Lerngruppe wird der „Zensur“ des Lehrenden unterzogen. Mit der Entscheidung, die Textstruktur zum Gesprächsgegenstand zu erheben, wird hier eine formalistische Untersuchungsperspektive gewählt, die zunächst noch in keiner Beziehung zu einer inhaltlichen Deutungsebene steht und dem Lernenden somit keine Möglichkeit zur Integration seiner subjektiven Texteindrücke gibt. Indem der Lehrer eine Schülerbeobachtung als validen Interpretationsbeitrag anerkennt (cf. 3), bestärkt er die Lerngruppe offensichtlich in der Beibehaltung eines positivistischen Textansatzes: auch die folgenden Schülerbeiträge beschränken sich auf die Diagnostizierung expliziter Textstrukturen ohne Berücksichtigung ihrer semantischen Implikationen.

Aufgrund der beobachtbaren Bezugsnähe von gesprächsorganisatorischen und interpretativen Kommunikationsschritten in schulischen Rezeptionsgesprächen einerseits, und der linguistischen Komparabilität der Interaktionsstrukturen im metasprachlichen und inhaltsbezogenen Bereich der Texterarbeitung andererseits, ist in dieser Forschungsarbeit ein einheitliches Deskriptionssystems zur Erfassung der Unterrichtskommunikation konzipiert worden.

6.4 Die Exemplifizierung einer „Schülerorientierung“ im fremdsprachlichen Interpretationsgespräch

Der folgende Gesprächsausschnitt aus der Versuchsgruppe A zeigt, wie sich auf eine „echte“ Lehrerfrage hin ein engagiertes Rezeptionsgespräch innerhalb der Lerngruppe entwickeln kann. Da der Lehrer den Schülern in dieser Kommunikationsphase erlaubt, unmittelbar aufeinander zu reagieren, ohne regulierend oder strukturierend in die Diskussion einzugreifen, geht die Majorität der Interaktionsschritte hier von den Lernenden aus. In diesem Sinne kann der folgende Gesprächsaustausch insgesamt als „schülerorientierter“ eingestuft werden als die in 6.1 und 6.2 rekapitulierten Kommunikationsformen.

Aus dem Wortprotokoll der Versuchsgruppe A:

Lehrerin:	Would you marry her? The boys! <L-I>
Einige Schüler:	No! <S-R/I>
Lehrerin:	Why not? <L-I(S)
Schüler:	He really is stupid. <S-R/I>
Schülerin (irritiert):	He? <R-(S)/I>
Schüler:	Yeah! <S-R(S)/I>
Schülerin:	The question is whether *you* want to marry her! <S-R(S)/I>
Schüler:	He's stupid, that's what I'm saying, because he is going to marry her probably. <SR(S)/I>
Schülerin:	I know that! But would *you*? <S-R(S)/I)
Schüler:	I don't know, but I would just ask her what happened in the cab, and "do you have any proof?" "Okay, you don't, then bye, bye!" <S-R(S)/I>
Schülerin:	That is rude! <S-R(S)/I>
Zweiter Schüler:	Yeah, she has no backing. <S-R(S)/I>

Erster Schüler: There is much too much emancipation in this part! <S-(S)/I)

Zweiter Schüler: "Oh, dear, oh, dear!" <S-R(S)>

Der Umstand, daß hier ein Gespräch zwischen Schülern stattfinden kann, ist offensichtlich nicht nur dem Kommunikationsverhalten der Lehrerin zu verdanken, sondern auch dem Gesprächsklima in der Lerngruppe: Eine Schülerin fühlt sich durch die Äußerungen ihres Mitschülers provoziert und erzwingt von ihm eine klare Stellungnahme. Beiden Diskussionsparteien geht es von diesem Moment an anscheinend nicht mehr um die Beantwortung der Lehrerfrage, sondern um die Durchsetzung ihres eigenen Rezeptionsstandpunktes.

Die Frage der Lehrerin nach der „Heiratseinstellung" der Schüler hatte, insbesondere für die Schülerin, offenbar ein interessantes thematisches Angebot bedeutet. Doch konnte sich die Lehrerin sicher sein, daß ihre thematische Initiierung zu einer verbalen Auseinandersetzung innerhalb der Lerngruppe führen würde? Hätte sie nicht erneut in das Gespräch eingreifen müssen, wenn nicht eine Schülerin (cf. ihre irritierte Nachfrage „he?") regulativ eingeschritten wäre?

Abgesehen von der Kommunikationsstruktur ist also offenbar der inhaltlich/thematische Diskursbezug von unmittelbarer Bedeutung für das Gesprächsverhalten der Lerngruppe. Um als Beobachter des Unterrichtsgeschehens diagnostizieren zu können, inwieweit sich ein schulisches Interpretationsgespräch an der Rezeptionsperspektive der Schüler orientiert, müssen wir also zunächst einmal ermitteln, welche Toposinteressen jeweils in einer Lerngruppe vorhanden sind. Dazu ist offensichtlich eine Befragung der Lernenden notwendig.

Doch bevor im siebten Kapitel eine Methode zur Diagnostizierung thematischer Textinteressen vorgestellt werden kann, ist es zunächst erforderlich, die bereits in 6.1 bis 6.4 induzierte Klassifizierung der Unterrichtskommunikation in „schüler-" und „lehrerorientierte" Diskursstrukturen zu konkretisieren.

6.5 „Schülerorientierte" und „Lehrerorientierte" Kommunikationsstrukturen

Zur Explikation einer tendenziell „lehrer-" oder „schülerzentrierten" Kommunikationssphase sind (in diesem Kapitel) bisher verschiedene in der Unterrichtspraxis praktizierte Formen schulischer Interaktion exemplarisch beschrieben worden[20] und es ist eine detaillierte qualitative Kommentierung dieser Fallbeispiele vorgenommen worden. In der methodischen Vorgehensweise ergänzten sich dabei systematische Interaktionsanalysen, die einen auf alle Gesprächsbeispiele anwendbaren Begriffsapparat zur Verfügung stellten, und ethnographische Fallstudien.

Auch in dem narrativen (ethnographischen) Report über die Funktionalität und Intentionalität der jeweiligen Kommunikationszusammenhänge gab es offensichtlich ein Element quantitativer Diagnose, wenn dieses auch einer statistischen Spezifizierung entbehrte. In den oben rekapitulierten Gesprächsausschnitten konnte offensichtlich aufgrund der geringen Zahl der Kommunikationsschritte relativ schnell überblickt werden, inwieweit der Lehrer das Textgespräch dominierte.

Die Diagnose einer „lehrerzentrierten" Gesprächsführung wird nun allerdings umso schwerer, je extensiver und komplexer sich die Textarbeit gestaltet. Um schließlich eine Diagnose über die „Schüler-" oder „Lehrerorientierung" aller Phasen eines Interpretationsgesprächs stellen zu können, und um eine einheitliche Basis für die konzeptionelle Komparabilität verschiedener Unterrichtsgespräche schaffen zu können, muß die ethnographische Untersuchungsperspektive durch statistische Erhebungsstrategien gestützt werden.

---

[20] Dabei ist besonders ausführlich auf die *innerhalb einer Versuchsgruppe* beobachtbaren Interaktionssformen eingegangen worden, um deutlich zu machen, wie dicht „schüler-" und „lehrerorientierte" Gesprächselemente in der Unterrichtspraxis oft beieinanderlagen.

6.6 Zur Integration qualitativer und quantitativer Methoden

Bevor wir eine signifikante Aussage über die „Schülerorientierung" eines Interpretationsgesprächs treffen können, müssen wir zunächst aus der qualitativen Analyse seines kommunikativen Äußerungszusammenhangs feststellen, welche Kommunikationshandlungen von Lehrern und Schülern dem Rezeptionsstandpunkt der Lernenden jeweils Rechnung tragen.

Der Maßstab für eine kommunikative Berücksichtigung der Schülerperspektive ist dabei selbstverständlich nicht absolut anzusetzen, sondern kann nur relativ, im Vergleich verschiedener Versuchsgruppen (oder verschiedener Gesprächsphasen eines Unterrichtsgesprächs), ermittelt werden.

Sobald wir die einzelnen Äußerungszüge eines schulischen Textgesprächs qualitativ nach ihrer Bezugsnähe zur Schülerperspektive klassifiziert haben, können wir den Anteil „schülerorientierter" Gesprächsstrukturen an der Gesamtkommunikation der betreffenden Diskussionsgruppe quantitativ diagnostizieren. Um einen validen Vergleichsmaßstab für die „Schülerorientierung" verschiedener Lerngruppen (mit jeweils anderen Lehrern) gewinnen zu können, ist es offensichtlich erforderlich, die Kriterien zur Unterscheidung „schüler-" und „lehrerorientierter" Äußerungszüge aus der Beobachtung möglichst vieler schulischer Gesprächskreise abzuleiten.

Aus der für dieses Projekt zugelassenen Observation von zehn Versuchsgruppen wurde das folgende Analysesystem zur Deskription schulischen Kommunikationsverhaltens entwickelt:

Übersicht 6.6.1 **Die Kommunikationsschritte des Schülers:**

primär „schülerorientiert“:
Initiation = S-I
Reaktion auf Mitschüler = S-R(S)
Reaktion auf Mitschüler + Initiation = S-R(S)/I

sekundär „schülerorientiert“:
Reaktion auf Lehrer + Initiation = S-R/I

„lehrerorientiert“:
Reaktion auf Lehrer = S-R

Übersicht 6.6.2 **Die Kommunikationsschritte des Lehrers:**

primär „schülerorientiert“:
Reaktion auf Schüler = L-R
Reinitiation von Schüleräußerung = L-I(S)

sekundär „schülerorientiert“:
Evaluationsfreie Reaktion auf Schüler+Initiation = L-R/I

„lehrerorientiert“:
Initiation = L-I
Feedback = L-F
Evaluative Reaktion auf Schüler + Initiation = L-F/I

Bei der prozentualen Ermittlung „schülerorientierter“ Gesprächsstrukturen dürfte das Interaktionsverhalten von Lehrern und Schülern gleichermaßen zu berücksichtigen sein: Der Lehrer mag sehr wohl bereit sein, das Interpretationsgespräch an der Rezeptionsperspektive der Lerngruppe zu orientieren, wenn die Schüler zu keiner eigenen thematischen Gesprächsinitiation bereit und/oder in der Lage sind, dürfte es für den Unterrichtenden entsprechend schwerer sein, Interpretationsansätze zu finden, die für das Textverständnis der Lerngruppe unmittelbar relevant sind.

Dort, wo die Schüler ihre vorhandenen Textinteressen nicht in das Rezeptionsgespräch einbringen, bleibt für den Lehrer (und den Forscher) zu ergründen, worauf die mangelnde Gesprächsmotivation und/oder -kapazität der Lerngruppe zurückzuführen ist: auf das Gesprächsklima im Klassenzimmer, das die Schüler an der Mitteilung ihrer persönlichen Rezeptionseindrücke hindert; auf den Leistungsstand der Gruppe, der den Schülern nicht erlaubt, auf das kognitive und sprachliche Niveau des Lehrenden zu folgen; oder auf die bisher übliche „lehrerzentrierte“ Kommunikationsform, die den Schülern die Umstellung auf eine aktive Gesprächsrolle erschwert.

> Silence in the foreign-language class similarly is not always due to lack of flexible knowledge of the language, but may indicate that the student has nothing to say under the circumstances. This points again to the necessity of creating a relaxed, uncritical, and sympathetic atmosphere in the classroom in order that students may be uninhibited in the production of foreign language responses and feel free to express themselves on subjects of personal interest (Rivers 1969:146).

Wie hoch der Anteil des Schülers an der Gestaltung eines „schülerzentrierten“ Unterrichts ist, ist erst dann wirklich zu ermessen, wenn wir das Kommunikationsverhalten des Lehrers in seiner Wirkung auf die Lerngruppe betrachtet haben. Eine hohe Frequenz „lehrerorientierter“ Gesprächszüge unter den Schüleräußerungen könnte z.B. darauf zurückzuführen sein, daß vorausgegangene Schülerinitiationen von dem Unterrichtenden nicht genügend zur Kenntnis genommen worden sind. In diesem Falle läge die Ursache für das von der Lerngruppe praktizierte Interaktionsverhalten vor allem in der Diskussionshaltung des Lehrers. Es ist jedoch ebenso vorstellbar, daß der Lehrer den Gesprächsverlauf bestimmt, weil die Schüler keine eigenen Diskussionsvorschläge machen wollen/können. (In diesem Falle dürfte es erheblich schwieriger sein, die Gründe für das passive Gesprächsverhalten der Lerngruppe zu ermitteln.) Wenn wir ein Unterrichtsgespräch in Hinblick auf seine „Schülerorientierung“ beurteilen wollen, müssen wir also das Interaktionsverhalten beider Gesprächsparteien im situativen Kontext des Unterrichts ins Blickfeld nehmen.

Da nun Lehrer- und Schüleräußerungen offensichtlich nicht mit denselben Interaktionskategorien erfaßbar sind, ist es technisch zunächst erforderlich, den Anteil der „schülerorientierten“ Gesprächseinheiten separat aus der Summe der Schüler- und Lehreräußerungen zu ermitteln. Dann kann aus den Prozentwerten beider Untersuchungsbereiche ein Mittelwert gebildet werden, der eine generelle Aussage über die „Schülerorientierung“ des Interpretationsgesprächs erlaubt (Cf. Appendix).

6.7 Zur Validität der Quantitativen Analysemethodik

Die ausschließliche Klassifizierung der schulischen Interaktionsschritte nach den Kategorien „lehrer-“ oder „schülerzentriert“ trägt offensichtlich graduellen Zwischenstufen keine Rechnung und der Übergang zwischen einer sekundären „Schülerorientierung“ und einer primären „Lehrerorientierung“ muß als fließend charakterisiert werden.

Die in 6.6 vorgenommene Differenzierung zwischen einer primären und sekundären „Schülerorientierung“ der Kommunikationsschritte konnte letztlich in meiner Bestimmung der Prozentsätze „schüler-“ und „lehrerzentrierter“ Gesprächseinheiten keinen Niederschlag finden, da eine korrespondierende Differenzierung zwischen primärer und sekundärer „Lehrerorientierung“ nicht möglich war.

In der Sozialforschung wird heute davon ausgegangen, daß die wissenschaftliche Relevanz einer empirischen Analysekategorie entscheidend von der definitorischen Transparenz ihres erkenntnistheoretischen Konzeptionssystems abhängig ist:

> The concepts of a theory need to be defined in a way that clarifies their meaning; that is, in such a manner that different persons will interpret them in the same way (McLaughlin 1989:12).

Wie aber können wir sicherstellen, daß andere Forscher, die unsere Konzeptionskategorien übernehmen, dieselben schulischen Interaktionszusammenhänge in der gleichen Weise evaluieren?

Kann beispielsweise die Frage, ob ein Lehrer evaluativ auf den Schüler reagiert, überhaupt „objektiv" beantwortet werden?

Offensichtlich kann die „systematische" Klassifizierung der schulischen Kommunikationsstrukturen bestenfalls eine Annäherung an eine „objektive" Beobachtungsperspektive bedeuten. Um eine „Objektivität" der Unterrichtswahrnehmung erreichen zu können, müßten verschiedene Unterrichtsbeobachter jeweils dieselben Deskriptionskategorien mit denselben Vorstellungsinhalten verbinden. Die individuelle Erlebnisfähigkeit der Forscher schließt aber eine solche Konformität der Beobachtungsperspektive von vornherein aus.

Entsprechend versteht sich die in dieser Forschungsarbeit reflektierte Wahrnehmung von Unterrichtsgeschehen als nur eine von vielen möglichen Rezeptionen[21]:

> scientific truth can be known only as it is mediated by the perspectives of the scientists and thus there are multiple accounts of what is seen. Multiple ways of seeing result in multiple truths (ibid.:6).

Der von den Sozialforschern oft erwähnte Reliabilitätsfaktor, der besagt, daß mindestens zwei Beobachter eine über neunzigprozentige Übereinstimmung in der Applikation ihrer Konzeptionskategorien erzielen müssen, um einen Nachweis für die Gültigkeit eines Analysesystems erbringen zu können, kann daher kaum als realistischer Maßstab für eine intersubjektive Validierung einer Forschungsperspektive gelten (cf. Lloyd/Duveen 1987).

---

[21] Allerdings ist die Interpretation schulischen Kommunikationsverhaltens keineswegs beliebig, da der Forscher sich an dem Wissensstand seiner lebensweltlichen Interpretationsgemeinschaft orientieren muß, um einen Beitrag zur erkenntnistheoretischen Progression einer Fachdisziplin leisten zu können.

Es war allerdings sehr wohl das Anliegen dieser Untersuchung, ein möglichst hohes Maß an Intersubjektivität in Forschungsansatz und -methode herzustellen. Daher wurde die Unterrichtskommunikation nicht, wie bei einer ethnographischen Untersuchung üblich, ad hoc im Klassenzimmer kodiert, sondern erst im Anschluß an eine vollständige Transkription des Unterrichtsgeschehens analysiert. Um den Deutungsspielraum des beobachteten Kommunikationsverhaltens so gering wie möglich zu halten, bot es sich an, während des Unterrichtsprozesses (in ethnographischer Manier) einzelne narrative Beschreibungen zur Modalität der Lehrer- oder Schüleräußerungen vorzunehmen. Für einen empirischen Beobachter, der sich mit dem Gesprächsklima im Klassenzimmer und den dort jeweils gültigen Kommunikationsregeln auseinandergesetzt hat, dürfte es nämlich erheblich einfacher sein, zwischen der Kategorie L-R und L-F zu unterscheiden, als für einen distanzierten Interaktionsanalytiker, der nur den 'reinen' Wortlaut der transkribierten Rezeptionsgespräche vorliegen hat.

Im Rahmen dieses Forschungsprojekts bestand nun leider nicht die Möglichkeit, die gewonnenen Analyseergebnisse mit denen anderer Forscher zu vergleichen: in der Evaluation des jeweils beobachteten Lehr- und Lernverhaltens blieb diese Untersuchung also notwendigerweise auf die subjektive Rezeption *eines* Forschers beschränkt. Das vorliegende Forschungsergebnis konnte allerdings aus der erkenntnistheoretischen Perspektive der relevanten Fachwissenschaften validiert werden. Außerdem waren die Unterrichtsaufzeichnungen nach längeren Zeitabständen wiederholt kodiert worden und es hatten sich keine nennenswerten Diskrepanzen zwischen Kodierung und Rekodierung ergeben. Das Deskriptionssystem hatte also offenbar eine konsistente Beschreibung fremdsprachlichen Rezeptionsverhaltens erlaubt.

7. *Zur Interdependenz von quantitativer und qualitativer Analysemethodik*

Ein Analyseverfahren zur Diagnostizierung „schülerorientierten“ Kommunikationsverhaltens bleibt zwangsläufig unvollständig, wenn der empirische Forscher die auf der Diskursoberfläche sichtbaren Strukturzusammenhänge nicht in Beziehung zu ihren Kommunikationsinhalten setzt. Wie sich eine bestimmte Form der Lehrerinitiation auf das Gesprächsengagement der Lerngruppe auswirkt, wird nicht allein durch ihre Strukturposition, sondern auch maßgeblich durch ihren inhaltlichen Bezug bestimmt. Der Interaktionszug L-R/I, der in der *Systematischen* Interaktionsanalyse als „schülerorientiert“ eingestuft wird, ist offensichtlich erst dann für die Realisierung thematischer Schülerinteressen relevant, wenn der Lehrer damit einem inhaltlichen Gesprächsbedürfnis der Schüler Rechnung trägt.

Wie aber kann ein solcher substantieller Bezug zwischen der thematischen Gesprächsmotivation der Schüler und der Diskursstruktur im Klassenzimmer diagnostiziert werden?

Um eine Aussage über die textspezifische Gesprächseinstellung einer Lerngruppe treffen zu können, muß der Forscher sowohl über ihre Textpräferenzen vor dem Rezeptionsgespräch als auch über ihre im Laufe des Unterrichts entstehenden Textinteressen unterrichtet sein. Ist diese Voraussetzung erfüllt, kann der Forscher die für eine Diskussionsphase jeweils nachweisbare Gesprächsmotivation unmittelbar mit dem dort praktizierten kommunikativen Interaktionsverhalten in Beziehung setzen, und die Relevanz beider Faktoren für die Gesprächsbeteiligung im Untersuchungszeitraum diagnostizieren.

Um zu ermitteln, wie sich die in einer Lerngruppe beobachtbaren Kommunikationsstrukturen auf das Interpretationsengagement der beteiligten Schüler auswirken, genügt es offensichtlich nicht, das Diskussionsinteresse der Teilnehmer zu diagnostizieren, da dieses nicht unbedingt mit ihrem anfänglichen Textinteresse identisch ist: Kann der Forscher beispielsweise feststellen, daß eine hohe Frequenz

„schülerorientierter“ Diskursstrukturen mit einem hohen Diskussionsinteresse in der Lerngruppe korrespondiert, ist damit noch keine funktionale Beziehung zwischen dem beobachteten Gesprächsverhalten und dem diagnostizierten Diskussionsinteresse der Schüler nachgewiesen; es wäre nämlich durchaus vorstellbar, daß nicht das Interaktionsverhalten des Lehrers, sondern das ausgeprägte Textinteresse der Lerngruppe für die „Beliebtheit“ des Interpretationsgesprächs verantwortlich ist.

Die dieser Untersuchung zugrunde liegende Annahme, daß sich die interaktionale Berücksichtigung der Schülerperspektive jeweils positiv auf das Unterrichtsengagement der Versuchsgruppen auswirken würde, mußte sowohl durch die distanzierte Analyse des schulischen Kommunikationsverhaltens als auch die Befragung der Gesprächsteilnehmer geprüft werden. Die empirische Forschungsperspektive wurde daher sowohl interaktiv-systematisch, als auch auch ethnographisch-interpretativ ausgerichtet.

7.1 Die Diagnostizierung der thematischen Schülerinteressen vor dem Interpretationsgespräch

Es galt nicht nur zu ermitteln, ob der Unterrichtstext von der Mehrheit der Schüler als interessant eingestuft wurde, entscheidend war darüberhinaus die Feststellung, welche Textaspekte die Schüler konkret diskutieren wollten.

Es war daher erforderlich, die Schüler einer Lerngruppe individuell nach ihren Text- und Gesprächspräferenzen zu fragen. Aus Gründen der Zeitökonomie wurde ein vorstrukturierter Fragebogen eingesetzt, auf dem sich die Gruppenteilnehmer zur selben Zeit äußern konnten.

Zielsetzung dieses „schriftlichen Interviews“ war es, die Gesprächsrelevanz möglichst vieler Textaspekte systematisch aus der Schülerperspektive zu ermitteln.

7.1.1 Die kognitive Toposebene

Das Angebot einer vorstrukturierten Themenpalette dürfte die Schüler zwar dazu veranlassen, gezielt zu einer Vielzahl möglicher Gesprächsthemen Stellung zu nehmen, es ist jedoch nicht auszuschließen, daß der Forscher als Urheber des Fragebogens mit seinen Toposvorschlägen bereits einen bestimmten Einfluß auf die Rezeptionsperspektive der Schüler ausübt.

Die alternative Möglichkeit, der Lerngruppe keinerlei thematische Vorgaben zu machen, sondern sie aufzufordern, alle Textaspekte zu nennen, die sie für diskussionswürdig hält, verschafft dem Forscher zwar einen unmittelbareren Zugang zu der primären Textwahrnehmung der Schüler, führt ihn aber nicht unbedingt zu kompatiblen Schülerantworten. Ist auf dem Fragebogen nämlich keine thematische Strukturierung vorgegeben, ist die Zahl möglicher Schülervorschläge potentiell unendlich. Zum Zeitpunkt der Befragung ist den Schülern aber möglicherweise nur ein schmaler Ausschnitt aus der breiten Palette des Textangebotes bewußt und die Gesprächsthemen, die in ihrer spontanen Präferenzliste keine Erwähnung finden, sind für sie nicht unbedingt uninteressant.

Um in dieser Untersuchung eine klare Diagnose über die Textinteressen der Versuchsgruppen stellen zu können, wurden die Teilnehmer nach vorgegebenen Textaspekten befragt. (Darüberhinaus sollten die Versuchspersonen allerdings die Möglichkeit haben, eigene Gesprächswünsche anzumelden, da auf einem vorstrukturierten Fragebogen offensichtlich kaum alle in einer Interpretationsgemeinschaft relevanten Textaspekte erfaßbar sind.)

Um nun die Schüler nicht durch die Konzeption des Fragebogens bereits auf eine bestimmte Form der Textrezeption festzulegen, sollten die Fragen möglichst vielen verschiedenen Leseperspektiven gerecht werden und auch solche Textaspekte einbeziehen, die aus der Sicht des Forschers nicht unbedingt relevant erschienen.

Da für dieses Projekt kein Untersuchungsteam zur Verfügung stand, das die individuelle Textbetrachtung des einzelnen Forschers multidimensional hätte erweitern können, wurde die Konzeption des Fragebogens von einer Pilotstudie abhängig gemacht, in der sich die Lehrer und Schüler aus drei verschiedenen Oberstufenkursen über ihre Textinteressen äußerten. Aus den Antworten ließen sich 15 verschiedene Topoi ableiten, die zwar kaum eine komplementäre thematische Strukturierung des Textes erlaubten, die aber gerade durch ihre variierende Bezugnähe zu den expliziten Textstrukturen vielfältige Ansatzpunkte für eigene Vorstellungskonzepte der Schüler boten. Zum Beispiel konstituierten die thematischen Bereiche „His behaviour towards her“ und „Her behaviour towards him“ eine breit angelegte Untersuchungsperspektive mit einer relativ geringen rezeptionsdeutenden Komponente, während sich das Thema „Love's Blindness“ schon deutlich von der Diskursoberfläche entfernte und einen bestimmten interpretativen Standpunkt indizierte. Die Versuchspersonen mußten sich allerdings bei der Beantwortung des Fragebogens auf keine bestimmte Rezeptionsperspektive festlegen: wenn sie ihr Interesse an einem Thema wie „His alcoholic behaviour“ bekundeten, hieß dies noch keineswegs, daß sie 'Alkohol' als zentrale Textproblematik behandeln wollten.

In einem Probedurchlauf hatten mir einzelne Schüler[22] beim Ausfüllen ihres Fragebogens zu verstehen gegeben, daß sie im Unterricht diskutieren wollten, ob der junge Mann in der Kurzgeschichte tatsächlich als Alkoholiker einzustufen sei. Sie würden dies aber verneinen wollen und wüßten nun nicht, ob ihr Gesprächsstandpunkt mißverstanden würde, wenn sie ein Interesse an dem Thema „His alcoholic problem“ bekundeten.

[22] Diese Schüler, die mir aus dem Referendariat bekannt waren, äußerten sich freimütig zur Konzeption des Fragebogens. Da es sich hier um einen Probeeinsatz des Fragebogens handelte, gingen die Auswertungsergebnisse nicht in die Hauptuntersuchung ein.

Damit war eine Schwachstelle der Untersuchung aufgedeckt worden: den Versuchspersonen war keine klare Anweisung gegeben worden, wie die einzelnen Toposangaben zu verstehen wären.

Für die Hauptuntersuchung lernte ich daraus, die Schüler explizit darauf hinzuweisen, daß die auf dem Fragebogen verlangte Toposevaluation keine interpretative Stellungnahme ihrerseits erforderte. Wollte ein Schüler z.B. sein Interesse an dem Thema „Love's blindness" bekunden, könnte er nichtsdestoweniger der Auffassung sein, daß das Sprichwort „Liebe macht blind" keine ausreichende Erklärungsgrundlage für die Verhaltensmotivation der *personae* böte.

Es gab nun auf dem Fragebogen ohnehin wenige Gesprächsvorschläge, die einen bestimmten Gesprächsstandpunkt explizierten; der Topos „Dream and Reality" war z.B. so abstrakt gehalten, daß es für einige Schüler unmöglich gewesen sein dürfte, seine Relevanz für die Kurzgeschichte zu erkennen.

Bei der Auseinandersetzung mit der Themenpalette des Fragebogens war es den Versuchspersonen durchaus möglich, neue, für sie interessante, Textaspekte zu entdecken[23]. Von einer kognitiven Steuerung dieser Schüler konnte dabei nicht die Rede sein, da ihnen mit der Themenauswahl kein verbindlicher Interpretationsstandpunkt nahegelegt wurde.

Prinzipiell wurde den Versuchsgruppen zugesichert, daß die Erklärung ihrer thematischen Präferenzen anonym bliebe, damit sie auch

---

[23] Es dürfte durchaus Aufgabe und Funktion des Literaturunterrichts sein, die Rezeptionsperspektive der Lernenden zu erweitern. Die Diskussionsvorschläge des Fragebogens mögen den Schülern entsprechend bei der Explizierung eigener Gesprächsinteressen geholfen haben. Ihre kognitive und affektive Selbstständigkeit bei der Konstituierung einer Deutungsperspektive dürfte dadurch nicht gefährdet worden sein.

ein mögliches Desinteresse an dem Unterrichtstext frei bekunden konnten.[24]

Es ist selbstverständlich nicht auszuschließen, daß sich einige Schüler zum Zeitpunkt der Befragung nicht zu den Gesprächsvorschlägen äußern konnten, da sie den Handlungszusammenhang der Geschichte noch nicht überschauten. Diese Schüler hatten aber die Möglichkeit, ihren Diskussionsinteressen die Nullkategorie „Uncertain" zuzuordnen, so daß das Umfrageergebnis als solches dadurch nicht beeinträchtigt worden sein dürfte.

7.1.2 Die Bezugsnähe des Gesprächsthemas zur Person des Schülers

> Der Leser kann sich selbstverständlich gegenüber der fiktiven Welt literarischer Texte sehr unterschiedlich verhalten. Er kann dem dargestellten Geschehen gebannt folgen und sich für die in dem Geschehen wirksamen Einstellungen und Sichtweisen engagieren, sei es, daß er sie vorbehaltlos bejaht oder vehement ablehnt. Er kann aber auch die fiktive Welt mit ihren Einstellungen und Sichtweisen distanziert überblicken, ohne die Frage nach der Geltung der einzelnen Einstellungen und Sichtweisen zu stellen. Er kann sich beim Verstehen beobachten und sich fragen, wie er die fiktive Welt aufbaut und wie diese auf ihn wirkt. Es gibt somit beim Verstehen literarischer Texte eine breite Skala sehr unterschiedlicher Einstellungen, die von dem intensiven Engagement und Verstricktsein bis zur distanzierten Analyse des Verstehensprozesses reichen. Entscheidend ist jedoch, daß diese breite Skala anerkannt wird (Bredella 1981:49).

Eine Ermittlung der thematischen Schülerinteressen wäre offensichtlich unvollständig, wenn sie nicht ergäbe, inwieweit die Kursteilneh-

[24] Neben der Rücksicht auf die Person des Lehrers mag hier offensichtlich auch der Blick auf das eigene Leistungsimage eine Rolle spielen: einem Schüler, der sich gute Zensuren erhofft, dürfte es besonders schwerfallen, ein ausgesprochenes Desinteresse an einem Unterrichtstext zu bekunden. Wir können allerdings auch bei einer anonymen Bewertung der Gesprächsvorschläge sekundäre Motivationsfaktoren nicht vollkommen ausschließen.

mer jeweils ihre persönliche Erlebnis- und Erfahrungsperspektive im Textgespräch eröffnen wollen. Ziehen sie es vor, die Charaktere der Kurzgeschichte als fiktive Gestalten zu behandeln, die in keiner Beziehung zu ihrer eigenen „realen" Welt stehen, oder können sie einen unmittelbaren Bezug zwischen der Realität des Textes und ihrer eigenen Lebenswelt herstellen?

Ein Schüler, der eine enge affektive und kognitive Bezugsnähe zu den Charakteren der Short Story etablieren kann, will diese persönliche Perspektive möglicherweise nicht unbedingt im Klassenzimmer explizieren. Um die Gesprächsmotivation dieses Schülers realistisch einschätzen zu können, müssen wir also nicht nur mit seinen Textinteressen vertraut sein, sondern auch seine potentielle Bereitschaft zur Öffnung persönlicher Erlebnis und Erfahrungswerte kennen. Die Tatsache, daß ein Schüler ein hohes Interesse an dem Topos „His behaviour towards her" anmeldet, bedeutet noch keineswegs, daß er auch freimütig erklären möchte, inwieweit er sich mit dem Verhalten des jungen Mannes identifiziert. Für die Realisierung eines „schülerorientierten" Interpretationsgesprächs, dürfte nämlich nicht nur die Wahl der Themen, sondern auch die Form ihrer Erörterung eine entscheidende Rolle spielen. (Wenn die Schüler keinen lebensweltlichen Bezug zum Text erkennen, dürfte eine persönliche Lehrerfrage wie „Would you marry the girl, if you were in the young man's position?" kaum auf eine positive Resonanz in der Lerngruppe stoßen.)

Daher wurden die Versuchsgruppen nicht nur nach ihren thematischen Präferenzen, sondern auch nach ihrer persönlichen Mitteilungsbereitschaft im Interpretationsgespräch befragt. Es erschien kaum sinnvoll, die Schüler um eine pauschale Stellungnahme zu ihrer textuellen Bezugsnähe zu bitten, da es offensichtlich verschiedene Stufen der Integration persönlicher Erfahrungsmomente in die schulische Textarbeit gibt. Im zweiten Teil des ersten Fragebogens wurde von den Versuchspersonen entsprechend keine abstrakte Einschätzung ihrer lebensweltlichen Textbeziehung verlangt, sondern sie wurden konkret gefragt, in welcher Form sie mit den Charakteren der Kurzgeschichte umgehen wollten. Mögliche Vorgehensweisen wie „I would like to make comments on their behaviour" oder „I would like to discuss how realistic these characters are" wurden auf dem Fragebogen antizipiert und den Schülern zur Beurteilung vorgelegt. Die Versuchsgruppen konnten den Vorschägen zur Unterrichtsprogression jeweils mit einem unterschiedlichen Grad an Zustimmung oder Ablehnung begegnen und hatten außerdem die Möglichkeit zur Enthaltung. Auf diese Weise dürften sich die Schüler sehr viel differenzierter über ihre affektive Textbeziehung geäußert haben, als wenn sie pauschal nach ihrer persönlichen Mitteilungsbereitschaft im Interpretationsgespräch gefragt worden wären.

Um die Versuchspersonen nicht unnötig zu beanspruchen, wurden sie nicht bei jedem der 15 verschiedenen Themenvorschläge (im A-Teil des Fragebogens) zu einer detaillierten Stellungnahme über ihr persönliches Gesprächsengagement angehalten. Statt dessen sollten sie sich themenunabhängig für eine bestimmte Bezugsnähe zum Text entscheiden (cf. den B-Teil des ersten Fragebogens). Da sich das inhaltliche Spektrum der Themen erst jeweils aus der Rezeptionsperspektive der einzelnen Versuchspersonen ergab, und sich die einzelnen Topoi (des A-Teils) dabei in einer nicht vorhersagbaren Weise überlagerten, wäre eine solche themenspezifische Stellungnahme der Schüler ohnehin kaum aufschlußreich gewesen.

7.2 Die thematische Orientierung des Unterrichtsgesprächs und die Topospräferenz der Schüler

In welcher Beziehung standen nun die vor Unterrichtsbeginn deklarierten affektiven und kognitiven Gesprächspräferenzen der Lerngruppen zu ihrem bei der Texterarbeitung gezeigten Interpretationsengagement?

Um diese Frage beantworten zu können, galt es zunächst zu ermitteln, welche der auf dem Fragebogen als *„interessant"* eingestuften Themen[25] im Plenumsgespräch tatsächlich zur Sprache kamen. Dazu war es erforderlich, den Redeanteil, der diesen Themen in Relation zu den sonstigen Interpretationsbeiträgen gewidmet wurde, systematisch zu ermitteln. Sobald die Transkriptionen der Unterrichtsprotokolle in einen Mikrocomputer eingegeben und thematisch gekennzeichnet worden waren [26], konnte zur quantitativen Erfassung der einzelnen Topossequenzen ein Computerprogramm eingesetzt werden, das von einem Systemprogrammierer der Universität Sussex im Fachbereich *Cognitive and Computing Sciences* speziell für diesen Zweck entwikkelt worden war.

Bei der Inhaltsanalyse konnte allerdings nicht davon ausgegangen werden, daß die Bereitschaft zur Unterrichtsbeteiligung allein von der Berücksichtigung der zu Unterrichtsbeginn vorhandenen Schülerinteressen abhängig wäre. Es galt ebenfalls der Möglichkeit Rechnung zu tragen, daß sich das Diskussionsinteresse der Teilnehmer erst in der Auseinandersetzung mit dem Rezeptionsstandpunkt des Lehrers und der Mitschüler ausformen würde.

Wenn der empirische Forscher auch nicht in der Lage sein dürfte, Variationen in der Gesprächshaltung im Unterricht unmittelbar zu beobachten, so kann er doch einen möglichen Wandel der Diskussionsbedürfnisse indirekt aus der Sichtweise der Schüler nachvollziehen, indem er die Versuchspersonen im Anschluß an die Textarbeit nach ihrem Diskussionsinteresse in den verschiedenen Unterrichtsphasen

[25] Der thematische Interessenfaktor wurde folgendermaßen ermittelt: Jeder Schüler gab für die 15 Topoi des ersten Fragebogens jeweils eine Relevanzbewertung ab, die in ein Punktesystem umgesetzt wurde (Die Skala der Punktwerte reichte von 0 bis 2). Dann wurde für jeden Topos separat errechnet, welchen prozentualen Anteil die Summe der (in einer Lerngruppe erzielten) Einzelbewertungen an der maximal erreichbaren Bewertungszahl einnahm. Der sich daraus ergebene Prozentfaktor beschrieb das durchschnittliche Interesse einer Lerngruppe an einem bestimmten Thema.

[26] Bei der thematischen Analyse der Unterrichtsprotokolle wurden die Toposbezeichnungen des ersten Fragebogens verwandt, damit eine konzeptionelle Konsistenz der Analysekategorien gewährleistet werden konnte.

fragt. Da es sich hierbei um eine nachträgliche Evaluation des Interpretationsgesprächs handelt, wäre der Schüler offensichtlich damit überfordert, seine Interessenlage zeitlich genau zu rekapitulieren. Dieses Forschungsprojekt mußte sich daher auf die pauschale Ermittlung einer Gesprächsmotivation gegen Anfang, Mitte und Ende der Diskussion beschränken (cf. den zweiten Fragebogen im Anhang).

7.3 Zur Relevanz der Kommunikationsstrukturen

Die hier (im zweiten Teil der Arbeit) in Hinblick auf das Interaktionsverhalten von Schülern und Lehrern entwickelte Konzeption einer „schülerorientierten" Gesprächsführung bedeutet bei der Diagnose einer tendenziellen Berücksichtigung „schülerspezifischer" Rezeptionsinteressen eine wichtige Hilfestellung.

Aus der (im ersten Teil der Arbeit) etablierten erkenntnistheoretischen Beobachtungsperspektive, die eine hohe Korrelation zwischen der Frequenz „schülerorientierter" Interaktionsstrukturen und dem Grad des Diskussionsinteresses erwarten ließ, ergaben sich folgende Relationen zwischen den Variablen *Interaktionsverhalten*, *Textinteresse* und *Diskussionsinteresse*:

(1) Das Diskussioninteresse der Schüler liegt unter ihrem zu Unterrichtsbeginn angegebenen Textinteresse. Die Interaktionsstruktur der Unterrichtskommunikation ist als tendenziell „lehrerorientiert" einzustufen. In diesem Falle ist anzunehmen, daß die Lerngruppen ihre Diskussionswünsche nicht realisieren konnten, weil die Form der kommunikativen Interaktion dies nicht zuließ.

(2) Das Diskussionsinteresse der Schüler liegt höher als das zu Unterrichtsbeginn angegebene Textinteresse. Die Interaktionsstruktur der Unterrichtskommunikation ist als tendenziell „schülerorientiert" einzustufen. In diesem Fall ist zu vermuten, daß die Schüler vorhandene Diskussionsinteressen im Rezeptionsgespräch wahrnehmen konnten

und/oder im Austausch mit anderen Gesprächsteilnehmern neue, für sie interessante, Deutungsperspektiven entdeckten.

(3) Das Diskussionsinteresse entspricht dem anfänglichen Textinteresse. (a) Die Lerngruppe konnte bestimmte thematische Gesprächswünsche verwirklichen. Aus der kommunikativen Interaktion mit Lehrer und Mitschülern wurden jedoch keine neuen thematischen Anregungen gewonnen. (b) Die Schüler konnten nur einen Teil ihrer Diskussionsinteressen realisieren; die wenigen Topoi, die sie zur Sprache bringen konnten, erlaubten allerdings einen für viele Teilnehmer interessanten Gesprächsaustausch.

Diese interpretative Erläuterung der Fallkonstruktionen (1,2,3) bedeutet offensichtlich nur einen schmalen Ausschnitt aus dem Wirkungsgeflecht möglicher Interdependenzbeziehungen zwischen Interaktionsverhalten und Interpretationsengagement. Die Signifikanz der Hypothesenbildung wird zudem dadurch relativiert, daß die Fallkonstruktionen nicht in der Auseinandersetzung mit der Unterrichtspraxis erfolgt sind. Theoretisch ist also ebenso gut vorstellbar, daß nur eine hohe Frequenz „lehrerorientierter“ Kommunikationsstrukturen zu einem hohen Diskussionsinteresse in der Lerngruppe führt. Die Anhänger eines „lehrerzentrierten“ Interaktionsverhaltens gehen entsprechend davon aus, daß das thematische Ausgangsinteresse der Schüler für die Ausbildung der Diskussionsinteressen im Unterricht unerheblich sei, da die Lerngruppe durch die kommunikative Ausrichtung auf die Lehrerperspektive wichtige Rezeptionseindrücke gewinne, die von primärer Bedeutung für ihr Interpretationsengagement seien.

Theoretische Spekulation hat jedoch keinen wissenschaftlichen Aussagewert! Die Qualität eines möglichen Wirkungszusammenhangs zwischen dem Diskussionsinteresse der Schüler und den kommunikativen Interaktionsstrukturen des unterrichtlichen Gesprächs ist nur in einem konkreten empirischen Forschungskontext definierbar.

7.4 Der Forschungsausblick

Mit dem empirischen Forschungsdesign des (im dritten Teil der Arbeit) vorzustellenden Untersuchungsprogramms soll nun über die Analyse hypothetischer Fallkonstruktionen hinausgeblickt werden. In einem konkreten Unterrichtszusammenhang sollen mögliche Funktionszusammenhänge zwischen dem ursprünglichen Textinteresse von Leistungskursschülern, ihrem interaktionalen Gesprächsverhalten und ihrem Diskussionsinteresse überprüft werden.

> Any claim that the worlds of teaching, of schools and classrooms, of pedagogues and pupils, are so complex that no single perspective can capture them should be treated with skepticism. ... It is fashionable to recall the ancient image of the blind men who provide alternative portrayals of an elephant whose unseen bulk is not perceptible to any one of them. Yet that tale presupposes the talents of a sighted observer who possesses knowledge of the total pachyderm and can thus grasp the futility of each assessment from the blind inquirers. Likewise in a field of scholarship, the observer who claims to possess precisely the kind of knowledge that he asserts is, in principle, unavailable to his fellows makes a claim we must find suspect. For those who conduct research on teaching are not blind, and relative to my fellow scholars I can claim no special gift of insight (Shulman 1983:7).

Dritter Teil

Empirische Erkenntnisse aus der Realisierung eines Versuchsplans zur Analyse fremdsprachlichen Rezeptionsverhaltens

1. Das Forschungsdesign im Überblick

Zehn Leistungskurse der gymnasialen Oberstufe in Hamburg erklärten sich zur Teilnahme an dem Forschungsprojekt bereit.[1] Die Behandlung von Dorothy Parkers Kurzgeschichte „You were perfectly fine" dauerte in der Regel zwei bis drei Stunden. Zwei der Versuchsgruppen benötigten nur eine Stunde, eine weitere dagegen vier Stunden.[2]

a) Die Schüler lasen den Text und klärten eventuelle sprachliche Unklarheiten mit dem Lehrer.

b) Sie füllten einen Fragebogen (cf. Questionnaire 1, im Appendix p. 237 f) aus, auf dem sie ihre Rezeptionsinteressen in Hinblick auf die zu behandelnde Kurzgeschichte angaben. Darüberhinaus teilten sie mit, ob sie bereit wären, sich zu den von ihnen favorisierten Themen

---

[1] Nachdem ich die Schulleitung von sechs Hamburger Gymnasien über mein Forschungsvorhaben unterrichtet hatte, kam es an vier Schulen zu konkreten Terminabsprachen mit verschiedenen Fachlehrern. Unter den Gruppen, die sich für die Teilnahme am Forschungsprogramm bereit erklärt hatten, wählte ich die Leistungskurse aus, die die sprachlichen Voraussetzungen der Untersuchung erfüllten (cf. Teil I dieser Arbeit, p. 92f). In den fünfzehn Versuchsgruppen meiner engeren Wahl kam es (vor allem aus schulorganisatorischen Gründen) wiederholt zu Terminabsagen und -verschiebungen, wodurch die zeitliche Koordinierung der Unterrichtsbesuche erheblich erschwert wurde.

[2] Das Untersuchungsergebnis dürfte nicht von der unterschiedlichen Versuchsdauer beeinflußt worden sein, da es sich bei der Diagnose der „Schülerorientierung" in den Lerngruppen um eine *prozentuale* Ermittlung „schülerorientierter" Interaktionsstrukturen an der Gesamtkommunikation handelte.

zu äußern und erklärten, inwieweit sie im Textgespräch auf ihre Lebenswelt Bezug nehmen wollten.

c) Das Interpretationsgespräch fand statt, ohne daß das Ergebnis der Fragebogenaktion den teilnehmenden Lehrern und Schülern bekanntgegeben worden war. Die Interpretationsphase wurde mit einem Tonbandrekorder aufgezeichnet. Die Tonbandtranskriptionen sollten darüber Auskunft geben, inwieweit die Schwerpunktbildung im Interpretationsgespräch der zuvor erklärten Interessenlage der Schüler entsprach; sie boten außerdem die Grundlage für die qualitative und quantitative Analyse des gezeigten Schülerengagements.

d) Im Anschluß an das Interpretationsgespräch erhielten die Schüler einen zweiten Fragebogen (cf. Questionnaire 2 im Appendix, p. 240), auf dem sie angaben, inwieweit ihre Rezeptionsinteressen in der Unterrichtsdiskussion berücksichtigt worden waren. Außerdem wurden sie gefragt, welche neuen Gesprächsinteressen sie im Unterricht entdeckt hatten. Die Tonbandaufzeichnungen sollten dann darüber Auskunft geben, inwieweit das schulische Interpretationsgespräch die von den Schülern als interessant eingestuften Gesprächsthemen aus der Schüler- oder Lehrerperspektive entwickelte.

1.1 Der konkrete Versuchsaufbau

a) Auf dem ersten Fragebogen (A 1-5) bekundeten die 97 Schüler der 10 Versuchsgruppen ihr Grundinteresse an dem zu behandelnden Unterrichtstext. Die für die einzelnen Versuchspersonen ermittelten Punktwerte auf der Skala 1 bis 15 korrespondierten jeweils mit einem niedrigen Textinteresse (1-5 Punkte), einem mittleren (6-10 Punkte) oder einem hohen (11-15 Punkte).

b) Für die Interpretationsgespräche der 10 Versuchsgruppen wurde jeweils der prozentuale Anteil „schülerorientierter" Kommunikationsstrukturen im mitteilungs- und sprachbezogenen Gesprächsbereich ermittelt.[3] Als Grundlage für die Klassifizierung der Versuchsgruppen als „schüler-" oder „lehrerorientiert" galten jeweils die Werte für das mitteilungsbezogene Interaktionsverhalten.[4]

Im folgenden soll die Diagnose einer „schüler-" oder „lehrerorientierten" Gesprächsführung exemplarisch am Beispiel der Versuchsgruppe A nachvollzogen werden. (Die Prozentwerte für die ***schülerorientierten*** " Interaktionszüge werden jeweils im Druckbild hervorgehoben.)

Tabelle I.1 Interaktionsstrukturen in Versuchsgruppe A:

a) Schüleräußerungen (mitteilungsbezogen):

I	**R/I**	**R(S)**	**R(S)/I**	R
24	**I**	**25**	**44**	119

Anteil „schülerorientierter" Strukturen: 343/462= 74%

b) Lehreräußerungen (mitteilungsbezogen):

R	**R/I**	**I(S)**	F	F/I	I
14	**120**	**31**	116	83	74

Anteil „schülerorientierter" Strukturen: 165/438= 38%

Der prozentuale Anteil „schülerorientierter" Gesprächsstrukturen an der mitteilungsbezogenen Gesamtkommunikation beträgt: **(74% + 38%) : 2 = 56%**

Mit den Prozentwerten für die übrigen Versuchsgruppen ergibt sich die folgende Übersicht:

---

[3] Die vollständige Berechnungsanalyse der „schülerorientierten" Interaktionszüge im mitteilungs- und sprachbezogenen Bereich findet sich für alle Versuchsgruppen im Anhang dieser Arbeit.

[4] Cf. Teil I, Anmerkung 24, p. 60; Teil II, p. 116, p. 126, Teil III, Kap. 3.

Tabelle I.2

V(D)	V(C)	V(B)	V(E)	V(A)	V(K)	V(H)	V(F)	V(G)	V(I)
73%	66%	64%	58%	56%	50%	46%	45%	39%	31%

Um eine Klassifizierung der Gruppen nach dem Merkmal „schüler-" und „lehrerorientiert" vornehmen zu können, wurde die Trennlinie zwischen 56 und 50% festgesetzt. Dabei handelte es sich um einen relativen Maßstab, der erlaubte, die Versuchsgruppen hinsichtlich ihrer „Schülerorientierung" zu vergleichen. Obwohl der Unterschied von 6% eine eindeutige Grenzziehung erlaubte, war die dadurch vorgenommene Unterscheidung zwischen einer „schüler-" und „lehrerorientierten" Unterrichtsform offensichtlich nur im Rahmen dieser konkreten Untersuchung möglich. Bei der überwiegenden Zahl der Versuchsgruppen lag die Frequenz der „schülerorientierten" Kommunikationsstrukturen im mittleren Bereich, so daß selbst bei den als „schülerorientiert" eingestuften Kursen von einer spürbaren Lehrerpräsenz im Unterrichtsgespräch ausgegangen werden mußte. In diesem Forschungsprojekt ging es also weniger darum, zwei grundverschiedene kommunikative Unterrichtsformen miteinander zu vergleichen, als vielmehr darum, graduelle Nuancen in der Gesprächsführung in ihrer Signifikanz für das Interpretationsengagement der Schüler zu untersuchen. Entscheidend war dabei die Berücksichtigung der in der Unterrichtspraxis tatsächlich bestehenden Kommunikationsgewohnheiten, so daß sich die projektspezifische Klassifizierung der Versuchsgruppen nach den Kategorien „lehrer-" oder „schülerorientiert" nicht an einer hypothetischen Idealvorstellung orientieren durfte, sondern konkret aus der empirischen Analyse von Unterrichtsdaten abgeleitet werden mußte.

Im Rahmen dieser Untersuchung wurden also die fünf Versuchsgruppen, deren „schülerorientierter" Kommunikationsanteil zwischen 73% und 56% lag, als „schülerorientierte" Gruppen klassifiziert; die übrigen fünf Gruppen, deren Anteil zwischen 50% und 31% lag, wurden als „lehrerorientiert" gekennzeichnet.

Es galt nun einerseits, den möglichen Einfluß der „lehrer-" und „schülerorientierten" Interaktionsform auf das Diskussionsinteresse der Schüler zu überprüfen. Andererseits sollte die Möglichkeit eines Wirkungszusammenhangs zwischen dem anfänglichen Textinteresse und dem später existierenden Interesse am Interpretationsgespräch getestet werden. Um die Relevanz der beiden Faktoren für das Diskussionsinteresse bestimmen zu können, mußte dabei offensichtlich auch geprüft werden, ob es eine Wechselbeziehung[5] zwischen dem Textinteresse und dem Kommunikationsverhalten im Interpretationsgespräch gab.

Zur Untersuchung des Interaktionseffektes zwischen diesen beiden Variablen bot sich das statistische Verfahren der Varianzanalyse an, das international als ANOVA (Analysis of Variance) bekannt ist. Die Relation des Textinteresses und der Interaktionsform mit dem Diskussionsinteresse ließ sich statistisch als Beziehung zweier unabhängiger Variablen zu einer abhängigen Variablen beschreiben. Da in diesem Projekt der mögliche Effekt zweier verschiedener Faktoren auf das Diskussionsinteresse der Schüler untersucht werden sollte, mußte eine doppelte Varianzanalyse (Two Way Analysis of Variance) durchgeführt werden, in der zugleich die Möglichkeit einer Interaktion zwischen den unabhängigen Variablen geprüft werden konnte. Dazu wurde das statistische Programmpaket SPSS (Statistical Package for Social Sciences) eingesetzt.

Für jeden der 97 Schüler in den 10 Versuchsgruppen wurden die Werte für das Diskussionsinteresse und die beiden unabhängigen Variablen[6] in einen Digital Equipment Vax-780 Computer eingegeben. Das Anova-Programm leitete daraus die folgende tabellarische Übersicht ab:

---

[5] Der statistische Terminus lautet *Interaktion*.

[6] Mit den Werten für die erste unabhängige Variable wird angegeben, ob das individuelle Textinteresse eines Schülers die Stufe I, II oder III erreicht. Mit den Werten für die zweite unabhängige Variable wird indiziert, ob ein Schüler zu der „schülerorientierten" Gruppe I oder der „lehrerorientierten" Gruppe II gehört.

Tabelle I.3

Thematisches Ausgangsinteresse:	I	II	III
Schülerorientierung: I	**1,83**	**2,93**	**4,11**
Schülerzahl:	(12)	(14)	(19)
Lehrerorientierung: II	**1,40**	**1,52**	**3,27**
Schülerzahl:	(20)	(21)	(11)

Die (fettgedruckten) Zahlenwerte in den sechs Zellen gaben jeweils die durchschnittlichen Punktwerte für das Diskussionsinteresse an, das die Schüler auf dem zweiten Fragebogen bekundet hatten (Das Diskussionsinteresse war auf einer Punkteskala von 0 bis 6 gemessen worden). Tragen wir die Zellmittelwerte in ein Koordinatensystem ein, wird die funktionale Beziehung zwischen den Variablen „Diskussionsinteresse" und „Interaktionsform" unmittelbar sichtbar.

Schaubild I.1

\+ = schülerorientierte Interaktionsform
0 = lehrerorientierte Interaktionsform

Diskussionsinteresse

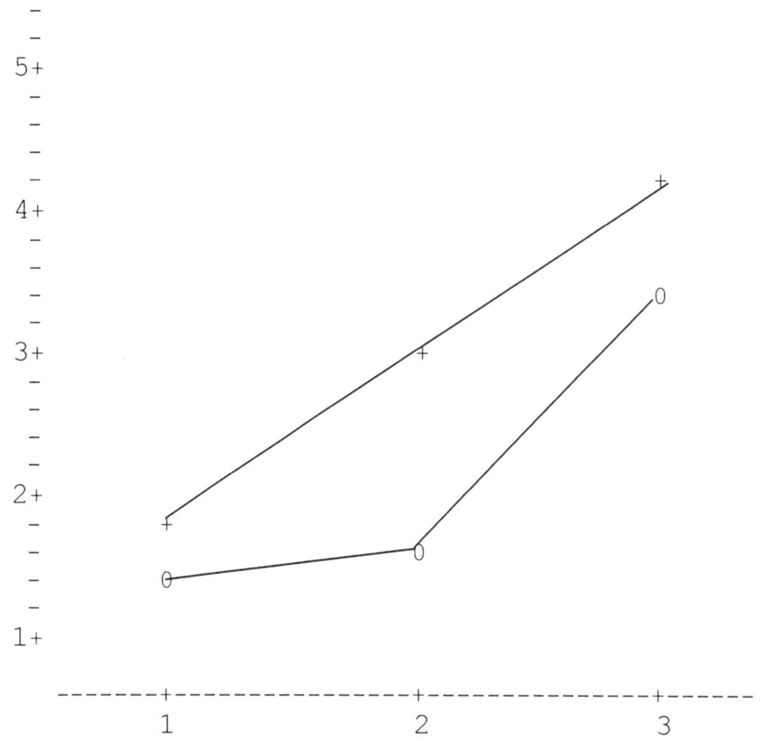

thematisches Ausgangsinteresse

1.2 Die Interpretation der Ergebnisse

In dem Koordinatensystem wird erkennbar, daß das Diskussionsinteresse der Versuchsgruppen (cf. die vertikale Achse) sowohl durch das thematische Ausgangsinteresse (cf. die horizontale Achse) als auch das gruppenspezifische Interaktionsverhalten bestimmt wurde. Die „schülerorientierte“ Interaktionsform (+) ergab auf allen drei Stufen der thematischen Grundmotivation ein höheres Diskussionsinteresse als die „lehrerorientierte“ Form (0).

Da sich die beiden Graphen für die „schüler-" und „lehrerorientierte" Interaktionsform nicht überschneiden, gab es offensichtlich keine Interaktion zwischen den beiden unabhängigen Variablen. Das Interesse der Schüler am Unterrichtstext hatte demnach keinen Einfluß auf die Form der mitteilungsbezogenen Interaktion im Klassenzimmer gehabt.

Das bedeutet für die Schulpraxis, daß der Lehrer selbst bei einer geringen thematischen Grundmotivation in der Lerngruppe gezielt auf die Schülerperspektive eingehen kann. Ein „schülerorientiertes" Kommunikationsverhalten des Lehrers ist also auch gerade dann dringend erforderlich, wenn sich die Mehrzahl der Schüler noch nicht für den Unterrichtstext interessiert.

1.3 Die statistische Signifikanz der Ergebnisse

Um feststellen zu können, ob die oben genannten Ergebnisse der Varianzanalyse statistisch signifikant sind [7], mußte mit ANOVA ermittelt werden, wie groß die Wahrscheinlichkeit ist, daß der gezeigte Funktionszusammenhang zwischen den Variablen auf Zufälligkeit beruhte. Mit Hilfe des SPSS-Programms konnte die Möglichkeit eines funktionalen Zusammenhangs zwischen den Faktoren unmittelbar überprüft werden. Die Computeranalyse ergab folgende Signifikanzwerte für die unabhängigen Variablen:

Ausgangsinteresse	(F= 15.17328; df= 2; SF= 0.000)
Interaktionsverhalten	(F= 9.076475; df= 1; SF= 0.003)

Der sogenannte F-Wert ist eine von Fisher entwickelte Formel zur Berechnung der Varianzen zwischen den Zellwerten der Reihen und

[7] Es könnten sich z.B. bei der Auswertung der Fragebögen oder der Feststellung der Interaktionsstrukturen bestimmte Meßfehler eingestellt haben. Die Untersuchung hätte auch dadurch verfälscht werden können, daß einige Versuchspersonen die Anweisungen auf dem Fragebogen nicht wirklich verstanden hatten und infolgedessen eine willkürliche Antwort gaben.

Kolumnen gegenüber der Varianz innerhalb der Gruppen.[8] Mit Hilfe des F-Wertes und der df-Werte [9] kann aus den sogenannten F-Tabellen abgelesen werden, ob der Effekt einer unabhängigen Variablen auf eine abhängige Variable auf der Konfidenzebene (level of confidence) 0.005 oder 0.001 signifikant ist.

Das Anova-Programm nach SPPS erübrigt allerdings das Benutzen der F-Tabellen, da es mit dem SF-Wert (Significance of F) eine eigene Signifikanzangabe macht.

In dieser Untersuchung bedeutet die Signifikanzangabe 0.000 (SF) für die unabhängige Variable „Ausgangsinteresse", daß die Wahrscheinlichkeit, daß das ursprüngliche Textinteresse keinen Einfluß auf das Diskussionsinteresse einer Lerngruppe hat, weniger als eins zu tausend beträgt. Die Signifikanzangabe 0.003 für die unabhängige Variable „Interaktionsverhalten" zeigt an, daß die Möglichkeit, daß sich das schulische Interaktionsverhalten nicht auf das Diskussionsinteresse einer Lerngruppe auswirkt, in drei von tausend Fällen gegeben ist.[10]

Nach der statistischen Konvention, die den Maßstab für die Relevanz der Signifikanzwerte auf den Konfidenzebenen 0.01 oder 0.05 festlegt, ist die vorliegende Ursachenklärung des fremdsprachlichen Diskussionsinteresses also im hohen Maße statistisch signifikant.

Das ANOVA-Programm prüfte außerdem die Wahrscheinlichkeit einer möglichen Interaktion zwischen den beiden unabhängigen Variablen (= Thematisches Ausgangsinteresse und schulisches Interaktionsverhalten). Der Signifikanzwert 0.407 für die Wahrscheinlichkeit einer Interaktion zwischen dem anfänglichen Textinteresse und dem

---

[8] Die Varianzen innerhalb der Gruppen gelten als Fehlerfaktor (Error).

[9] Dazu sind jeweils 2 df-Zahlen erforderlich. Erstens: die Anzahl der Zellgruppen minus 1. Zweitens: Die Anzahl der Versuchswerte (97 Schüler ergaben 97 Angaben) minus die Zahl der Zellwerte.

[10] Die umständliche Form der Negativformulierung entspricht der statistischen Konvention der Nullhypothese.

unterrichtlichen Kommunikationsverhalten liegt deutlich über der Konfidenzebene 0.05, so daß - der statistischen Wahrscheinlichkeit nach - nicht von einer funktionalen Beziehung zwischen den beiden unabhängigen Variablen auszugehen ist. [11]

Welcher Grad der „Schülerorientierung" in der kommunikativen Interaktion eines schulischen Rezeptionsgesprächs erreicht wird, ist demnach prinzipiell unabhängig von dem thematischen Anfangsinteresse der Schüler. Auch bei geringem Ausgangsinteresse kann die Realisierung „schülerorientierter" Kommunikationsstrukturen also bereits zu einem bestimmten Interpretationsengagement führen. Auf der anderen Seite garantiert ein von den Schülern ausgewählter Unterrichtstext noch kein für die Lerngruppe ergiebiges Interpretationsgespräch: denn wenn der Lehrer den Interpretationsverlauf stark lenkt und kontrolliert, haben die Gesprächsteilnehmer offenbar kaum noch die Möglichkeit, ihren eigenen Gesprächsinteressen zu folgen.

1.4 Zur Korrelation von Interaktionsverhalten und Gesprächsbeteiligung

Um eine empirische Konzeption „schülerorientierten" Kommunikationsverhaltens im fremdsprachlichen Rezeptionsgespräch entwickeln zu können, genügt es offensichtlich nicht, das Interaktionsverhalten der Gesprächsteilnehmer nur in Hinblick auf das in einer Lerngruppe bestehende Diskussionsinteresse zu betrachten, sondern es muß darüberhinaus ein Funktionszusammenhang zwischen der stillen interessierten Teilnahme der Schüler und ihrem aktiven Gesprächsengagement hergestellt werden.

In diesem Forschungsprojekt zur Klärung fremdsprachlichen Rezeptions- und Kommunikationsverhaltens konnte also ohne empirischen Nachweis nicht vorausgesetzt werden, daß die erwartete positive Kor-

---

[11] Die Werte für die statistische Wahrscheinlichkeit einer Interaktion zwischen dem thematischen Ausgangsinteresse und der kommunikativen Gesprächsstruktur lauten:
F= 0.9076013; df= 2; SF= 0.407

relation zwischen dem als „schülerorientiert“ definierten Interaktionsverhalten und einem hohen Gesprächsengagement der Schüler tatsächlich existierte.

Um einen solchen möglichen Zusammenhang zwischen den Prozentsätzen der „schülerorientierten“ Kommunikationsstrukturen und der Schülerpartizipation (in den 10 Versuchsgruppen) zu überprüfen, wurde eine Pearson'sche Produkt-Moment-Korrelationsanalyse[12] mit SPSS durchgeführt. Dazu mußten die folgenden intervallskalierten Variablen in den Computer eingegeben werden:

[12] "Ein Korrelationskoeffizient von +1 bedeutet, daß die Variablenwerte auf einer Geraden mit positiver Steigung liegen und bei einer Korrelation von -1 hat die entsprechende Gerade eine negative Steigung. Ein Wert von Null bedeutet, daß keine lineare Beziehung zwischen den Variablen vorliegt. Dies ist möglich, wenn die Meßwertepaare einer ungeordneten Punktewolke gleichen, aber auch, wenn sie durch eine Funktionsgleichung beschreibbar sind, die außerordentlich schlecht an eine Gerade angepaßt werden kann" (Hermann 1989:145).

In der Forschungspraxis werden diese Idealwerte allerdings kaum erreicht: Ein Korrelationskoeffizient von plus (bzw. minus) 0.8 deutet bereits auf eine stark positive (bzw. negative) Assoziation zwischen zwei Variablen hin.

Tabelle I.4

Variable (1): „Schülerorientierung“	*Variable (2)* Partizipation[13]
73 %	49 %
66 %	59 %
64 %	40 %
58 %	56 %
56 %	49 %
50 %	37 %
46 %	32 %
45 %	30 %
39 %	33 %
31 %	23 %

Der ermittelte empirische Pearson-Korrelationskoeffizient (r) von 0.8237 deutet auf eine starke positive Korrelation zwischen der Frequenz „schülerorientierter“ Kommunikationsstrukturen und dem Grad der Unterrichtsbeteiligung hin.[14]

Die lineare Beziehung zwischen den Meßwertepaaren soll in der folgenden graphischen Darstellung veranschaulicht werden:

[13] Der Prozentsatz der Partizipation nennt die Anzahl der Schülerworte an der mitteilungsbezogenen Kommunikation des unterrichtlichen Interpretationsgesprächs.

[14] Damit sind allerdings nur die Fälle der 10 beobachteten Leistungskurse erfaßt. Um e.g. eine Aussage über die unbekannte Korrelation in der Grundgesamtheit aller Leistungskurse an Hamburger Gymnasien im Schuljahr 90/91 treffen zu können, hätten die Versuchsgruppen einer repräsentativen Zufallsstichprobe entstammen müssen. In diese Untersuchung waren aber nur die wenigen Kurse der Schulen aufgenommen worden, die sich zur Zusammenarbeit bereit erklärt hatten.

Schaubild I.2

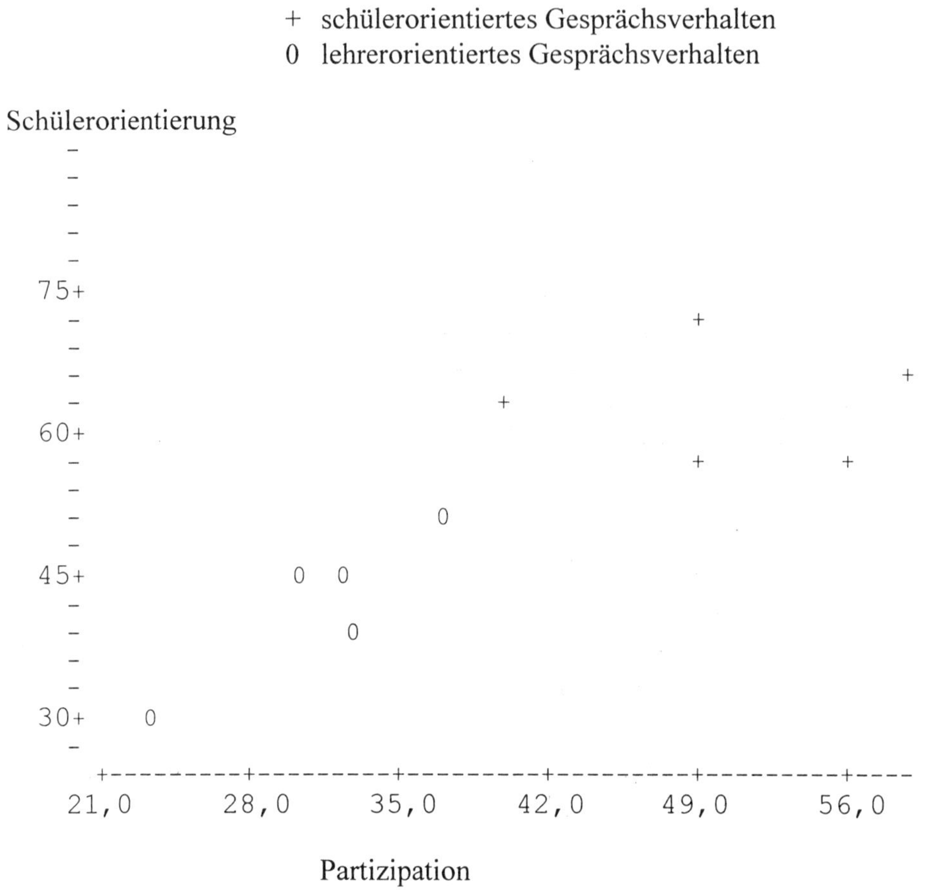

Die Zahlenangaben auf der vertikalen Achse nennen für jede der 10 Versuchsgruppen den prozentualen Anteil „schülerorientierter" Kommunikationsstrukturen. Die Zahlenangaben auf der horizontalen Achse geben an, wieviel Prozent der Unterrichtskommunikation jeweils aus interpretationsbezogenen Schülerbeiträgen bestehen. Es zeigt sich, daß die fünf niedrigsten/höchsten Prozentwerte der „Schülerorientierung" und die fünf niedrigsten/höchsten Prozentwerte für die Partizipation jeweils für dieselben Lerngruppen gelten. In der oben beschriebenen Varianzanalyse wäre danach also das interaktive Gesprächsverhalten als unabhängiger Variable beliebig mit der Unterrichtsbeteiligung austauschbar.

Damit wird nahegelegt, daß das Diskussionsinteresse der beobachteten Fremdsprachenschüler in unmittelbarer Beziehung zu ihrer Partizipation stand. Sowohl in der muttersprachlichen als auch in der fremdsprachlichen Literaturdidaktik fehlt bisher ein empirischer Nachweis für einen solchen Funktionszusammenhang. Obwohl das Interpretationsengagement der Schüler als Voraussetzung für ihre kognitive und affektive Horizonterweiterung gilt , sind die Ursachen für eine hohe/niedrige Unterrichtsbeteiligung bisher weitgehend unerforscht geblieben. Die Fremdsprachenforschung geht heute davon aus, daß die Sprachentwicklung der Lernenden entscheidend von der Möglichkeit der verbalen Interaktion mit anderen Sprechern bestimmt wird (cf. hierzu Teil I, 3.2.); dennoch hat die Fachdidaktik bisher keinen Versuch unternommen, dem in der Schulpraxis oft beklagten Mangel an fremdsprachlicher Gesprächsmotivation in einer empirischen Untersuchung auf den Grund zu gehen.

Mit dem Korrelationskoeffizienten kann nun allerdings auch in dieser Untersuchung keine kausale Beziehung zwischen dem kommunikativen Interaktionsverhalten und dem Unterrichtsengagement nachgewiesen werden:

> Der Korrelationskoeffizient ist .. als Maß für die Enge bzw. Stärke eines Zusammenhangs interpretierbar. Dieser Zusammenhang muß aber nicht kausaler Natur sein. Auch wenn ein kausaler Zusammenhang unterstellt wird, erlaubt die Interpretation eines Korrelationskoeffizienten keine Aussage über die Richtung der Kausalbeziehungen (Hermann 1989:148).

Es besteht also Unklarheit darüber, ob das Diskussionsinteresse der fremdsprachlichen Lerngruppen von dem im Klassenzimmer etablierten Interaktionsverhalten bestimmt wurde oder, ob die schulischen Interaktionsstrukturen ihrerseits an eine bestimmte Gesprächsmotivation der Schüler gebunden waren. Vorstellbar wäre eine Wechselwirkung: ein hohes Diskussionsinteresse dürfte eine „schülerorientierte“ Interaktionsform begünstigt haben, die ihrerseits die Möglichkeit zum Ausbau der vorhandenen Diskussionsinteressen gab und das Interpretationsengagement noch verstärkte.

Für dieses Untersuchungsprojekt dürfte allerdings auch die Indikation eines Wirkungszusammenhangs ohne Feststellung der kausalen Bezugsrichtung aussagerelevant sein. Die Analyse der in den Rezeptionsgesprächen zutage tretenden Interaktionsstrukturen ermöglichte nämlich eine durchaus adäquate Prognose für das Diskussionsinteresse der beobachteten fortgeschrittenen Fremdsprachenschüler.

1.5 Theoretische und schulpraktische Erkenntnisse aus der statistischen Analyse

In den beobachteten Leistungskursen waren das thematische Ausgangsinteresse und die im Klassenzimmer etablierten Kommunikations- und Interaktionsgewohnheiten voneinander unabhängige Voraussetzungen für die Gesprächsbereitschaft und die Entwicklung der Schülerperspektiven im Rezeptionsgespräch.

Ein Lehrer, der den Schülerinteressen bereits bei der Textauswahl Rechnung trug, dürfte dementsprechend eine notwendige Voraussetzung für die Unterrichtbeteiligung seiner Lerngruppe geschaffen haben.

Unabhängig von der „Beliebtheit" des Textes schien aber auch die Berücksichtigung der Schülerperspektive im Rezeptionsgespräch von entscheidender Bedeutung für die Beteiligungsbereitschaft der Lerngruppen gewesen zu sein.

Der unmittelbare Zusammenhang zwischen dem erklärten Diskussionsinteresse der Schüler und ihrer konkreten Unterrichtsbeteiligung mag darauf hindeuten, daß Unterrichtserfolg unmittelbar aus dem Schülerverhalten ablesbar ist. Ein Lehrer, der mit seinen Schülern über ihre Gesprächsbedürfnisse kommuniziert, dürfte entsprechend kaum wissenschaftliche Analysemethoden zur Diagnostizierung interaktionaler Kommunikationsstrukturen benötigen, um eine Aussage über die Gesprächsbereitschaft seiner Lerngruppe treffen zu können. Die unerwartete Zurückhaltung einzelner oder mehrerer Schüler in einer Gesprächsphase sollte ihn vielmehr sofort veranlassen, die Angemessenheit von Diskussionsform und -inhalt in Hinblick auf die Kommunikationsbedürfnisse der Lernenden zu überprüfen. Für den Schulalltag dürfte demnach eine post hoc Evaluation des Schülerengagements weniger wichtig sein als ein sofortiges Eingehen der Teilnehmer auf die aktuelle Gesprächssituation im Klassenzimmer.

Der Einsatz eines Fragebogens zur Diagnose thematischer Schülerinteressen mag die Auswahl eines Unterrichtstexts erleichtern und auch bei der Planung der Gesprächsausrichtung helfen. Dort, wo sich Schüler freimütig gegenüber dem Lehrer äußern können, ist jedoch zu erwarten, daß eine gemeinsame mündliche Gesprächsplanung und -analyse in den verschiedenen Stadien der Texterarbeitung den Gesprächsbedürfnissen der Lernenden weitaus gezielter Rechnung trägt.

2. Zur Interdependenz von Kommunikationsstruktur und -inhalt

In welcher Beziehung steht nun die Berücksichtigung der thematischen Schülerinteressen zu dem kommunikativen Interaktionsverhalten einer Lerngruppe?

Bringen „schülerorientierte“ Kommunikationsstrukturen tatsächlich die Topoi zur Sprache, die von der Lerngruppe gewünscht werden?[15]

2.1 Zur Analyse der empirischen Daten

Aus dem ersten Fragebogen war ablesbar, wie hoch jeweils das Schülerinteresse an den vorgebenen Themen ausfiel [16] und, welche

---

[15] Wir müssen hier offensichtlich zwischen den vor Unterrichtsbeginn existierenden Gesprächswünschen und den im Laufe der Unterrichtsarbeit entwickelten Textinteressen differenzieren.

[16] Ein mit *Definitely Yes* angegebenes Gesprächsinteresse wurde mit 2 Punkten gewertet; *Probably Yes* rangierte als ein Punkt.

eigenen Gesprächswünsche die Schüler besaßen.[17] Es konnte also errechnet werden, wieviel Prozent der Schüler einer Lerngruppe sich jeweils für ein Thema interessierten. Ein Topos wurde erst dann als interessant eingestuft, wenn es den Prozentwert von 50 erreichte.

Die Analyse des ersten Fragebogens ergab, daß die Schüler kaum zusätzliche Toposinteressen nannten. Die wenigen neuen Themenvorschläge ergaben pro Lerngruppe jeweils einen Interessenwert zwischen 10 und 20 Prozent, so daß sie in der Untersuchung vernachlässigt werden konnten.

Auch die im Unterricht neu entdeckten Textinteressen der Versuchsgruppen waren nach den Angaben des zweiten Fragebogens (Teil B) kaum maßgebend: in keiner Lerngruppe überstieg ein im Unterricht entwickeltes Diskussionsinteresse den Prozentwert von 35. Um die kommunikative Interaktionsstruktur in einer Lerngruppe unmittelbar mit der Berücksichtigung ihrer Toposinteressen in Beziehung setzen zu können, wurden die in den „schüler-" und „lehrerorientierten" Kursen (mit einem Interessenwert von über 50 Prozent) genannten Themen separat aufgeführt. Anhand der Unterrichtsprotokolle konnte dann festgestellt werden, wieviel Prozent der Schüleräußerungen in den Versuchsgruppen jeweils auf ein sogenanntes „interessantes" Thema verwandt wurden.[18]

---

[17] Diese gingen mit der Punktzahl 2 in das Wertungssystem ein.

[18] Um die themenbezogenen Sprechanteile zu ermitteln, sind die relevanten Gesprächsausschnitte in den Unterrichtsprotokollen mit einem entsprechenden Kodezeichen versehen worden. Dann konnte die Anzahl der Worte, die in einer Lerngruppe jeweils einem sogenannten interessanten Thema gewidmet wurde, mit Hilfe eines speziell für die Konversationsanalyse (conversation analysis) entwickelten Computerprogramms ermittelt werden. Zur thematischen Kodierung der Unterrichtsgespräche in den Versuchsgruppen cf. die Inhaltsanalysen im Anhang.

Tabelle II.1: Die „schülerorientierten“ Kurse

Gruppen	Thematisches Interesse ab 50 %	Sprechanteil per Thema	Sprechanteil per Gruppe (Durchschnitt)
Gruppe B	65 %	17 %	
	50 %	41 %	
	50 %	1 %	
			29, 5 %
Gruppe C	50 %	11 %	11, 0 %
Gruppe D	86 %	47 %	
	50 %	3 %	
	50 %	2 %	
			17, 3 %
Gruppe E	78 %	15 %	
	53 %	38 %	
	50 %	9 %	
			20, 6 %

Gesamtdurchschnitt für den Sprechanteil in allen Gruppen: 19,6 %

Tabelle II.2: Die „lehrerorientierten“ Kurse

Gruppen	Thematisches Interesse ab 50 %	Sprechanteil per Thema	Sprechanteil per Gruppe (Durchschnitt)
Gruppe F	70 %	34 %	
	54 %	3 %	
	50 %	0 %	
			12 %
Gruppe G	65 %	6 %	
	58 %	0 %	
	50 %	0 %	
			0 %
Gruppe H	68 %	0 %	0 %
Gruppe I	73 %	0 %	
	50 %	0 %	
			0 %
Gruppe K	60 %	2 %	2 %

Gesamtdurchschnitt für den Sprechanteil in allen Gruppen: 3, 2 %

Als themenbezogene Gesprächsanteile wurden nur solche Schüleräußerungen gewertet, die einen konkreten Interpretationsbeitrag leisteten, indem sie implizite Textaussagen entweder konstruierten, evaluierten oder transferierten. Schülerbeiträge, die der Klärung des Textverständnisses dienten, indem sie explizite Textaussagen rekapitulierten oder sprachliche/inhaltliche Zusammenhänge klärten, die für das unmittelbare Textverständnis relevant waren, fielen nicht in diese Kategorie.

2.2 Ergebnisse der Toposanalyse

Tabelle II.2 zeigt, daß in den „lehrerorientierten“ Kursen durchschnittlich nur 3,2% des Interpretationsgesprächs auf ein Thema verwandt wurden, das die Mehrheit der Schüler interessierte. In den „schülerorientierten" Gruppen wurden die Schülerinteressen laut Tabelle II.1 immerhin zu 19,6% berücksichtigt. Aber auch diese Zahl mutet noch sehr gering an, wenn wir bedenken, daß zu 80% des Interpretationsgesprächs solche Themen behandelt wurden, die nur für einige wenige Schüler und/oder den Lehrer interessant waren. Damit soll keineswegs impliziert werden, daß nicht jeder Schüler das Recht haben sollte, sein individuelles Diskussionsbedürfnis zu verwirklichen. In einem „echten" Gespräch, das nicht aus didaktischen oder anderen Erwägungen kontrolliert und gelenkt wird, ist jedoch davon auszugehen, daß die Berücksichtigung der Textinteressen in einem für alle Gesprächspartner annehmbaren Verhältnis zur Verteilung der thematischen Redeanteile steht. In den meisten Versuchsgruppen fand diese Selbstregulation des Gesprächs offensichtlich nicht statt. Die Ursache dafür dürfte in der relativ hohen „Lehrerorientierung" *aller* Versuchsgruppen gelegen haben (In den als eher „schülerorientiert" eingestuften Kursen lag die Frequenz der „lehrerorientierten" Gesprächsstrukturen doch immerhin noch zwischen 29 und 44 Prozent).

In einem der „lehrerorientierten" Kurse wurden sogar 57% der Interpretation einem Thema gewidmet, das nur das Interesse von einem Schülerdrittel fand; in einem anderen wurden 64% des Gesprächs mit einem Thema zugebracht, das nur 39% der Schüler interessierte. Die dort unterrichtenden Lehrer waren offensichtlich noch weniger auf die spezifische Interessenlage der Schüler eingegangen als ihre Kollegen in den „schülerorientierten" Versuchsgruppen. Doch auch diese „lehrerorientierten" Lerngruppen hatten offensichtlich bereits vor Diskussionsbeginn eine gewisse Präferenz für einige bestimmte Topoi entwickelt (73 Prozent der Schüler interessierten sich für „Pressures of society", 50 Prozent für „The message of the story"). Die „lehrerorientierte" Kommunikationsform in diesen Kursen kann also nicht damit gerechtfertigt werden, daß die Mehrheit der Schüler nicht wußte, worüber sie hätte sprechen wollen.

2.3 *Die Signifikanz der Ergebnisse*

Die Beziehung zwischen der Kommunikationsstruktur eines Interpretationsgesprächs und seiner Bezugnähe zu den thematischen Schülerinteressen ist hier bisher in einer ethnographisch deskriptiven Form etabliert worden. Die quantitativen Meßwerte sollten dabei eine intersubjektive Basis für den Vergleich der beiden Variablen schaffen.

Es ist allerdings keine systematische Korrelation zwischen den Werten für das thematische Schülerinteresse und den jeweils korrespondierenden Sprechanteilen der Schüler an diesen Themen (cf. Tabelle II.1 und II.2) möglich gewesen. Aus der Verteilung der thematischen Sprechanteile konnte nicht auf die Gruppenzugehörigkeit „schüler-" oder „lehrerorientiert" geschlossen werden. Die Ermittlung der durchschnittlichen Sprechanteile für die aus Schülersicht interessanten Themen ließ die unterschiedlichen Grade des Schülerinteresses unberücksichtigt. Auch die Berechnung der Sprechanteile blieb pauschal, da die unterschiedlichen Redezeiten der einzelnen Gesprächsteilnehmer in den jeweiligen thematischen Bereichen nicht in die Rechnung eingingen.

Auf die Frage, wie sich die gezielte Berücksichtigung thematischer Schülerinteressen auf das Diskussionsinteresse einer Lerngruppe auswirkt, gibt es also im Rahmen dieser Untersuchung noch keine umfassenden Antworten.

2.4 *Thematische Gesprächspräferenz und persönlicher Textbezug*

Bei der Diagnose der thematischen Gesprächsorientierung im Unterrichtsgespräch galt es zu berücksichtigen, ob die behandelten Topoi jeweils unmittelbar aus der Erlebnisperspektive der Teilnehmer behandelt wurden, oder ob die Sprecher keinen Bezug zwischen der fiktionalen Realität und ihrer eigenen Lebenswelt herstellen konnten/wollten. Es wurde daher der Prozentsatz aller persönlichen Interpretationsäußerungen an der Gesamtkommunikation der Schüler ermittelt und mit ihrer ursprünglichen Bereitschaft zur Selbstöffnung in

Beziehung gesetzt (cf. Fragebogen 1, Teil B)[19]. Es sollte gezeigt werden, daß die Lerngruppen ihre Bereitschaft zum persönlichen Textengagement eher bei einer „schülerorientierten" als bei einer „lehrerzentrierten" Kommunikationsform verwirklichen würden. Erwartet wurde entsprechend eine positive Korrelation zwischen der Interaktionsform der Rezeptionsgespräche und dem persönlichen Gesprächsengagement der Schüler.

Inwieweit nun ein solcher Funktionszusammenhang zwischen der textbezogenen Integration der privaten Schülerwelt und dem Unterrichtsengagement tatsächlich bestand, ist aus den folgenden Meßergebnissen zu ersehen:

Tabelle II.3

Variable 1= Bereitschaft zum persönlichen Textengagement
Variable 2= Sprechanteil mit persönlichem Textengagement

in den „schülerorientierten" Kursen:

Gruppen	Variable 1	Variable 2
Gruppe A	26 %	2 %
Gruppe B	21 %	3 %
Gruppe C	27 %	4 %
Gruppe D	52 %	9 %
Gruppe E	39 %	24 %

[19] Im Anhang, p. 239, findet sich eine Erläuterung dazu, wie der B-Teil des Fragebogens ausgewertet wurde.

in den „lehrerorientierten“ Kursen:

Gruppen	Variable 1	Variable 2
Gruppe F	32 %	0 %
Gruppe G	40 %	15 %
Gruppe H	36 %	46 %
Gruppe I	38 %	19 %
Gruppe K	10 %	34 %

Vergleichen wir die Werte für die „schüler-“ und „lehrerorientierten“ Kurse, dann wird sofort deutlich, daß die interaktionsspezifische Aufteilung der Versuchsgruppen weder mit der Intensität ihres persönlichen Gesprächsengagements noch mit ihrer prinzipiellen Bereitschaft zur Eröffnung privater Leseeindrücke (vor Diskussionsbeginn) korrespondiert. In der oben beschriebenen ANOVA (cf. pp. 184ff) sind die Meßwerte für die unabhängige Variable der Interaktionsform also keineswegs mit den hier genannten Prozentsätzen für das persönliche Gesprächsengagement der Schüler austauschbar. Das bedeutet, daß im Rahmen dieses Projekts kein systematischer Zusammenhang zwischen dem Diskussionsinteresse der Schüler und ihrer Bezugsnähe zum Text nachweisbar ist.

Auch das Ergebnis der Korrelationsanalyse mit den Werten für das Diskussionsinteresse und dem persönlichen Textengagement bestätigt diesen Eindruck: der Korrelationskoeffizient von -0.089 deutet darauf hin, daß keine lineare Beziehung zwischen den Variablen existiert.

Die graphische Korrelierung der Versuchswerte („Scattergram“) zeigt die zufällige Verteilung der Meßwerte:

Schaubild II.4a

Diskussionsinteresse

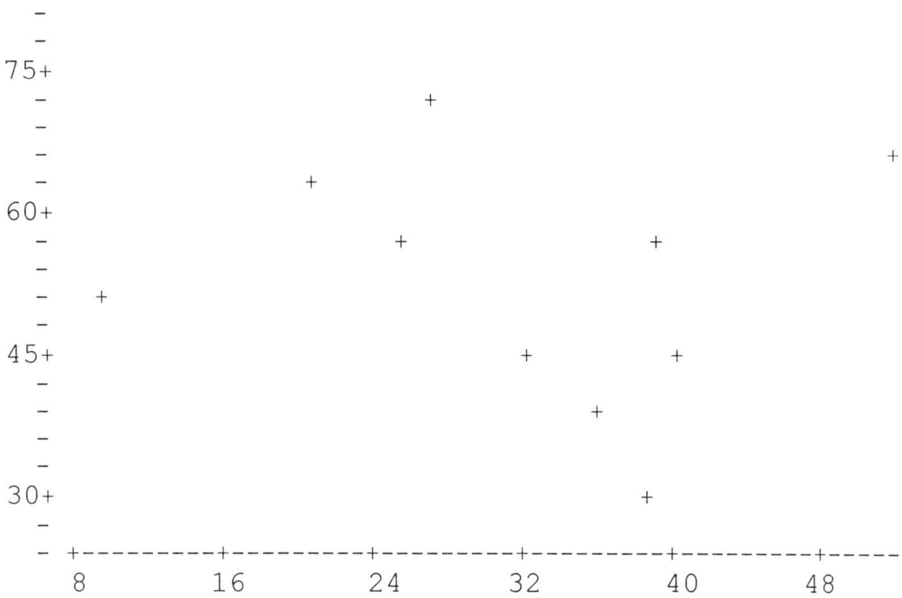

Textengagement

Es wurde außerdem eine Korrelationsanalyse mit dem 'Diskussionsinteresse' und dem 'Sprechanteil mit persönlichem Textengagement' durchgeführt. Der Korrelationskoeffizent beträgt hier -0.491.

Das „Scattergram" zeigt auch hier die zufällige Verteilung der Werte:

Schaubild II.4b

Diskussionsinteresse

```
  -
  -
75+    +
  -
  -
  -          +
  -   +
60+
  -  +                        +
  -
  -                                    +
  -
45+ +               +
  -
  -                                               +
  -
  -
30+                     +
  -
  - +---------+---------+---------+---------+---------+-----
    0        10        20        30        40        50
```

Sprechanteil

Die Annahme, daß sich die Schüler in den „schülerorientierten" Kursen eher persönlich entfalten würden als in den „lehrerzentrierten", findet sich keineswegs bestätigt, wenn wir den durchschnittlichen Sprechanteil in beiden Gruppen miteinander vergleichen. Mit 19% liegt der Anteil, der in den „lehrerorientierten" Versuchsgruppen auf die private Rezeptionsperspektive des Schülers verwandt wurde, sogar fast dreimal so hoch wie in den „schülerorientierten" Gruppen, obwohl die Bereitschaft zum persönlichen Engagement in beiden Kommunikationsgruppen vergleichbar war.

Wie ist dieses Ergebnis zu erklären?

Es ist kaum anzunehmen, daß sich der persönliche Sprechanteil von durchschnittlich 23% günstiger auf das Diskussionsinteresse auswirkte als der durchschnittliche Partizipationsanteil von 8%, da die Bereitschaft zum persönlichen Gespräch nur in einer der fünf „schülerorientierten“ und in keiner der „lehrerorientierten“ Versuchgruppen 50 Prozent erreichte. Es dürfte wahrscheinlicher sein, daß die Versuchspersonen gerade diejenigen Rezeptionsgespräche mit dem höchsten Diskussionsinteresse honorierten, die **nicht** den Einbezug ihrer privaten Lebenswelt erforderten. Die Empfehlung moderner Gesprächsdidaktiker, durch „Fragen nach dem persönlichen Erfahrungshorizont“ des Schülers „eine intensivere Reizung des Äußerungspotentials“ zu bewirken (cf. Heuer 1983: 236), ist also offenbar mit Vorsicht zu genießen. Fühlen sich die Lernenden nämlich verpflichtet, „ihre Einstellungen, Gefühle und persönlichen Gedanken zum Ausdruck zu bringen“ (cf. ibid.), könnte der verspürte Zwang zur Selbstoffenbarung auch zu einer Gesprächsverweigerung führen.

Im Rahmen dieser Untersuchung kann allerdings keine definitive Aussage über die Relevanz einer persönlichen Gesprächsorientierung für das Diskussionsinteresse fortgeschrittener Fremdsprachenschüler getroffen werden. Da die Bildung der Durchschnittswerte für die Sprechanteile mit persönlichem Textengagement nur auf fünf Einzelerhebungen pro Interaktionsklasse beruhte, war das geringere persönliche Gesprächsengagement in den „schülerorientierten“ Kursen keine nachprüfbare Voraussetzung für das dort existierende höhere Diskussionsinteresse. Es dürfte daher unverzichtbar sein, die Bedeutung persönlicher Gesprächsansätze für die Unterrichtsbeteiligung in einer quantitativ umfassenderen und qualitativ differenzierteren Untersuchung zu überprüfen.

Die hier vorliegenden Meßergebnisse sagen noch wenig darüber aus, warum sich die Versuchspersonen überwiegend gegen eine Integration ihrer persönlichen Lebenswelt ausgesprochen hatten (cf. die „Bereitschaft zum persönlichen Textengagement“, Tabelle II.3). Konnten sich die Schüler nur bedingt in die Lage der *personae* versetzen und wählten deshalb einen „sachlicheren“ Gesprächsansatz, oder hatte das Gesprächsklima im Klassenzimmer dem Wunsch zu einer persönlichen Gesprächsentfaltung im Wege gestanden?

Die Lehrerin von Kurs C, die sich darüber wunderte, daß die Schüler keinen persönlichen Bezug zum Text hatten herstellen können/wollen, bekam eine klare Stellungnahme aus der Lerngruppe:

> We don't mind talking about personal matters, but this story is not right for it. Usually it is more interesting when you can put yourself in the characters' position, but here I don't think so.[20]

In Kurs C hatte sich offenbar der Umstand, daß die Kurzgeschichte nicht auf die Lebenssituation der Schüler Bezug nahm, negativ auf das persönliche Gesprächsengagement der Teilnehmer ausgewirkt und hatte vermutlich auch ihr allgemeines Diskussionsinteresse beeinträchtigt. In den übrigen Gesprächsgruppen lag ein solcher Wirkungszusammenhang allerdings nicht nahe.

Wie eng grundsätzlich die Bezugsnähe des Textes zur lebensweltlichen Situation der Lernenden sein darf, kann offensichtlich nur im Kontext einer spezifischen Lernsituation ermittelt werden. Im Rahmen dieser Untersuchung wurde allerdings bewußt darauf verzichtet, die Schüler nach den Gründen ihrer Textdistanzierung zu befragen, um ein Eindringen in ihre Privatsphäre zu vermeiden. (Die Gesprächsmotivation einer Lerngruppe sollte m.E. nur von den *beteiligten* Schülern und ihrem Lehrer thematisiert werden, und auch nur dann, wenn *beide* Parteien zu einem „offenen Wort" bereit sind)

Die relativ geringe persönliche Gesprächsorientierung in den „schüler-" und „lehrerorientierten" Versuchsgruppen (cf. den Sprechanteil mit persönlichem Gesprächsengagement in Tabelle II. 3) dürfte gezeigt haben, daß eine Lehrerfrage nach dem persönlichen Erfahrungshorizont der Schüler nicht unbedingt, wie Heuer (1983:29) zu glauben scheint, das Interpretationsengagement fördert.

---

[20] Die Schüleräußerung ist in ihrer sprachlichen Originalform wiedergegeben worden, um ihrer Mitteilungsnuance unverfälscht Rechnung tragen zu können.

> Nur in einer entspannten Unterrichtsatmosphäre, die gekennzeichnet ist von Vertrauen und wechselseitiger Wertschätzung zwischen Schülern und Lehrer, aber auch der Schüler untereinander, sind optimale Rezeptionsgespräche, in denen die Schüler zugleich ihre Ich-Identität einbringen und aufarbeiten, zu erwarten. In der Regel kommt dem Lehrer bei der Etablierung dieses positiven Lernklimas eine Schlüsselrolle zu. Werden Textsequenzen bzw. Textprojekte zusammengestellt, die beim interpretierenden Gespräch im Unterricht von den Schülern eine hohe Bereitschaft der subjektiven <<Selbstoffenbarung>> verlangen, ohne daß ein entsprechendes soziales Klima des wechselseitigen Vertrauens in der Lerngruppe oder zum Lehrer vorhanden ist, so kann es zur Gesprächsverweigerung einzelner oder aller Schüler kommen (Brusch 1986:88).

3. Das Spezifikum der expliziten Spracharbeit im fremdsprachlichen Rezeptionsgespräch

In dieser Arbeit bezog sich die Feststellung einer „schülerorientierten" Interaktionsform ausschließlich auf die Diagnose der Kommunikationsstrukturen im mitteilungsbezogenen Gesprächsbereich, da auf der primär sprachbezogenen Gesprächsebene keine systematische Beziehung zwischen der Kommunikationsstruktur und dem Diskussionsinteresse der Schüler erkennbar wurde. In der Versuchsgruppe A bestand sowohl das höchste Diskussionsinteresse als auch die höchste „Lehrerorientierung" im sprachbezogenen Kommunikationsbereich. Versuchsgruppe G mit dem niedrigsten Diskussionsinteresse zeigte allerdings eine fast ebenso hohe „Lehrerorientierung" im sprachbezogenen Bereich wie Gruppe A. Die Gruppen F und H hatten dasselbe Diskussionsinteresse, obwohl sie sich hinsichtlich der „Schülerorientierung" im sprachbezogenen Bereich deutlich unterschieden.

Eine „lehrerorientierte" Kommunikationsform während der expliziten Spracharbeit stand also offenbar einer hohen „Schülerorientierung" im mitteilungsbezogenen Interpretationsgespräch nicht im Wege. Dieser Umstand scheint zu implizieren, daß jeder Fremdsprachenlehrer den sprachbezogenen Kommunikationsbereich dominieren kann, ohne dadurch das Interpretationsengagement seiner Lerngruppe beeinträchtigen zu müssen. Das Argument, daß ein „schülerorientiertes" Rezeptionsgespräch in der Fremdsprache nicht möglich sei, solange der Schüler noch auf die sprachliche Betreuung des Lehrers angewiesen ist, wäre damit in Zweifel gezogen.

3.1 Übersicht über die sprachliche und kognitive „Schülerorientierung" in den Versuchsgruppen

Um festzustellen, ob in den Versuchsgruppen eine lineare Beziehung zwischen der Frequenz der „Schülerorientierung" im sprach- und mitteilungsbezogenen Bereich bestand, wurde eine Produkt-Moment-Korrelationsanalyse (mit SPSS) durchgeführt und ein Scattergramm erstellt. Der Korrelationskoeffizient (r) von -0.452 und die zufällige Verteilung der Werte im Koordinatensystem sprechen dafür, daß sich das Interaktionsverhalten im sprach- und mitteilungsbezogenen Bereich unabhängig voneinander entwickelten.

Schaubild III.1

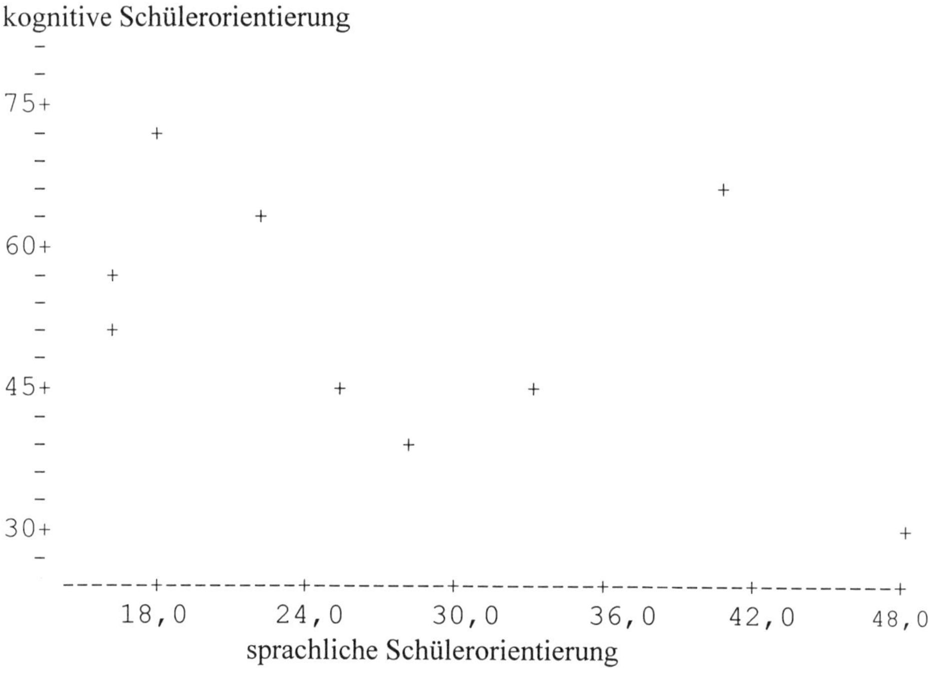

3.2 Differenzierter Vergleich der sprach- und mitteilungsbezogenen Kommunikation

Tabelle III.2 Grad der „Schülerorientierung“

schülerorientierte Gruppen	kognitive Schüler-orientierung	sprachliche Schüler-orientierung
Gruppe A	56 %	16 %
Gruppe B	64 %	22 %
Gruppe C	66 %	41 %
Gruppe D	73 %	18 %
Gruppe E	58 %	? %
Durchschnitt für diese Gruppen	63 %	24 % (?)
lehrerorientierte Gruppen	kognitive Schüler-orientierung	sprachliche Schüler-orientierung
Gruppe F	45 %	33 %
Gruppe G	39 %	28 %
Gruppe H	46 %	25 %
Gruppe I	31 %	48 %
Gruppe K	50 %	16 %
Durchschnitt für diese Gruppen	42 %	30 %

In den „schülerorientierten“ Kursen war die Diskrepanz zwischen der durchschnittlichen kognitiven und sprachlichen „Schülerorientierung“ deutlich höher als in den „lehrerorientierten“ Kursen. Das aktive Schülerengagement konzentrierte sich hier offenbar auf den mitteilungsbezogenen Bereich, in dem ein relativ hohes Diskussionsinteresse bestand.

In den meisten „lehrerorientierten“ Kursen dagegen war das Interaktionsverhalten in beiden Kommunikationsbereichen vergleichbar. Nur in Gruppe K zeigte sich eine deutliche Diskrepanz. Bemerkenswert in dieser Lerngruppe war der Mangel an „sprachlicher Initiative“. Die Schüler unterzogen sich selten der Mühe, den adäquaten englischen Ausdruck zu suchen und wichen gerne in die deutsche Sprache aus. Die sprachliche Form der Gesprächsbeiträge war oft lax und mit vermeidbaren Fehlern gespickt, so daß sich der Lehrer beständig zum evaluativen Feedback und zur Reinitiation des fehlerhaften Ausdrucks aufgefordert fühlte.

Es ist zu vermuten, daß diese Schüler mit ihrer Passivität im sprachbezogenen Bereich auf ein fehlendes inhaltliches Textinteresse aufmerksam machen wollten (Das thematische Ausgangsinteresse war hier mit 20% niedriger als in allen anderen Versuchsgruppen). Daraus ist allerdings keine generalisierbare Aussage über einen Wirkungszusammenhang zwischen dem Schülerverhalten im sprach- und inhaltsbezogenen Kommunikationsbereich ableitbar.

Aus den Beobachtungen in Gruppe K können wir kaum die Schlußfolgerung ziehen, daß sich fortgeschrittene Fremdsprachenschüler mit einem besonders geringen Text- und/oder Diskussionsinteresse grundsätzlich nicht sprachlich engagieren mögen. Es wäre nämlich auch vorstellbar, daß sich eine Lerngruppe gerade dann besonders gerne auf explizite Spracharbeit und Formanalyse einläßt, wenn sie wenig an einer inhaltlichen Gesprächsprogression interessiert ist. Um diese Hypothese überprüfen zu können, müßten wir allerdings das Sprachverhalten mehrerer (am Unterrichtstext nicht) „interessierter“ Lerngruppen untersucht haben. Das thematische Ausgangsinteresse an Dorothy Parkers Kurzgeschichte aber lag in dieser Untersuchung bei durchschnittlich 49 Prozent.

4. *Gesamtüberblick über die Ergebnisse der empirischen Untersuchung*

Die Analyse und Evaluation des fremdsprachlichen Kommunikationsverhaltens von zehn Englischleistungskursen legte einen unmittelbaren Zusammenhang zwischen dem Diskussionsinteresse der fortgeschrittenen Fremdsprachenschüler und ihrer Beteiligung im Interpretationsgespräch nahe. Das Medium der Fremdsprache hatte die Versuchspersonen offensichtlich nicht daran gehindert, ihren Gesprächsinteressen verbal Ausdruck zu verleihen.[21]

4.1 Die statistische Signifikanz der Ergebnisse

Die Varianzanalyse ergab einen hohen Signifikanzwert für die Wahrscheinlichkeit eines Funktionszusammenhangs zwischen dem thematischen Interesse der Versuchsgruppen und ihrem Kommunikationsverhalten. Die Probabilität dieses Ergebnisses impliziert allerdings keineswegs, daß wir aus ihm generelle Schlußfolgerungen über das Unterrichtsverhalten fortgeschrittener Fremdsprachenschüler ziehen dürfen. Um einen solchen Anspruch auf statistische Repräsentativität stellen zu können, hätten die Versuchsgruppen eine repräsentative Zufallstichprobe aus der Grundgesamtheit (e.g.) aller Leistungskurse an Hamburger Gymnasien innerhalb eines Schuljahres konstituieren müssen.[22] Im Rahmen dieses Forschungsprojekts war es aber unmöglich gewesen, eine Stichprobenziehung nach den Vorschriften der statistischen Lehrbücher durchzuführen. Nur der Vermittlung der mir persönlich an vier Hamburger Gymnasien bekannten Kollegen war es zu verdanken, daß sich schließlich überhaupt zehn Leistungskurse mit den entsprechenden sprachlichen Voraussetzungen zur Teilnahme bereit fanden.

Nichtsdestoweniger mögen bereits schon diese im engen Untersuchungsrahmen gewonnenen Einblicke in das fremdsprachliche Rezeptions- und Kommunikationsverhalten fortgeschrittener Englischschüler eine wichtige neue fachdidaktische Perspektive eröffnen. Die Auswahl der Versuchsgruppen und ihrer Lehrer war nämlich in

[21] Es wäre interessant zu beobachten, inwieweit diese Feststellung auch für Schüler auf einem niedrigeren Sprachniveau (e.g. in einem Grundkurs oder auf der Vorstufe) zutrifft.

[22] Cf. Schleth, U. (1989), *Die Datensammlung*, p. 20-22.

jedem Falle unabhängig von ihrem Interaktionsverhalten und/oder ihrer Grundeinstellung zu der literarischen Textvorlage erfolgt. Um dem kommunikativen Unterrichtsverhalten der Versuchsteilnehmer möglichst unvoreingenommen zu begegnen, hatte die Forscherin selbstverständlich darauf verzichtet, ihr bereits bekannte Kurse und Fachlehrer in die Untersuchung aufzunehmen.

4.2 Die Relevanz der motivationstheoretischen Aussage

> Spontaneous communication and free interaction are possible in any language only when teachers and their students have built up a warm, uninhibited, confident, sympathetic relationship and when such a relationship also exists among students themselves...It is because of this fundamental interpersonal factor that methods and techniques imposed on the teacher, efficient as they might have seemed in the abstract in terms of language-learning theory, have always proved successful for some people working with some classes but not for all. The interaction of teacher personality, multiple student personalities, and what each brings into the classroom from the outside can be observed only in unique situations (Rivers 1976:4f).

Das beobachtete Gesprächsverhalten der Versuchsgruppen deutete darauf hin, daß die Intensität der Unterrichtsbeteiligung sowohl durch das Textinteresse der Lerngruppe als auch die im Klassenzimmer praktizierte Interaktionsform bestimmt wurde. Mit welcher Wahrscheinlichkeit dabei auch noch andere Motivationsfaktoren (wie z.B. bisherige positive oder negative Unterrichtserfahrungen) für das Diskussionsinteresse der Schüler eine Rolle gespielt hatten, war nicht Gegenstand der statistischen Untersuchung.

In der vorgenommenen Varianzanalyse war die Lernatmosphäre nicht mit der Gesprächsbereitschaft der Schüler korreliert worden, so daß aus dem vorliegenden Ergebnis der ANOVA nicht erkennbar ist, in welchem Umfang das beobachtete kommunikative Interaktionsverhalten jeweils von einer (extrinsischen) personenorientierten Motivation bestimmt wurde.

Im Rahmen der sachbezogenen Motivationsanalyse dieser Studie konnte nicht ermittelt werden, ob das Interpretationsengagement der Schüler durch die Entdeckung neuer Diskussionsinteressen im Rezeptionsgespräch beeinflußt worden wäre. Da sich die Versuchspersonen schon vor Diskussionsbeginn mit mehreren thematischen Gesprächsvorschlägen auseinandersetzen konnten, mag es nicht überraschen, daß sie im Unterrichtsgespräch keine weiteren für sie interessanten Themen entdeckten.

Der Umstand, daß die thematischen Präferenzen der Schüler schon zu Diskussionsbeginn feststanden, ist hier allerdings insofern von Bedeutung, als er die Feststellung vorhandener Schülerinteressen erleicherte.

4.3 Der interaktionale Aspekt

Um eine „schülerorientierte" Kommunikationsform definieren zu können, genügte es nicht, das Interaktionsverhalten des Lehrers zu analysieren, sondern es mußten darüberhinaus die kommunikativen Bezüge der Schüleräußerungen in Betracht gezogen werden. Die in diesem Projekt erarbeitete Definition interaktionaler „Schülerorientierung" basiert entsprechend auf dem Kommunikationsverhalten von Lehrenden *und* Lernenden.

Die empirische Interaktionsanalyse ergab, daß die Rezeptions- und Diskussionsbedürfnisse der Lernenden vor allem in denjenigen Kursen verwirklicht werden konnten, in denen das Interpretationsgespräch relativ selten aus der Lehrerperspektive initiiert und evaluiert wurde.

Ein dominantes Interaktionsverhalten des Lehrers im Interpretationsgespräch kann also offensichtlich der Realisierung vorhandener Diskussionsbedürfnisse im Wege stehen und wirkt sich in diesem Falle negativ auf das Interpretationsengagement der Schüler aus.

Sollte sich der in dieser Forschungsarbeit aufgezeigte Wirkungszusammenhang zwischen dem schulischen Interaktionsverhalten und dem Interpretationsengagement des Fremdsprachenschülers in einer statistisch repräsentativen Studie bestätigen lassen, wären daraus folgende allgemeine Schlußfolgerungen für das textdeutende Interpretationsgespräch des fortgeschrittenen Englischunterrichts zu ziehen:

Damit die Gesprächsinteressen der Schüler im Unterricht adäquat berücksichtigt werden können, sollte sich die Textarbeit im Unterricht permanent an der Rezeptionsperspektive der Schüler orientieren. Dies ist wiederum nur dann möglich, wenn die Lerngruppe eigene Deutungsansätze entwickeln kann, ohne daß diese von dem Lehrer evaluiert oder rektifiziert werden. Diskursformen, die von der thematischen Initiation des Lehrenden getragen werden und den Lernenden keine aktive Rolle bei der Gesprächsführung zugestehen, führen dagegen zu einem niedrigen Interpretationsengagement.

Selbst in den eher „schülerorientierten" Versuchsgruppen dieser Untersuchung hatten die „lehrerzentrierten" Äußerungszüge noch durchschnittlich 37 Prozent eingenommen, so daß offensichtlich in keinem der analysierten Rezeptionsgespräche von einer optimalen Integration der Schülerperspektive die Rede sein konnte. Es dürfte also nicht überraschen, daß das Diskussionsinteresse auch in den sogenannten „schülerorientierten" Versuchsgruppen im Durchschnitt unter 50 Prozent lag.

Bei der Diagnostizierung des Wirkungszusammenhangs zwischen dem Interaktionsverhalten der Gesprächsteilnehmer und der Frequenz der Unterrichtsbeteiligung spielte die absolute Zahl „schüler-" und „lehrerorientierter" Interaktionsstrukturen jedoch keine Rolle. Da die Klassifizierung der Versuchsgruppen in „schüler-" oder „lehrerorientiert" auch auf der Basis ganz anderer Werte möglich gewesen wäre, dürfte die Gültigkeit des Untersuchungsergebnisses nicht auf die Kommunikations- und Interaktionsbedingungen dieser spezifischen Kurse beschränkt bleiben.

4.4 Der literaturdidaktische Aspekt

Als weitere Ursache für die relativ geringe Diskussionsbereitschaft der Versuchsgruppen ließ sich ihr relativ niedriges Grundinteresse an dem Unterrichtstext „You were perfectly fine“ vermuten: Das thematische Grundinteresse an der Kurzgeschichte lag in den „schülerorientierten“ Rezeptionsgesprächen im Durchschnitt bei 57% und in den „lehrerorientierten“ bei 40% .

Betrachten wir das durchschnittliche Textinteresse für alle Versuchsgruppen, dann fällt auf, daß die von Hamburger Oberstufenlehrern oft behandelte Short Story „You were perfectly fine“ bei den Schülern nicht einmal einen Interessenwert von 50% erreichte. Da sich dieser Umstand unmittelbar auf das spätere Interpretationsengagement der Kursteilnehmer auswirkte, galt es zu untersuchen, warum die Geschichte keine günstigere Kommunikationsgrundlage für das literarische Textgespräch geboten hatte. Die im Rahmen dieser Untersuchung gewonnenen Eindrücke zur literaturdidaktischen Eignung der Kurzgeschichte ließen sich zwar nicht statistisch verifizieren, sind jedoch insofern relevant, als sie aus der empirischen Analyse des kommunikativen Schüler- und Lehrerverhaltens gewonnen wurden.

Die Annahme, daß die Thematik der *Short Story* zu weit von der Lebenssituation der Schüler entfernt sei, um für sie interessant sein zu können, bestätigte sich nur bei einem geringen Prozentsatz der Gesprächsteilnehmer: Nur die Versuchsgruppe K war offensichtlich aufgrund eines Mangels an lebensweltlicher und/oder literarischer Erfahrung außerstande, die Oberflächenstruktur des Textes zu durchdringen. Folgende Schüleräußerungen waren repräsentativ für die Texteinstellung dieser Gruppe:

I think the motive of the story is absolutely old because it's stories, lots of stories, where the man wakes up in the morning ... and his wife says to him: 'Oh, you don't remember what you did'...It's like the joke everybody tells twice a week.[23]

In den übrigen Versuchsgruppen gewannen die Gesprächsteilnehmer einen unmittelbaren lebensweltlichen Textbezug, der ihnen erlaubte, verschiedene Hypothesen über die Lebenslage der *personae* zu entwickeln:

(1) She seems so desperately in love and she tries to tell him and herself that he was perfectly fine in order to make what happened seem more realistic and I don't know what they did in this taxi, but I'm sure it meant something to her. And she needs it.- And it's pretty sad because he doesn't remember it and doesn't care about her.[24]

(2) I don't think that he doesn't like her or that he has no emotions for her because, if he didn't like her he could say 'Well, I don't remember', but he didn't want to hurt her.[25]

(3) Couldn't it be that he just not had the courage to tell her that he liked her, and now that he was drunk, he told her everything...and now he is not so sure about himself?[26]

(4) A strong argument against him just playing a game with her is that, at the very end, he has trembling and damp hands.[27]

In zwei der fünf „schülerorientierten" Versuchsgruppen schien das Interpretationsengagement der Schüler dadurch beeinträchtigt zu werden, daß im Unterricht keine verbindliche Textinterpretation erarbeitet werden konnte. [28]

---

[23] Aus dem Wortprotokoll der Gruppe K.
[24] Aus dem Wortprotokoll der Gruppe D.
[25] Aus dem Wortprotokoll der Gruppe G.
[26] Aus dem Wortprotokoll der Gruppe G.
[27] Aus dem Wortprotokoll der Gruppe B.
[28] In Versuchsgruppe B lag das thematische Ausgangsinteresse bei 60 Prozent, während das Diskussionsinteresse nur 37 Prozent erreichte. In Versuchsgruppe C lag das thematische Ausgangsinteresse bei 49 Prozent, während das Diskus-

Vor allem die Gesprächsteilnehmer der Gruppe B hatten wiederholt beklagt, daß Dorothy Parker ihnen zu wenig Hintergrundinformationen gegeben hatte, als daß sie sich auf eine einzige Lesart hätten festlegen können:[29]

(1) I think in whichever way we read it, there is that ambiguity that the story has different interpretations for the person who reads it.

(2) Every personality makes its personal interpretation- because she (the authoress) doesn't say clearly what it is. So if we in a group want to find our one interpretation, we won't because we don't have this information.

(3) This story is a sort of shoe that fits everybody because we have this picture of the world and ... everybody has his way of making up an opinion. This story is perfect for a lot of people because, if I am someone who, let's say, always thinks bad about men, I would probably also think bad about him and he is probably playing with her or something like that. When I think that the girl is always the wrong person or the bad person, I can also assume that she is the bad one here...It is not only the (open) ending of the story...The characters are not described, not really. You are fully free to say who they are, how they look, what they do, what their job is, how old they are - the whole background. Not only the background of the characters but also the background of what has happened.

Die von den Schülern der Gruppen B und C beschriebene Ambiguität des Textes wurde von ihren Lehrern offenbar ohne weiteres akzeptiert:

(Lehrer der Gruppe B:) So if it is a story with an ambiguity, what kind of ambiguity is it? ... So where in that story is that element of uncer-

---

sionsinteresse nur 38 Prozent betrug.

[29] Die folgenden drei Schüleräußerungen sind in Versuchsgruppe B getroffen worden.

tainty? insecurity? - one of you called it ambiguity.

(Lehrer der Gruppe C:) When you do some close reading, you can prove a lot of things, and misunderstandings - you can exclude. But sometimes, as in this story,- it's interesting - I don't know an interpretation which is right.

Der Umstand, daß diese Schüler zu keinen konklusiven Aussagen über die Handlungsmotivation der Charaktere gelangen konnten, hatte sich offenbar negativ auf ihre Gesprächsmotivation ausgewirkt. Viele Gesprächsteilnehmer zeigten insbesondere gegen Ende der Unterrichtsdiskussion eine gewisse Resignation gegenüber dem empfundenen Deutungswiderstand des Textes.

In den „schülerorientierten" Kursen A und E, in denen der Lehrer auf die Erarbeitung verbindlicher Textaussagen Wert gelegt hatte, betrug die Diskrepanz zwischen dem ursprünglichen Textinteresse der Schüler und ihrem späteren Diskussionsinteresse dagegen nur 4 bzw. 5 Prozentpunkte.

In dem fünften „schülerorientierten" Kurs D hatten die Schüler mit 74% das höchste Textinteresse von allen Versuchsgruppen angemeldet und mit 54% das zweithöchste Diskussionsinteresse erreicht. Auch in dieser Gesprächsgruppe wurde zwar keine verbindliche Lesart festgelegt; die Teilnehmer schienen hier jedoch die relative Offenheit des Gesprächs in Interpretationsansatz und -ergebnis zu begrüßen.

4.5 Unterrichtsmethodische Konsequenzen für den Literaturunterricht

Die Beurteilung der didaktischen Möglichkeiten eines schulischen Interpretationsgesprächs beruht offensichtlich entscheidend auf der Diagnose der in einer Lerngruppe jeweils üblichen Kommunikationsgewohnheiten. Das Kommunikationsverhalten der beobachteten Leistungskurse läßt vermuten, daß die Behandlung der Kurzgeschichte

„You were perfectly fine" prinzipiell nur in solchen Gesprächsgruppen zu einem intensiven Interpretationsengagement führen kann, in denen der Lehrer mit dem literaturdidaktischen Ansatz „Deconstruction" (cf. Teil I, 2.4.) vertraut ist und seine Schüler entsprechend auf die Signifikanz ambivalenter Textstrukturen vorbereiten kann.

Von den zehn Lehrern, die an diesem Projekt fremdsprachlicher Literaturrezeption teilnahmen, akzeptierten nur die Kursleiter der Gruppen B, C und D tendenziell die Mehrdeutigkeit der Interpretationsaussage als Unterrichtsergebnis; alle anderen versuchten in der Regel die verschiedenen Deutungsaussagen der Schüler aus ihrer eigenen Rezeptionsperspektive zu koordinieren und in unterschiedlichem Maße auch zu vereinheitlichen. Die Spielbreite der als akzeptabel geltenden Textdeutungen war in den „schülerorientierten" Kursen zwar prinzipiell größer als in den „lehrerzentrierten", eine gewisse Zensierung der Schülerperspektive fand jedoch auch dort statt.

Wollen wir die Intensität und die Frequenz der Unterrichtsbeteiligung im Lektüregespräch erhöhen, dann müssen Lehrer und Schüler offenbar zunächst lernen, die potentielle Bedeutungsvielfalt eines literarischen Textes zu akzeptieren. Die literaturwissenschaftliche Weiterbildung des Lehrers ist nur *eine* Voraussetzung für die effizientere literaturdidaktische Unterrichtsgestaltung; ebenso wichtig ist es, daß die Schüler stufenweise auf die Akzeptabilität eines multiperspektiven Textansatzes vorbereitet werden.[30]

> Die Beschäftigung mit Literatur hat nicht zuletzt darin ihren Sinn, daß Schüler ..in einer Gruppe erfahren, wie sie ein und denselben Text unter unterschiedlichen Perspektiven deuten können und wie sie an der Sinnkonstitution beteiligt sind, so daß sie angeregt werden, die eigenen Voraussetzungen zu reflektieren (Bredella 1995:65).

[30] Ein Lehrer, der seinen Schülern plötzlich eröffnet, daß auch er keine verbindliche Interpretation anbieten könne, Dürfte bei der Lerngruppe lediglich Enttäuschung und/oder Unverständnis auslösen.

Dabei wird der Lehrer darauf achten müssen, daß „das Verstehen literarischer Texte nicht auf Selbstreflexion verkürzt wird“ (cf. Bredella 1995:66), sondern daß die Schüler mit der Auffassung des Textes in Beziehung tritt und auf diese Weise Zugänge zur zielsprachigen Kultur findet.

4.6 Zur Veränderbarkeit der bestehenden schulischen Rezeptions- und Kommunikationsgewohnheiten

Der Lehrer besitzt offenbar eine unmittelbare Einflußmöglichkeit auf das Kommunikationsverhalten seiner Schüler: er kann sie zur Entwicklung eigener Interpretationsansätze ermutigen oder er kann ihre Rezeptionsäußerungen durch die Interaktionszüge der Lehrerinitiation und -evaluation auf eine bestimmte Textdeutung festlegen. In diesem Sinne bedeutet die empirische Unterscheidung zwischen einer „lehrer-“ und „schülerorientierten“ Interaktionsform zugleich die Diagnostizierung eines bestimmten Unterrichtsstils.

Es ist allerdings nicht auszuschließen, daß die Schüler bestehende Möglichkeiten zur Gesprächsinitiative nicht wahrnehmen, da sie, z.B. nach einem Lehrerwechsel, noch nicht daran gewöhnt sind, eigene Diskussionsansätze zu entwickeln. Diese Problematik wurde in der Versuchsgruppe D deutlich: obwohl der betreffende Fachlehrer permanent versucht hatte, die Gesprächsinitiative der Schülergruppe zu überlassen, indem er die wenigen vorhandenen Schülerimpulse aufnahm und erweiterte, waren die Teilnehmer selbst bei der Behandlung der von ihnen favorisierten Themen kaum bereit, den Diskussionsfaden aufzunehmen. In dem Lernverhalten der betreffenden Schüler spielte also offensichtlich die sachbezogene, intrinsische Motivation gegenüber der sozialbezogenen, extrinsischen eine untergeordnete Rolle. Die mangelnde Gesprächsinitiative der Gruppe D war anscheinend ein Zeichen ihrer Unsicherheit in der neuen Kommunikationssituation: Die Schüler kannten den Lehrer offenbar noch nicht gut genug, um mit eigenen Diskussionsvorschlägen aus der Anonymität der Gruppe hervortreten zu wollen.

Die auf die Schülerperspektive abgestimmte thematische Gesprächsorientierung und die offene Kommunikationshaltung des Lehrers sind - nach den in Versuchsgruppe D gewonnenen Forschungseindrücken - eine notwendige, aber noch keine hinreichende Voraussetzung für ein intensives „schülerorientiertes" Interpretationsgespräch im fremdsprachlichen Klassenzimmer. Eine Interaktionskonzeption, die zur Klärung fremdsprachlicher Redemotivation beitragen will, sollte demnach immer auch die Kommunikationsgeschichte der Lernenden ins Blickfeld nehmen. Nicht nur die Mitteilungsabsicht des Lehrers, sondern vor allem auch die verschiedenen affektiven und kognitiven Kommunikationserwartungen der einzelnen Schüler, nach denen die Kommunikationsschritte des Lehrers in einer bestimmten Weise interpretiert werden, dürften also maßgebend für das kommunikative Verhalten einer Lerngruppe sein.

> the students may be adhering to a set of rules, expectations, or procedures established prior to the day of observation. Some of these may be stable over time and, therefore, the observer recording these behaviors would get a representative set of behaviors. Some of the behaviors might be situation specific, content specific, or time specific. Without knowing which behaviors were stable and representative of the event under study, and which were idiosyncratic to the specific day and time, the researcher will be constrained in what can be generalized about this teacher, pupil, or class (Evertson & Green 1983:167).

Die in einem Klassenzimmer bereits etablierten „lehrerorientierten" Kommunikationsgewohnheiten zu verändern, kann für den „neuen" Lehrer mit großen Schwierigkeiten verbunden sein, da die Lerngruppe noch nicht an eine aktive Gesprächsrolle gewöhnt ist. Inwieweit allerdings Schüler lernen können, bestehende Interaktionsstrukturen zu durchbrechen, dürfte weniger von dem Interaktionsverhalten einzelner Lehrer, als vielmehr von dem an einer Schule generell praktizierten Interaktionsverhalten bestimmt werden, das wiederum in Abhängigkeit von dem gesellschaftlichen Verständnis der Institution Schule zu betrachten ist.

Selbst wenn von den Lehrern die Erziehung ihrer Schüler zur Mündigkeit, Selbst- und -mitbestimmung als Lehrziel anerkannt wird, so scheint doch das Lehrverhalten oftmals im Widerspruch mit diesen Erziehungszielen zu stehen. Wahl, Weinert & Huber (1984) sehen die Ursache dafür in den sogenannten unbewußten Zielkonflikten des Lehrers, der übergeordnete Erziehungsziele zeitweise außer Acht läßt, um kurzfristige Ziele zu erreichen:

> Dies hängt damit zusammen, daß beim Reagieren in unterrichtlichen Situationen sehr rasch gehandelt werden muß, und der Zusammenhang zwischen dem aktuellen Tun und den übergeordneten Lernzielen gar nicht mehr überlegt werden kann (ibid.:46).

Auch wenn sich ein Lehrer ein schülerorientiertes Interpretationsgespräch wünscht, ist es also sehr wohl möglich, daß er einige Schülerbeiträge nicht aufnimmt, weil sie s.E. zu weit vom Thema und damit von dem fachlich-inhaltlichen Pensum der Stunde abführen.

Die hohe Frequenz der lehrerorientierten Gesprächssequenzen in den Interpretationsgesprächen über die Short Story *You Were Perfectly Fine*[31], darf also nicht automatisch auf eine autoritäre Lehrerhaltung zurückgeführt werden.

4.7 Der fremdsprachliche Kommunikationsaspekt

Die in dieser Arbeit auf empirischer Basis entwickelte Konzeption interaktionaler „Schülerorientierung" im fremdsprachlichen Rezeptionsgespräch bietet ein Analyseinstrumentarium zur Feststellung lernerorientierter Kommunikation.

Die Beobachtung, Analyse und Evaluation von zehn Interpretationsgesprächen im fortgeschrittenen Englischunterricht hat gezeigt, daß auch in der Fremdsprache eine partner- und sachorientierte Ge-

---

[31] In vier der zehn Versuchsgruppen betrug der Prozentsatz der „Lehrerorientierung" im mitteilungsbezogenen Kommunikationsbereich über 50%.

sprächsorientierung möglich ist. Der in den Versuchsgruppen relativ geringe Anteil expliziter Spracharbeit war didaktisch keineswegs vorkalkuliert worden, sondern ergab sich unmittelbar aus den Mitteilungsbedürfnissen der Gesprächsteilnehmer. Die Form der integrierten Spracharbeit, wie sie in den beobachteten Leistungskursen überwiegend praktiziert wurde, vermied die in Werlichs Modell unvermeidbaren Gesprächsredundanzen. Der Unterricht scheiterte offensichtlich in keiner Versuchsgruppe daran, daß den Gesprächsteilnehmern gelegentlich ein Ausdrucksmittel fehlte. Entscheidend für das Gelingen des Interpretationsgesprächs schien vielmehr das Sachinteresse der Schüler an dem Textgespräch zu sein, das sie motivierte, die sprachlichen Textwiderstände der Kurzgeschichte zu überwinden.

Wenn nun die Versuchsteilnehmer formanalytische Strukturübungen nach Werlich durchgeführt hätten und auf Nissens Empfehlung primär Sprache „umgewälzt“ hätten, dann dürfte die in den Versuchsgruppen jeweils vorhandene Gesprächsmotivation deutlich geringer ausgefallen sein. Nach den Ergebnissen der in diesem Projekt durchgeführten ANOVA ist nämlich das Gelingen fremdsprachlicher Rezeptionsgespräche von der Existenz kommunikativer Mitteilungsbedürfnisse in der jeweiligen Lerngruppe abhängig.

4.7.1 Der fremsprachenerwerbstheoretische Aspekt

In der modernen Fremdsprachenerwerbsforschung und Soziolinguistik gilt die Intensität der aktiven Gesprächspartizipation als notwendige Voraussetzung für die Differenzierung und Erweiterung der fremdsprachlichen Kommunikationsfähigkeiten und -fertigkeiten (Cf. Lier 1988:74).

Da in dieser Forschungsarbeit eine positive Korrelation zwischen der Frequenz der im schulischen Rezeptionsgespräch berücksichtigten thematischen Schülerinteressen und der Intensität der Unterrichtsbeteiligung nachgewiesen werden konnte, liegt die Schlußfolgerung nahe, daß sich die relativ hohe inhaltliche Sprechmotivation in den „schülerorientierten“ Versuchsgruppen auch positiv auf ihren sprachlichen Lernfortschritt auswirkte.

Die Möglichkeiten und Grenzen fremdsprachlicher Entwicklung im partner- und sachorientierten Rezeptionsgespräch sind jedoch bislang noch zu wenig erforscht worden, als daß zu diesem Zeitpunkt verbindliche Aussagen über die linguistische Kompetenzerweiterung im fremdsprachlichen Literaturunterricht möglich wären.

Es liegt nahe, daß ein „echtes" textbezogenes Gespräch erst dann möglich wird, wenn die Schüler bereits über ein bestimmtes linguistisches und sprachpragmatisches Grundwissen verfügen. Diese Voraussetzung war offensichtlich bei den ausgewählten Leistungskursen erfüllt. Es bleibt jedoch noch zu untersuchen, inwieweit auch andere Lernstufen, wie z.B. Grundkurse oder Vorstufengruppen, von einem spontanen textbezogenen Kommunikationsaustausch profitieren können.

Wünschenwert wäre in der nahen Zukunft der Fremdsprachenforschung die Klärung der Frage, inwieweit eine schülerorientierte Gesprächsführung zu dem Ausbau fremdsprachlicher Kompetenz beiträgt. Dazu müßte die Sprachentwicklung in mehreren „schüler-" und „lehrerorientierten" Kursen über einen längeren Unterrichtszeitraum hin beobachtet und miteinander verglichen werden. Im Rahmen dieser Untersuchung war weder eine Langzeitbeobachtung in den Versuchsklassen noch die Durchführung relevanter Sprachtests vor und nach dem fremdsprachlichen Rezeptionsgespräch möglich gewesen.

4.7.2 Die Konzeption einer sprachbezogenen „Schülerorientierung"

Die Form der Interaktion im sprachbezogenen Kommunikationsbereich hatte offenbar keinen Einfluß auf die Beteiligungsbereitschaft der Lerngruppen im mitteilungsbezogenen Textgespräch. Das Diskussionsinteresse der Schüler schien auch durch eine hohe Frequenz sprachbezogener Lehrerinitiation und -evaluation nicht beeinträchtigt zu werden. Die sprachliche Ausbildung der Schüler ist also durchaus mit ihrer kognitiven Emanzipation im fremdsprachlichen Rezeptionsgespräch zu vereinbaren.[32]

Der Fremdsprachenschüler darf sich demnach durchaus bewußt sein, daß das fremdsprachliche Rezeptionsgespräch auch seiner sprachlichen Ausbildung dient. Nur wenn die Ausdrucks*form* seiner Beiträge permanent in den Mittelpunkt des Textgesprächs rückt, ist offensichtlich mit einem Nachlassen seines Interpretationsengagements zu rechnen (cf. Teil I, p. 78).

In den Transkriptionen der Interpretationsgespräche gibt es zahlreiche Beispiele für einen situativen Sprachausbau fortgeschrittener Fremdsprachenschüler. Damit wird aber offenbar die Hypothese von Werlich und Nissen widerlegt, daß alle Redemittel der Schüler bereits vor dem Textgespräch gesichert sein müssen. Da der Lehrer im Interpretationsgespräch präsent ist, kann er nämlich Sprachdefizite der Lerngruppe vor Ort ausgleichen und vorhandene Sprachmittel kontextuell erweitern.[33] Die von Brusch ausgesprochene Warnung, daß der Lehrer sich nicht in das Rezeptionsgespräch der Lernenden einschalten dürfe, wird damit für den sprachbezogenen Kommunikationsbereich in Frage gestellt.

4.7.3 Der sprachdidaktische Aspekt

Nach dem vorliegenden Forschungsergebnis steht die Berücksichtigung thematischer Schülerinteressen im schulischen Interpretationsgespräch in keinem Zusammenhang zu dem Grad der „Schülerorientierung“ im Bereich der expliziten Spracharbeit. Der

---

[32] Da eine wesentliche Zielsetzung des fortgeschrittenen fremdsprachlichen Literaturunterrichts in der Festigung und dem Ausbau vorhandener Sprachkompetenzen besteht, ist der Oberstufenlehrer offensichtlich verpflichtet, den sprachbezogenen Kommunikationsbereich so weit zu kontrollieren, daß die linguistische Ausbildung der Schüler sichergestellt ist.

[33] Sicherlich ist Brusch Recht zu geben, daß nicht alle Sprachkorrekturen von dem Lehrer übernommen werden müssen. Es ist sogar begrüßenswert, daß in der Lerngruppe eine gewisse sprachliche „Selbstregulation“ stattfindet, damit die linguistische Performanz der Teilnehmer konstant gefordert wird.

Umstand, daß die sprachbezogene Kommunikation in allen Versuchsgruppen in das Textgespräch eingebunden blieb, dürfte zu einer Interdependenz kognitiven und sprachlichen Lernens geführt haben, wodurch - gemäß der Erkenntnisse moderner Fremdsprachenforschung - eine notwendige Voraussetzung für die fremdsprachliche Entwicklung der Gesprächsteilnehmer gegeben war. Die Form der kommunikativen Interaktion im textbezogenen Interpretationsgespräch dürfte demnach sowohl die Rahmenbedingungen für das kognitive als auch das sprachliche Lernen der Versuchspersonen konstituiert haben.

4.8 Der erzieherische und allgemeinpädagogische Aspekt

Die bislang nur vage formulierte Forderung der modernen Erziehungswissenschaft nach einem „schülerorientierten“ Unterricht hat durch diese Untersuchung zur Berücksichtigung der Schülerperspektive im textdeutenden Rezeptionsgespräch erste konkrete Formen angenommen. Am Ende dieses empirischen Projekts steht eine Konzeption „schülerorientierter“ Gesprächsführung, in der eine aktive Lehrerpräsenz mit der kognitiven und affektiven Emanzipation des Lernenden harmonisiert. Die Aufgabe des Lehrers als Gesprächsführer ist darin zwar nicht überflüssig geworden, wird aber so weit differenziert, daß der kommunikativen Eigeninitiative der Schüler (stärker als bisher üblich) Rechnung getragen werden kann.

Die in dieser Forschungsarbeit erhobene Forderung nach einer „schülerorientierten“ Gesprächsführung impliziert, daß der Lehrer als ein kompetenter Gesprächspartner fungieren sollte, der die Erweiterung und Differenzierung der Schülerperspektive unterstützt. Seine primäre Aufgabe ist demnach in der Koordinierung, Strukturierung, Transferierung und/oder Verdeutlichung von Schülerbeiträgen, aber nicht in der Substituierung, Programmierung und/oder frühzeitigen Kanalisierung vorhandener Schülerideen zu sehen. Die Beobachtung in den Versuchsgruppen legt nahe, daß die Lernenden durchaus bereit und in der Lage sind, sich im fremdsprachlichen Interpretationsgespräch zu engagieren, sofern sie die Möglichkeit haben, den Unterrichtsstoff aus ihrer eigenen Rezeptionsperspektive zu erschließen.

Die hier dokumentierte empirische Beobachtung des Unterrichtsgeschehens im fortgeschrittenen Englischunterricht dürfte gezeigt haben, wie günstig sich eine solche aktive Schülerbeteiligung auf die Intensität fremdsprachlicher Rezeptionsgespräche auswirken kann.

Die Analyse der zur Zeit bestehenden schulischen Kommunikationsbedingungen vermittelt den Eindruck, daß sich heute viele Oberstufenlehrer noch immer zu einer kognitiven und sprachlichen Dominierung des Unterrichts verpflichtet fühlen. Ein Lehrer, der erwartet, daß seine Schüler die Eigenverantwortung für ihren Lernfortschritt erkennen und ihre „konsumierende" Rolle zugunsten eines aktiven Gesprächsengagements ablegen, müßte danach zuerst einmal sein eigenes Kommunikationsverhalten differenzieren.

Es wird Aufgabe der Erziehungswissenschaft sein, die negativen Implikationen „lehrerzentrierter" Unterrichtsformen in der Lehrerausbildung und -fortbildung zu verdeutlichen; das empirische Material der hier vorgenommenen Untersuchung dürfte den dazu notwendigen Dialog zwischen Erziehungstheorie und -praxis eingeleitet haben.

Die Tatsache, daß der kommunikative Bewegungsspielraum des Schülers durch den Lehrer bestimmt wird, ist m.E. kaum als Grund für die prinzipielle Verschiedenheit schulischer und außerschulischer Kommunikation zu nennen. Offenbar kann nämlich der Schüler seine Rechte als Kommunikationspartner auch außerhalb des Unterrichts nur innerhalb existierender Autoritätsstrukturen wahrnehmen. Die Realisierung einer Gesprächsemanzipation des Schülers wäre somit nicht nur relevant für seinen fachspezifischen Lernprozeß, sondern trüge auch eine konkrete außerschulische Bedeutung: Ein Schüler, der im unterrichtlichen Gespräch lernt, seine Kommunikationsbedürfnisse unter genauer Kenntnis der bestehenden Kommunikations- und Interaktionsbedingungen zu verhandeln, dürfte eher bereit und in der Lage sein, seine Rechte als Individuum der Gesellschaft gegenüber gültig zu machen. Solange der Lernende aber eingefahrenen Kommunikationsritualen folgt, in denen das Lehrerfeedback den evaluativen Endpunkt einer Kommunikationsfolge bedeutet und eine neue Gesprächsinitiation durch den Lehrer erwarten läßt, dürfte er sich auch außerhalb der Schule kaum für eine verstärkte Demokratisierung gesellschaftlicher Organisationsformen einsetzen können/wollen. Inwieweit sich eine Lerngruppe nun tatsächlich im Unterricht emanzipieren kann, beruht aber nach den im fremdsprachlichen Klassenzimmer gewonnenen Forschungseindrücken nicht nur auf dem Kommunikationsverhalten der einzelnen Schüler, sondern wird darüber hinaus entscheidend von der kommunikativen Offenheit des jeweiligen Lehrers bestimmt. Entsprechend basiert die in dieser empirischen Forschungsarbeit entwickelte Konzeption einer „schülerorientierten" Gesprächsform auf dem Kommunikationsverhalten von Lernenden *und* Lehrenden.

Das Argument, daß der Unterrichtende keinen Einfluß auf die schulischen Kommunikationsbedingungen habe, da diese durch die politisch-ökonomischen Bedingungen der Gesellschaft bereits vorgegeben seien, kann offenbar aufgrund der von Hilbert Meyer (1985) genannten Gründe nicht aufrecht erhalten werden:

> - ökonomische und ebenso soziokulturelle Voraussetzungen von Unterricht schlagen m.E. nie unmittelbar, ungesiebt in den Unterricht durch,
> - sondern vielfältig gebrochen aufgrund der eigenen Widersprüchlichkeit dieser Voraussetzungen selbst, aber auch aufgrund der institutionsspezifischen Reibungen, Verzögerungen und Verschiebungen in der Schule (ibid.:297).

Die in diesem Projekt unternommene empirische Beobachtung und Analyse fremdsprachlicher Kommunikationsprozesse auf der gymnasialen Oberstufe spricht dafür, daß die Einwände Meyers berechtigt sind: selbst in den sogenannten „lehrerorientierten" Versuchsgruppen ergaben sich oft Durchbrechungen hierarchischer Kommunikationsstrukturen von Schüler- und Lehrerseite. In den „schülerorientierten" Kursen ging die Gesprächsinitiative verstärkt von den Mitgliedern der Lerngruppe aus und die Lehrer übernahmen zunehmend die Rolle eines Gesprächspartners. Die von Sinclair und Coulthard diagnostizierte hierarchische Kommunikationsfolge *Lehrerinitiation + Schülerresponse + Lehrerfeedback* hatte sich also in den deutschen

Klassenzimmern keineswegs als typisch erwiesen.

Die Schüler waren offensichtlich nicht immer in der Lage, den ihnen gewährten Kommunikationsfreiraum sofort auszuschöpfen, und verstanden mitunter eine wertfrei gemeinte Lehreräußerung als Gesprächskontrolle. [34] Ein solches interaktionales Mißverständnis zeigt, daß einige Schüler erst lernen müssen, daß der ausbildungs- und erfahrungsbedingte Wissensvorsprung des Lehrers prinzipiell mit einem partnerbezogenen Gespräch zu vereinbaren ist. Entscheidende Voraussetzung dafür ist aber offensichtlich, daß die Gesprächsteilnehmer die Anerkennung ihres Gesprächspartners nicht von seiner fachlichen Kompetenz abhängig machen. Die sachliche Belehrung, wie sie im Fremdsprachenunterricht z.B. mit einer Ausdruckskorrektur erfolgt, darf die Schüler entsprechend nicht in eine passive Gesprächsrolle im mitteilungsbezogenen Bereich drängen. Die Interpretationsgespräche der Versuchsgruppen zeigten allerdings, daß eine „lehrerbestimmte" Sprachausbildung keinen Einfluß auf die Gesprächsemanzipation der Schüler im sachbezogenen Interpretationsbereich haben muß.

4.9 Die Validität der Untersuchungsergebnisse aus forschungstheoretischer Sicht

Die empirischen Unterrichtsbeobachtungen konnten durch das statistische Verfahren der Varianzanalyse validiert werden. Die gewonnenen Einsichten in das fremdsprachliche Rezeptions- und Kommunikationsverhalten von Leistungskursschülern dürften so unmittelbar zur Klärung fremdsprachlicher Gesprächsmotivation beigetragen haben.

[34] cf. Wortprotokoll der Versuchsgruppe A:
L: So prohibition, does that make sense? At the same time you are saying, it's not modern, it's not now.
S1: No, no, what I said was just a guess, just a shot. (Der Schüler sieht in der Lehreräußerung eine kritische Evaluation. Der als R/I gemeinte Lehrerbeitrag wirkte daher als F/I).
L: Yes, but not modern? I just ask.

Das Ergebnis der statistischen Untersuchung legt nahe, daß das Diskussionsengagement einer fremdsprachlichen Lerngruppe sowohl von der interaktionalen als auch der thematischen Orientierung des schulischen Interpretationsgesprächs abhängig ist. Ein Interpretationsgespräch, das sich nicht an der Erkenntnisperspektive der Lernenden orientiert und ihre textbezogenen Kommunikationsbedürfnisse verkennt, hemmt aber nach den Erkenntnissen der modernen Wahrnehmungs- und Rezeptionsforschung die kognitive und affektive Lernentwicklung und erschwert zugleich die Möglichkeit ihrer linguistischen und sprachpragmatischen Kompetenzerweiterung aus (cf. Tudor 1996).[35]

In der Schulpraxis muß die Rezeptionsperspektive der Schüler offensichtlich nicht durch eine komplizierte Interaktions- und Inhaltsanalyse ermittelt werden, wie sie in dieser Untersuchung für den distanzierten Unterrichtsforscher erforderlich wurde. Die in dieser Arbeit dokumentierte Beobachtung fremdsprachlichen Kommunikationsverhaltens gibt vielmehr Grund zu der Annahme, daß die am Unterrichtsgeschehen beteiligten Lehrer und Schüler durchaus in der Lage wären, ihr Interaktionsverhalten selbständig vor Ort zu reflektieren, um gegebenenfalls eine Veränderung etablierter Kommunikationsstrukturen einzuleiten. Wenn der Lehrer lernt, zunehmend auf eine kognitive Initiation und Evaluation zu verzichten, und der Schüler dadurch erfährt, daß von ihm eigene Impulse zur inhaltlichen Gesprächsprogression erwartet werden, dürften damit bereits die Weichen für ein erfolgreiches „schülerorientiertes" Interpretationsgespräch gestellt sein.

Welches Gesprächsthema die Rezeptionsperspektive der Schüler am besten berücksichtigt und wie weit in die persönliche Erfahrungswelt des Lernenden eingedrungen werden darf, muß nicht unbedingt in einer aufwendigen Fragebogenaktion ermittelt werden, sondern kann

[35] In Anlehnung an Nunan (1988) fordert Tudor (1996:23): it is the learners themselves who should be taken as the central reference point for decision-making regarding both the content and the form of language teaching, and .. this goal should be realised interactively by a process of consultation and negotiation between the participants in the learning situation.

unmittelbar im Gespräch zwischen den Interaktionspartnern geklärt werden. Die Auswertung der Fragebögen in dieser Untersuchung ergab, daß insbesondere in den „lehrerorientierten“ Kursen die Lehrer nicht darüber informiert waren, welche Interpretationswünsche die Schüler besaßen. Die fehlende „Schülerorientierung“ rührte in diesen Fällen also kaum daher, daß der Unterrichtende die „subjektiven“ Schülerinteressen im Sinne Schiers (cf. Teil I, pp. 24f) durch „lernzielobjektive“ zu ersetzen suchte; die betreffenden Lehrer sahen sich vielmehr nur deshalb zur Vorgabe von Interpretationsansätzen veranlaßt, weil sie keine Diskussionsvorschläge aus der Lerngruppe vernahmen. [36] Die Schüler hatten jedoch offensichtlich nur deshalb auf eine Gesprächsinitiation verzichtet, weil sie davon ausgingen, daß der Lehrer ohnehin die Diskussionsrichtung bestimmen wollte.[37] Ein „schülerorientiertes“ Rezeptionsgespräch hätte also sehr wohl gelingen können, wenn beide Interaktionsparteien die von Buber formulierten Regeln des „echten“ Gesprächs befolgt hätten:

> In wem auch noch in der Atmosphäre des echten Gesprächs der Gedanke an die eigene Wirkung als Sprecher des von ihm zu Sprechenden waltet, der wirkt als Zerstörer. Wenn ich statt des zu Sagenden mich anschicke, ein zur Geltung kommendes Ich vernehmen zu lassen, habe ich unwiederbringlich verfehlt, was ich zu sagen hätte, fehlbehaftet tritt es ins Gespräch, und das Gespräch wird fehlbehaftet (Buber 1973:194f).

Leider ist die fremdsprachliche Literaturdidaktik bisher weitgehend davon ausgegangen, daß der Wissens- und Erfahrungsvorsprung des Lehrers, seine Vermittlungs- und Beurteilungsspflicht einem interaktiven Interpretationsgespräch im Wege stehen.[38]

---

[36] Nach dem Unterricht beklagten diese Lehrer mir gegenüber die mangelnde Gesprächsinitiative der Schülergruppe.

[37] Das passive Gesprächsverhalten dieser Schüler widersprach ihrem anfangs auf dem Fragebogen erklärten Textinteresse.

[38] cf. Schier (1989:167): In Hinblick auf die Verwirklichung von Unterrichtsgesprächen im Englischunterricht kann nicht geleugnet werden, daß die Zeichen gegenwärtig nicht gerade günstig stehen. Die Zeiten exzessiver Lernzielorientierung und objektiver Leistungskontrolle, die Forderungen nach objektivierbaren Verfahren der Textinterpretation etc. sind noch nicht vergessen und haben

Hier aber ist nun zum ersten Mal in einer systematischen empirischen Untersuchung fremdsprachlichen Kommunikationsverhaltens aufgezeigt worden, daß es in der Praxis des englischen Literaturunterrichts durchaus Ansätze eines sach- und partnerbezogenen Gesprächs gibt, die es auszubauen lohnt.

Die quantitative und qualitative Analyse und Evaluation des beobachteten Kommunikationsverhaltens ergab nämlich, daß die Gesprächsemanzipation der Fremdsprachsprachenschüler positiv mit ihrem Diskussionsinteresse und ihrem Interpretationsengagement korrelierte.

Aus der Unterrichtsbeobachtung von nur 10 Lerngruppen sind jedoch noch keine generellen methodischen Empfehlungen für die Gestaltung fremdsprachlichen Literaturunterrichts ableitbar. [39]

Die fremdsprachliche Literaturdidaktik steht also erst am Anfang einer empirisch fundierten Konzeption schülerorientierter Gesprächsführung. Dringend erforderlich wäre eine umfangreichere, längerfristige Studie schulischer Rezeptionsgespräche mit höheren Populationswerten. Inwieweit dann eine solche empirische Untersuchung tatsächlich für die fachdidaktische Theoriebildung von Nutzen sein kann, wird entscheidend von der Kooperation zwischen Forschern und Lehrern abhängig sein:

> The overall goal, then, is to bridge the gap between research and teaching, and more particularly between researchers and teachers... There are signs that a reconciliation between teachers and researchers is already

---

ihre Spuren im Bewußtsein von Schülern, Lehrern, Fachdidaktikern, Schulbuchautoren und Schulverwaltungen hinterlassen.

[39] Der Aussagewert empirischer Forschung beschränkt sich allerdings keineswegs auf statistisch signifikante Untersuchungsergebnisse. Bei der Analyse und Evaluation der Unterrichtsdaten hat sich vielmehr gezeigt, daß die systematische Ordnung und Korrelierung der Unterrichtsdaten auch dort eine wertvolle Hilfestellung für die fachdidaktische Theoriebildung bedeuten kann, wo keine statistisch signifikante Gesetzmäßigkeit im fremdsprachlichen Kommunikationsverhalten erkennbar ist.

taking place. Slowly the profession as a whole is realising that, no matter how much intellectual energy is put into the invention of new methods..., what really matters is what happens when teachers and learners get together in the classroom (Allwright & Bailey 1991: XIV, XV).

Appendix

I. Untersuchungstext

Dorothy Parker's Short Story *You were perfectly fine*

The pale young man eased himself carefully into the low chair, and rolled his head to the side, so that the cool chintz comforted his cheek and temple.

"Oh, dear," he said. "Oh, dear, oh, dear, oh, dear. Oh."

The clear-eyed girl, sitting light and erect on the couch, smiled brightly at him.

"Not feeling so well today?" she said.

"Oh, I'm great," he said. "Corking, I am. Know what time I got up? Four o'clock this afternoon, sharp. I kept trying to make it, and every time I took my head off the pillow, it would roll under the bed. This isn't my head I've got on now. I think this is something that used to belong to Walt Whitman. Oh, dear, oh, dear, oh, dear."

"Do you think maybe a drink would make you feel better?" she said.

"The hair of the mastiff that bit me?" he said. "Oh, no, thank you. Please never speak of anything like that again. I'm through. I'm all, all through. Look at that hand; steady as a hummingbird. Tell me, was I very terrible last night?"

"Oh, goodness," she said, "everybody was feeling pretty high. You were all right."

"Yeah, he said. "I must have been dandy. Is everybody sore at me?"

"Good heavens, no," she said. "Everyone thought you were terribly funny. Of course, Jim Pierson was a little stuffy, there, for a minute at dinner. But people sort of held him back in his chair, and got him calmed down. I don't think anybody at the other tables noticed it at all. Hardly anybody."

"He was going to sock me?" he said. "Oh, Lord. What did I do to him?"

"Why, you didn't do a thing," she said. "You were perfectly fine. But you know how silly Jim gets, when he thinks anybody is making too much fuss over Elinor."

"Was I making a pass at Elinor?" he said. "Did I do that?"

"Of course you didn't, she said. "You were only fooling, that's all. She thought you were awfully amusing. She was having a marvellous time. She only got a little tiny bit annoyed just once, when you poured the clam-juice down her back."

"My God," he said. "Clam-juice down that back. And every vertebra a little Cabot. Dear God. What'll I ever do?"

"Oh, she'll be all right," she said. "Just send her some flowers, or something. Don't worry about it. It isn't anything."

"No, I won't worry," he said. "I haven't got a care in the world. I'm sitting pretty. Oh, dear, oh, dear. Did I do any other fascinating tricks at dinner?"
"You were fine," she said. "Don't be so foolish about it. Everybody was crazy about you. The maitre d'hotel was a little worried because you wouldn't stop singing, but he really didn't mind. All he said was, he was afraid they'd close the place again, if there was so much noise. But he didn't care a bit, himself. I think he loved seeing you have such a good time. Oh, you were just singing away, there, for about an hour. It wasn't so terribly loud, at all."
"So I sang," he said. "That must have been a treat. I sang."
"Don't you remember?" she said. "You just sang one song after another. Everybody in the place was listening. They loved it. Only you kept insisting that you wanted to sing some song about some kind of fusiliers or other, and everybody kept shushing you, and you'd keep trying to start again. You were wonderful. We were all trying to make you stop singing for a minute, and eat something, but you wouldn't hear it. My, you were funny."
"Didn't I eat any dinner?" he said.
"Oh, not a thing," she said. "Every time the waiter would offer you something, you'd give it right back to him, because you said that he was your lost brother, changed in the cradle by a gypsy band, and that anything you had was his. You had him simply roaring at you."
"I bet I did," he said. "I bet I was comical. Society's pet, I must have been. And what happened then, after my overwhelming success with the waiter?"
"Why, nothing much," she said. "You took a sort of dislike to some old man with white hair, sitting across the room, because you didn't like his necktie and you wanted to tell him about it. But we got you out, before he got really mad."
"Oh, we got out," he said. "Did I walk?"
"Walk! Of course you did," she said. "You were absolutely all right. There was that nasty stretch of ice on the sidewalk, and you did sit down awfully hard, you poor dear. But good heavens, that might have happened to anybody."
"Oh, sure," he said. "Louisa Alcott or anybody. So I fell down on the sidewalk. That would explain what's the matter with my- Yes. I see. And then what, if you don't mind?"
"Ah, now, Peter!" she said. "You can't sit there and say you don't remember what happened after that! I did think that maybe you were just a little tight at dinner - oh, you were perfectly all right, and all that, but I did know you were feeling pretty gay. But you were so serious, from the time you fell down - I never knew you to be that way. Don't you know, how you told me I had never seen your real self before? Oh, Peter, I just couldn't bear it, if you didn't remember that lovely long ride we took together in the taxi! Please, you do remember that, don't you? I think it would simply kill me, if you didn't."
"Oh, yes," he said. "Riding in the taxi. Oh, yes, sure. Pretty long ride, hmm?"

"Round and round and round the park," she said. "Oh, and the trees were shining so in the moonlight. And you said you never knew before that you really had a soul."
"Yes," he said. "I said that. That was me."
"You said such lovely, lovely things," she said. "And I'd never known, all this time, how you had been feeling about me, and I'd never dared to let you see how I felt about you. And then last night - oh, Peter, dear, I think that taxi ride was the most important thing that ever happened to us in our lives."
"Yes," he said. " I guess it must have been."
"And we're going to be so happy," she said. "Oh, I just want to tell everybody! But I don't know - I think it would be sweeter to keep it all to ourselves."
"I think it would be," he said.
"Isn't it lovely?" she said.
"Yes," he said. "Great."
"Lovely!" she said.
"Look here," he said, "don't you mind if I have a drink? I mean, just medicinally, you know. I'm off the stuff for life, so help me. But I feel a collapse coming on."
"Oh, I think it would do you good," she said. "You poor boy, it's a shame you feel so awful. I'll go make you a whisky and soda."
"Honestly," he said. "I don't see how you could ever want to speak to me again, after I made such a fool of myself, last night. I think I'd better go join a monastery in Tibet."
"You crazy idiot!" she said. "As if I could ever let you go away now! Stop talking like that. You were perfectly fine."
She jumped up from the couch, kissed him quickly on the forehead, and ran out of the room.
The pale young man looked after her and shook his head long and slowly, then dropped it in his damp and trembling hands. "Oh, dear," he said. "Oh, dear, oh, dear, oh, dear."

II. FRAGEBÖGEN

1) Questionnaire (No. 1) on Dorothy Parker's *You were perfectly fine*

A. When your course is interpreting this Short Story would you want to deal with the following topics? Please circle the appropriate letter(s) to indicate how you feel!

DY=Definitely Yes/ PY=Probably Yes/ U=Uncertain/ PN=Probably Not/ DN=Definitely Not

1.	His party-manners	DY	PY	U	PN	DN
2.	His alcohol problem	DY	PY	U	PN	DN
3.	Her behaviour towards him	DY	PY	U	PN	DN
4.	His behaviour towards her	DY	PY	U	PN	DN
5.	The message of the story	DY	PY	U	PN	DN
6.	Egoism and altruism	DY	PY	U	PN	DN
7.	Typical male and female behaviour	DY	PY	U	PN	DN
8.	Parties and alcohol	DY	PY	U	PN	DN
9.	Living with alcoholics	DY	PY	U	PN	DN
10.	The need for love and recognition	DY	PY	U	PN	DN
11.	Dream and reality	DY	PY	U	PN	DN
12.	Pressures of society	DY	PY	U	PN	DN
13.	Love's blindness	DY	PY	U	PN	DN
14.	Dangers of self-complacency	DY	PY	U	PN	DN
15.	Hypocrisy	DY	PY	U	PN	DN

If you can think of any interesting topics that are not mentioned above please write them down here:

B. How would you want to deal with the story-characters? Please circle the appropriate letter(s) to give your opinion!

DY=Definitely Yes/ PY=Probably Yes/ U=Uncertain/ PN=Probably Not/ DN=Definitely Not

1. I would want to make comments on their behaviour!	DY	PY	U	PN	DN
2. I would want to discuss how realistic these fictional characters are meant to be.	DY	PY	U	PN	DN
3. I would want to discuss their problems from my experience with people!	DY	PY	U	PN	DN
4. I would like to say how I would have behaved in the man's (girl's) place.	DY	PY	U	PN	DN
5. I would want to say how the characters appeal to me personally.	DY	PY	U	PN	DN

1c) Exemplifizierung der Auswertung des B-Teils mit Gruppe A:

Punkteverteilung nach den vorliegenden 8 Fragebögen:

B1: zweimal DY(2), viermal PY(1), zweimal U(0)= 4 + 4 + 0 = 8

B2: einmal DY(2), dreimal PY(1), viermal U(0)= 2 + 3 + 0 = 5

B3: zweimal PY(1), viermal U(0), zweimal PN(0)= 2 + 0 + 0 = 2

B4: zweimal PY(1), zweimal U(0), einmal PN(0), dreimal DN(0)= 2 + 0 + 0 = 2

B5: viermal PY(1), zweimal U(0), einmal PN(0), einmal DN(0)= 4 + 0 + 0 = 4

Erreichte Gesamtpunktzahl in Gruppe A= 21

Erreichbare Höchstpunktzahl für B1 bis B5=
8 (Anzahl der Fragebögen) x 2 (DY) x 5 (B1-5)= 80

Prozentsatz der persönlichen Mitteilungsbereitschaft= 21/80= 6%
Zum Schülerinteresse an einem persönlichen Gesprächsansatz (PA) cf. die Inhaltsanalysen zu den einzelnen Versuchsgruppen.

---

2) Questionnaire (No 2) on Dorothy Parker's *You were perfectly fine*

A. Were you interested in the discussion about the story?
Please circle the appropriate letter(s) to indicate how you feel!

DY=Definitely Yes/ PY=Probably Yes/ U=Uncertain/ PN=Probably Not/ DN=Definitely Not

1. At the beginning of the discussion	DY	PY	U	PN	DN
2. In the middle of the discussion	DY	PY	U	PN	DN
3. At the end of the discussion	DY	PY	U	PN	DN

B. Did you come across any new interesting topics in the discussion? Please circle the appropriate letter(s) to give your judgement!

These were the topics on questionnaire(1):
his party-manners/his alcohol problem/her behaviour towards him/his behaviour towards her/the message of the story/ egoism and altruism/typical male and female behaviour/ parties and alcohol/living with alcoholics/the need for love and recognition/dream and reality/pressures of society/ love's blindness/dangers of self-complacency/hypocrisy.

1. At the beginning of the discussion	DY	PY	U	PN	DN
2. In the middle of the discussion	DY	PY	U	PN	DN
3. At the end of the discussion	DY	PY	U	PN	DN

In case you have given a positive answer above please write down here what you considered to be an interesting topic:

III. Interaktions- und Inhaltsanalysen in den Versuchsgruppen:

1a) Die Interaktionsanalyse in Gruppe A

S-I	S-R/I	S-R(S)	S-R(S)/I	S-R
24	250	25	44	119

kognitive Schülerorientierung der Schülersprache: 74%

==

S-Is	S-R/Is	S-R(S)s	S-R(S)/Is	S-Rs
2	9	2	4	55

sprachliche Schülerorientierung der Schülersprache: 24%

==

L-R	L-R/I	L-I(S)	L-F	L-F/I	L-I
14	120	31	116	83	74

kognitive Schülerorientierung der Lehrersprache: 38%

==

L-Rs	L-R/Is	L-I(S)s	L-Fs	L-F/Is	L-Is
1	7	-	47	24	22

sprachliche Schülerorientierung der Lehrersprache: 8%

==

kognitive Schülerorientierung insgesamt: 56%

sprachliche Schülerorientierung insgesamt: 16%

1b) Die Inhaltsanalyse in Gruppe A:

Themen	Kode	Sprechanteil	Interesse
His party-manners	01	2%	19%
His alcohol problem	02	4%	12%
Their behaviour to each other	34	58%	6%
The message of the story	05	1%	6%
Egoism & altruism	06	1%	12%
Typical male & female behaviour	07	-	19%
Parties & alcohol	08	-	12%
Living with alcoholics	09	-	37%
Need for love & recognition	10	-	25%
Dream & reality	11	-	19%
Pressures of society	12	2%	37%
Love's blindness	13	-	25%
Dangers of self-complacency	14	-	6%
Hypocrisy	15	3%	12%
Andere Themenangaben vor Diskussionsbeginn	AT	-	-
Neue Themen in der Diskussion	NT	26%	23%
Persönlicher Gesprächsansatz	PA	2%	26%

2a) Die Interaktionsanalyse in Gruppe B:

S-I	S-R/I	S-R(S)	S-R(S)/I	S-R
15	107	-	3	33

kognitive Schülerorientierung der Schülersprache: 79%

==

S-Is	S-R/Is	S-R(S)s	S-R(S)/Is	S-Rs
3	2	-	-	9

sprachliche Schülerorientierung der Schülersprache: 36%

==

L-R	L-R/I	L-I(S)	L-F	L-F/I	L-I
19	84	19	36	31	58

kognitive Schülerorientierung der Lehrersprache: 49%

==

L-Rs	L-R/Is	L-I(S)s	L-Fs	L-F/Is	L-Is
1	1	-	14	5	6

sprachliche Schülerorientierung der Lehrersprache: 8%

==

kognitive Schülerorientierung insgesamt: 64%

sprachliche Schülerorientierung insgesamt: 22%

2b) Die Inhaltsanalyse in Gruppe B:

Themen	Kode	Sprechanteil	Interesse
His party-manners	01	-	40%
His alcohol problem	02	1%	50%
Their behaviour to each other	03	17%	65%
The message of the story	05	41%	50%
Egoism & altruism	06	-	10%
Typical male & female behaviour	07	5%	10%
Parties & alcohol	08	-	20%
Living with alcoholics	09	-	20%
The need for love & recognition	10	-	30%
Dream & reality	11	-	25%
Pressures of society	12	4%	20%
Love's blindness	13	-	15%
Dangers of self-complacency	14	-	25%
Hypocrisy	15	8%	45%
Andere Themenangaben vor Diskussionsbeginn	AT	7%	20%
Neue Themen in der Diskussion	NT	37%	11%
Persönlicher Gesprächsansatz	PA	3%	21%

3a) Die Interaktionsanalyse in Gruppe C:

S-I	S-R/I	S-R(S)	S-R(S)/I	S-R
16	95	3	15	19

kognitive Schülerorientierung der Schülersprache: 87%

==

S-Is	S-R/Is	S-R(S)s	S-R(S)/Is	S-Rs
1	1	-	-	4

sprachliche Schülerorientierung der Schülersprache: 33%

==

L-R	L-R/I	L-I(S)	L-F	L-F/I	L-I
15	44	20	43	26	24

kognitive Schülerorientierung der Lehrersprache: 46%

==

L-Rs	L-R/Is	L-I(S)s	L-Fs	L-F/Is	L-Is
3	2	-	4	1	-

sprachliche Schülerorientierung der Lehrersprache: 50%

==

kognitive Schülerorientierung insgesamt: 66%

sprachliche Schülerorientierung insgesamt: 41%

3b) Die Inhaltsanalyse in Gruppe C:

Themen	Kode	Sprechanteil	Interesse
His party-manners	01	1%	35%
His alcohol problem	02	28%	19%
Their behaviour to each other	03	19%	48%
The message of the story	05	11%	50%
Egoism & altruism	06	-	19%
Typical male & female behaviour	07	1%	15%
Parties & alcohol	08	1%	46%
Living with alcoholics	09	-	11%
The need for love & recognition	10	-	42%
Dream & reality	11	-	31%
Pressures of society	12	-	46%
Love's blindness	13	2%	27%
Dangers of self-complacency	14	-	19%
Hypocrisy	15	30%	23%
Andere Themenangaben vor Diskussionsbeginn	AT	1%	7%
Neue Themen in der Diskussion	NT	8%	18%
Persönlicher Gesprächsansatz	PA	4%	27%

4a) Die Interaktionsanalyse in Gruppe D:

S-I	S-R/I	S-R(S)	S-R(S)/I	S-R
10	142	1	17	28

kognitive Schülerorientierung der Schülersprache: 86%

==

S-Is	S-R/Is	S-R(S)s	S-R(S)/Is	S-Rs
2	-	-	2	10

sprachliche Schülerorientierung der Schülersprache: 29%

==

L-R	L-R/I	L-I(S)	L-F	L-F/I	L-I
39	112	19	48	15	49

kognitive Schülerorientierung der Lehrersprache: 60%

==

L-Rs	L-R/Is	L-I(S)s	L-Fs	L-F/Is	L-Is
-	1	1	15	2	5

sprachliche Schülerorientierung der Lehrersprache: 8%

==

kognitive Schülerorientierung insgesamt: 73%

sprachliche Schülerorientierung insgesamt: 18%

4b) Die Inhaltsanalyse in Gruppe D:

Themen	Kode	Sprechanteil	Interesse
His party-manners	01	4%	33%
His alcohol problem	02	5%	22%
Their behaviour to each other	34	47%	86%
The message of the story	05	2%	50%
Egoism & altruism	06	-	11%
Typical male & female behaviour	07	3%	50%
Parties & alcohol	08	-	17%
Living with alcoholics	09	-	33%
The need for love & recognition	10	-	17%
Dream & reality	11	4%	11%
Pressures of society	12	-	28%
Love's blindness	13	2	44%
Dangers of self-complacency	14	-	11%
Hypocrisy	15	2%	39%
Andere Themenangaben vor Diskussionsbeginn	AT	-	-
Neue Themen in der Diskussion	NT	24%	9%
Persönlicher Gesprächsansatz	PA	9%	52%

5a) Die Interaktionsanalyse in Gruppe E:

S-I	S-R/I	S-R(S)	S-R(S)/I	S-R
21	83	5	11	30

kognitive Schülerorientierung der Schülersprache: 80%

===

S-Is	S-R/Is	S-R(S)s	S-R(S)/Is	S-Rs
-	2	-	-	-

sprachliche Schülerorientierung der Schülersprache: ?

===

L-R	L-R/I	L-I(S)	L-F	L-F/I	L-I
1	44	7	28	21	43

kognitive Schülerorientierung der Lehrersprache: 36%

===

L-Rs	L-R/Is	L-I(S)s	L-Fs	L-F/Is	L-Is
-	2	-	1	-	-

sprachliche Schülerorientierung der Lehrersprache: ?

===

kognitive Schülerorientierung insgesamt: 58%

sprachliche Schülerorientierung insgesamt: ?

5b) Die Inhaltsanalyse in Gruppe E:

Themen	Kode	Sprechanteil	Interesse
His party-manners	01	15%	78%
His alcohol problem	02	2%	17%
Their behaviour to each other	34	38%	53%
The message of the story	05	9%	50%
Egoism & altruism	06	-	22%
Typical male & female behaviour	07	2%	17%
Parties & alcohol	08	9%	33%
Living with alcoholics	09	-	33%
The need for love & recognition	10	-	28%
Dream & reality	11	-	33%
Pressures of society	12	-	28%
Love's blindness	13	-	5%
Dangers of self-complacency	14	-	44%
Hypocrisy	15	7%	28%
Andere Themenangaben vor Diskussionsbeginn	AT	-	14%
Neue Themen in der Diskussion	NT	6%	28%
Persönlicher Gesprächsansatz	PA	24%	39%

6a) Die Interaktionsanalyse in Gruppe F:

S-I	S-R/I	S-R(S)	S-R(S)/I	S-R
5	40	-	1	43

kognitive Schülerorientierung der Schülersprache: 52%

==

S-Is	S-R/Is	S-R(S)s	S-R(S)/Is	S-Rs
1	1	1	1	5

sprachliche Schülerorientierung der Schülersprache: 44%

==

L-R	L-R/I	L-I(S)	L-F	L-F/I	L-I
5	37	5	29	16	30

kognitive Schülerorientierung der Lehrersprache: 38%

==

L-Rs	L-R/Is	L-I(S)s	L-Fs	L-F/Is	L-Is
-	2	-	4	2	1

sprachliche Schülerorientierung der Lehrersprache: 22%

==

kognitive Schülerorientierung insgesamt: 45%

sprachliche Schülerorientierung insgesamt: 33%

6b) Die Inhaltsanalyse in Gruppe F:

Themen	Kode	Sprechanteil	Interesse
His party-manners	01	3%	54%
His alcohol problem	02	28%	36%
Their behaviour to each other	34	34%	70%
The message of the story	05	35%	18%
Egoism & altruism	06	-	11%
Typical male & female behaviour	07	-	28%
Parties & alcohol	08	-	50%
Living with alcoholics	09	-	39%
The need for love & recognition	10	-	36%
Dream & reality	11	-	28%
Pressures of society	12	-	36%
Love's blindness	13	1%	28%
Dangers of self-complacency	14	-	14%
Hypocrisy	15	6%	21%
Andere Themenangaben vor Diskussionsbeginn	AT	-	-
Neue Themen in der Diskussion	NT	10%	14%
Persönlicher Gesprächsansatz	PA	-	32%

7a) Die Interaktionsanalyse in Gruppe G:

S-I	S-R/I	S-R(S)	S-R(S)/I	S-R
10	31	2	1	48

kognitive Schülerorientierung der Schülersprache: 48%

===

S-Is	S-R/Is	S-R(S)s	S-R(S)/Is	S-Rs
1	2	1	2	17

sprachliche Schülerorientierung der Schülersprache: 26%

===

L-R	L-R/I	L-I(S)	L-F	L-F/I	L-I
5	17	9	24	10	36

kognitive Schülerorientierung der Lehrersprache: 31%

===

L-Rs	L-R/Is	L-I(S)s	L-Fs	L-F/Is	L-Is
3	3	-	14	5	1

sprachliche Schülerorientierung der Lehrersprache: 23%

===

kognitive Schülerorientierung insgesamt: 39%

sprachliche Schülerorientierung insgesamt: 28%

7b) Die Inhaltsanalyse in Versuchsgruppe G

Themen	Kode	Sprechanteil	Interesse
His party-manners	01	1%	35%
His alcohol problem	02	28%	19%
Their behaviour to each other	34	19%	48%
The message of the story	05	11%	50%
Egoism & altruism	06	-	19%
Typical male & female behaviour	07	1%	15%
Parties & alcohol	08	1%	46%
Living with alcoholics	09	-	11%
The need for love & recognition	10	-	42%
Dream & reality	11	-	31%
Pressures of society	12	-	46%
Love's blindness	13	2%	27%
Dangers of self-complacency	14	-	19%
Hypocrisy	15	30%	23%
Andere Themenangaben vor Diskussionsbeginn	AT	1%	7%
Neue Themen in der Diskussion	NT	8%	18%
Persönlicher Gesprächsansatz	PA	4%	27%

8a) Die Interaktionsanalyse in Gruppe H:

S-I	S-R/I	S-R(S)	S-R(S)/I	S-R
5	44	1	-	41

kognitive Schülerorientierung der Schülersprache: 55%

==

S-Is	S-R/Is	S-R(S)s	S-R(S)/Is	S-Rs
4	1	-	-	17

sprachliche Schülerorientierung der Schülersprache: 23%

==

L-R	L-R/I	L-I(S)	L-F	L-F/I	L-I
12	21	6	26	10	29

kognitive Schülerorientierung der Lehrersprache: 37%

==

L-Rs	L-R/Is	L-I(S)s	L-Fs	L-F/Is	L-Is
3	7	-	21	3	3

sprachliche Schülerorientierung der Lehrersprache: 27%

==

kognitive Schülerorientierung insgesamt: 46%

sprachliche Schülerorientierung insgesamt: 25%

8b) Die Inhaltsanalyse in Gruppe H:

Themen	Kode	Sprechanteil	Interesse
His party-manners	01	1%	45%
His alcohol problem	02	9%	32%
Their behaviour to each other	34	64%	39%
The message of the story	05	-	68%
Egoism & altruism	06	-	23%
Typical male & female behaviour	07	-	36%
Parties & alcohol	08	-	41%
Living with alcoholics	09	-	9%
The need for love & recognition	10	-	23%
Dream & reality	11	-	9%
Pressures of society	12	-	23%
Love's blindness	13	-	27%
Dangers of self-complacency	14	-	18%
Hypocrisy	15	-	41%
Andere Themenangaben vor Diskussionsbeginn	AT	-	-
Neue Themen in der Diskussion	NT	-	27%
Persönlicher Gesprächsansatz	PA	46%	36%

9a) Die Interaktionsanalyse in Gruppe I

S-I	S-R/I	S-R(S)	S-R(S)/I	S-R
3	25	-	-	51

kognitive Schülerorientierung der Schülersprache: 35%

==

S-Is	S-R/Is	S-R(S)s	S-R(S)/Is	S-Rs
1	2	1	-	5

sprachliche Schülerorientierung der Schülersprache: 44%

==

L-R	L-R/I	L-I(S)	L-F	L-F/I	L-I
5	21	5	31	13	39

kognitive Schülerorientierung der Lehrersprache: 27%

==

L-Rs	L-R/Is	L-I(S)s	L-Fs	L-F/Is	L-Is
4	6	-	5	1	3

sprachliche Schülerorientierung der Lehrersprache: 53%

==

kognitive Schülerorientierung insgesamt: 31%

sprachliche Schülerorientierung insgesamt: 48%

9b) Die Inhaltsanalyse in Gruppe I:

Themen	Kode	Sprechanteil	Interesse
His party-manners	01	8%	46%
His alcohol problem	02	-	27%
Their behaviour to each other	34	57%	31%
The message of the story	05	-	50%
Egoism & altruism	06	-	11%
Typical male & female behaviour	07	-	31%
Parties & alcohol	08	-	35%
Living with alcoholics	09	-	23%
The need for love & recognition	10	-	27%
Dream & reality	11	-	38%
Pressures of society	12	-	73%
Love's blindness	13	-	27%
Dangers of self-complacency	14	-	31%
Hypocrisy	15	25%	46%
Andere Themenangaben vor Diskussionsbeginn	AT	-	-
Neue Themen in der Diskussion	NT	1%	23%
Persönlicher Gesprächsansatz	PA	19%	38%

10a) Die Interaktionsanalyse in Gruppe K:

S-I	S-R/I	S-R(S)	S-R(S)/I	S-R
19	128	7	6	88

kognitive Schülerorientierung der Schülersprache: 64%

==

S-Is	S-R/Is	S-R(S)s	S-R(S)/Is	S-Rs
2	6	6	1	42

sprachliche Schülerorientierung der Schülersprache: 26%

==

L-R	L-R/I	L-I(S)	L-F	L-F/I	L-I
18	48	26	60	37	60

kognitive Schülerorientierung der Lehrersprache: 37%

==

L-Rs	L-R/Is	L-I(S)s	L-Fs	L-F/Is	L-Is
2	3	-	41	27	3

sprachliche Schülerorientierung der Lehrersprache: 7%

==

kognitive Schülerorientierung insgesamt: 50%

sprachliche Schülerorientierung insgesamt: 16%

10b) Die Inhaltsanalyse in Gruppe K:

Themen	Kode	Sprechanteil	Interesse
His party-manners	01	6%	35%
His alcohol problem	02	10%	15%
Their behaviour to each other	34	13%	25%
The message of the story	05	-	15%
Egoism & altruism	06	1%	15%
Typical male & female behaviour	07	3%	25%
Parties & alcohol	08	2%	60%
Living with alcoholics	09	-	30%
The need for love & recognition	10	-	10%
Dream & reality	11	-	15%
Pressures of society	12	-	15%
Love's blindness	13	3%	25%
Dangers of self-complacency	14	-	10%
Hypocrisy	15	4%	10%
Andere Themenangaben vor Diskussionsbeginn	AT	-	10%
Neue Themen in der Diskussion	NT	35%	23%
Persönlicher Gesprächsansatz	PA	34%	10%

BIBLIOGRAPHIE:

Achtenhagen, F. (eds) (1982), *Neue Verfahren zur Unterrichtsanalyse*, Düsseldorf: Schwann.

Allen, W. (1981), *The Short Story in English*, Oxford: OUP.

Allwright, D. (1988), *Observation in the language classroom.* Applied linguistics and language study, London/New York: Longman.

Allwright, D. & L. Bailey (1991), *Focus on the language classroom: A closer look at interaction analysis,* Cambridge: CUP.

Ames, C. & R. Ames (eds.) (1985), *Research on motivation in education. Volume 2: The Classroom Milieu,* London: Academic Press.

Arnheim, R. (1970), *Visual thinking*, London: Faber & Faber.

Arnheim, R. (1974), *A psychology of the creative eye,* Berkeley/Los Angeles: University of California Press.

Archambault (ed.) (1968*), Philosophical analysis and education*, London: Routledge & Kegan Paul.

Aschersleben, K. (1993), *Welche Bildung brauchen Schüler? Vom Umgang mit dem Unterrichtsstoff.* Bad Heilbrunn: Klinckhardt.

Bailey, L. G. (1975), "An observational method in the foreign language classroom: A closer look at interaction analysis". In: *Foreign Language Annals* 3(4), p. 335ff.

Barnes, D. (1976), *From communication to curriculum*, London: Penguin.

Bayley, J. (1988), *The Short Story. Henry James to Elizabeth Bowen*, Brighton: Harvester.

Behörde für Schule, Jugend und Berufsbildung (1989), *Lehrplan Englisch als weitergeführte Fremdsprache für die gymnasiale Oberstufe*, Hamburg: Drei-Mohren-Verlag.

Beilfuß, W. (1987), *Der Literarische Rezeptionsprozeß: ein Modell.* Europäische Hochschulschriften, Reihe I, Deutsche Sprache und Literatur, Bd. 989, Frankfurt a.M.: Peter Lang Verlag.

Berger, J. (1975), *Ways of seeing,* Harmondsworth: Penguin.

Best, E. (1968), "Common confusions in Educational Theory". In: R.D. Archambault (ed.) (1968), *Philosophical Analysis and Education*, London: Routledge & Kegan Paul.

Black, C. & W. Butzkamm (1977a), *Klassengespräche. Kommunikativer Englischunterricht: Beispiel und Anleitung*. Heidelberg: Quelle & Meyer Verlag.

Black, C. & W. Butzkamm (1977b), „Sprachbezogene und mitteilungsbezogene Kommunikation im Englischunterricht". In: *Praxis* 2, p. 115ff.

Black, J. B. & C. M. Seifert (1985), "The psychological study of story understanding". In: Cooper (ed.), p. 190ff.

Bleich, D. (1976), "Pedagogical Directions in Subjective Criticism". In: *College English* 37, p. 454ff.

Bleich, D. (1978), *Subjective criticism*, Baltimore: The Johns Hopkins University Press.

Bleich, D. (1985), "The identity of pedagogy and research in the study of response to literature". In: Cooper (ed.), p. 253ff.

Bollnow, O.F. (1973), „Erziehung zum Gespräch". In: G. Lotzmann (ed.) (1973) *Das Gespräch in Erziehung und Behandlung*, Heidelberg: Quelle & Meyer Verlag.

Bower, T. (1977), *The perceptual world of the child*, Glasgow: Fontana Open Books.

Bredella, L. (1979a), „Die Rolle der Urteilskraft und des Vorverständnisses beim Verstehen literarischer Texte". In: H. Mainusch (ed.) (1979) *Literatur im Unterricht*, München: Fink Verlag.

Bredella, L. (1979b), „Der Verstehensprozeß literarischer Texte in seiner Bedeutung für die Frage nach dem Sinn des Literaturunterrichts". In: Weber (ed.), p. 55ff.

Bredella, L. (1980), *Das Verstehen literarischer Texte*, Stuttgart/ Berlin: Kohlhammer.

Bredella, L. (1981), „Wozu Literatur in Schule und Hochschule? - Zur Kritik der Theorie der Illusionsbildung". In: *Englisch-Amerikanische Studien*, p. 31ff.

Brusch, W. & K. H. Köhring (1976), „Von der Textentschlüsselung zur Textverarbeitung". In: *Der fremdsprachliche Unterricht* 10, p. 2ff.

Brusch, W. (ed.) (1977), *Projects in Literature*, Heidelberg: Quelle & Meyer Verlag.

Brusch, W. (1980), „Zur Konzeption von Textarbeit und Unterrichtsgespräch als Elemente einer fremdsprachlichen Bildung". In: *Neusprachliche Mitteilungen* 1, p. 29ff.

Brusch, W. (1981), „Literaturdidaktik als Lesedidaktik". In: *Neusprachliche Mitteilungen* 34(1), p. 210ff.

Brusch, W. (1984), „Pädagogischer Dialog und Echtes Gespräch". In: *Englisch-Amerikanische Studien* 4, p. 415ff.

Brusch, W. (1985), „Text- oder Leserzentrierter Literaturunterricht?". In: J. Donnerstag & A. Knapp-Potthoff (eds.) (1985), *Kongreß-dokumentation der 10. Arbeitstagung der* Fremdsprachen-didaktiker, p. 159ff.

Brusch, W. (1986), *Text und Gespräch in der fremdsprachlichen Erziehung*, Hamburg: ELT.

Brusch, W. (1989a), „Die Rolle der Literatur beim Spracherwerb. Theoretische Grundgedanken und Hinweise zur methodischen Umsetzung". In: *Neusprachliche Mitteilungen* 42(1), p. 11ff.

Brusch, W. (1989b), „Zur Verwirklichung von Gesprächen im Fremdsprachenunterricht". In W. Brusch, W. Künne & R. Lehberger (eds.) (1989), *Festschrift für Peter W. Kahl*, Berlin: Cornelsen.

Brusch, W. (1989c), „Literature in English Language Teaching. Grundüberlegungen zur Rolle der Literatur im Unterricht". In: Nissen & Brusch (eds.).

Buber, M. (1973), *Das dialogische Prinzip*, Heidelberg: Lambert Schneider.

Bultmann, R. (1950), „Das Problem der Hermeneutik". In: *Glauben und Verstehen*, Bd. 2, Tübingen: J.C.B. Mohr, Paul Siebeck.

Butzkamm, W. (1980), *Praxis und Theorie der bilingualen Methode*, Heidelberg: Quelle & Meyer Verlag.

Butzkamm, W. (1983), „Analyse der Unterrichtsanalyse: Eine Kritik von Sinclair, J.McH. & Coulthard, R.M. (1977) - Analyse der Unterrichtssprache". In: K. Ehlich & J. Rehbein (eds.) (1983) *Kommunikation in Schule und Hochschule - Linguistische und ethnomethodologische Analysen*, p. 315ff, Tübingen: Narr Verlag.

Butzkamm, W. (1989), „Grammatikübungen auf dem Prüfstand". In: *Neusprachliche Mitteilungen* 42(1), p. 19ff.

Butzkamm, W. (1990), „Über die wechselseitige Erhellung von Fremdsprachenunterricht und natürlichen Erwerbssituationen". In: *Neusprachliche Mitteilungen* 43(2), p. 83ff.

Carlsen, W.S. (1991), "Questioning in classrooms: A sociolinguistic perspective". In: *Review of Educational Research. A Quarterly Publication of the American Educational Research Association* 61(2), p. 157ff.

Cazden, C.B. (1986),"Classroom Discourse". In: Wittrock (ed.).

Chatelet, F. (1973), „Platon". In: F. Chatelet (ed.)(1973) *Die heidnische Philosophie*. Geschichte der Philosophie, Bd. I, Übersetzung, Frankfurt a.M.: Ullstein Verlag.

Clarridge, P.B. & D.C. Berliner (1991), "Perceptions of student behaviour as a function of expertise". In: *Journal of Classroom Interaction* 26(1), p. 1ff.

Cooper, C. R. (ed.) (1985), *Researching Response to Literature and the Teaching of English: Points of Departure*, Norwood, New Jersey: Ablex Publishing Corporation.

Corder, S.P. (1977), "Language teaching and learning: a social encounter". In: H.C. Brown et al. (eds.) (1977) *On TESOL '77.* Washington, D.C.: TESOL.

Corno, L. & M.M. Rohrkemper (1985), "The intrinsic motivation to learn in classrooms". In: Ames & Ames (eds.).

Correll, W. (1969), *Einführung in die pädagogische Psychologie*, Donauwörth.

Coulthard, M. (1977), *An introduction to discourse analysis,* London: Longman.

Crocker, A.C. (1969), *Statistics for the teacher or how to put figures in their place*, Harmondsworth: Penguin.

Cronbach, L.J. & R.E. Snow (1977), *Aptitudes and instructional methods*, New York: Irvington/Naiburg.

Culler, J. (1975), *Structuralist poetics. structuralism, linguistics and the study of literature*, London: Routledge & Kegan Paul.

Culler, J. (1983), *On deconstruction, theory and criticism after structuralism*, London/Melbourne: Routledge & Kegan Paul.

D'Arcy, P. (1973), *Reading for meaning, volume 2: The reader's response*, London: Hutchinson Educational for the School Council.

De Man, P. (1979), *Allegories of reading, figural language in Rousseau, Nietzsche, Rilke, and Proust*, New Haven/ London: Yale University Press.

Delamont, S. & D. Hamilton (1986), "Revisiting classroom research: a continuing cautionary tale". In: Hammersley (ed.).

Derrida, J. (1976), *Of Grammatology*. Translated by G. C. Spivak, Baltimore/London: The John Hopkins University Press.

Derrida, J. (1978), *Writing and Difference*, transl. with introduction and additional notes by Alan Bass, London/Henley: Routledge & Kegan Paul.

Dixon, B. R. et al. (1987), *A handbook of social research*, Oxford: OUP.

Dulay, H.C. & M.K. Burt (1977), "Remarks on creativity in language acquisition. In: M. Burt, H. Dulay, & M. Finocchiaro (eds.) (1977), *Viewpoints on English as a second language*, New York: Regents.

Eco, U. (1987), *Lector in fabula. Die Mitarbeit der Interpretation in erzählenden Texten*. Übersetzt von H.-G. Held, München/Wien: Carl Hanser.

Eisenstein, M.R. & R.J. Starbuck Edwards, A.D. & V.J. Furlong (1978), *The language of teaching. Meaning in classroom* interaction, London: Heinemann.

Edwards, A. D. & V.J. Furlong (1986), "Language in classroom interaction: theory and data". In: Hammersley (ed.).

Edwards, D. & N. Mercer (1987), *Common knowledge, the development of understanding in the classroom*, London/New York: Methuen.

Einstein, G.O. & E. C. Nocks (1987), *Learning to use SPSS,* Englewood Cliffs, New Jersey: Prentice Hall.

Eisenstein, M.R. & R.J. Starbuck (1989), "The effect of emotional investment on L2 production". In: S. Gass et al. (eds.) (1989)

Variation in second language acquisition, Vol II: Psycholinguistic Issues, p. 125ff, Clevedon/ Philadelphia: Multilingual Matters.

Eisner, E.W. (1984), "Can educational research inform educational practice?" In: *Phi Delta Kappan*, p. 447ff.

Ellis, R. (1984), *Classroom second language development*, Oxford: Pergamon Press.

Erickson, F. (1986), "Qualitative methods in research on teaching". In: Wittrock (ed.).

Evertson, C.M. & J. Green (1986), "Observation as inquiry and method". In: Wittrock (ed.).

Fanselow, J.F. (1977), "Beyond Rashomon - conceptualizing and describing the teaching act". *TESOL Quarterly* 11(1), p. 17ff.

Fassnacht, G. (1982), *Theory and practice of observing behavior*, London: Academic Press.

Felix, S.W. (1980), "Interference, interlanguage and related issues". In: S.W. Felix (ed.) (1980) *Second language development: trends and issues*, p. 93ff, Tübingen: Narr Verlag.

Fenstermacher, G.D. (1983), "Philosophy of research on teaching: Three aspects". In: Wittrock (ed.).

Feyerabend, P. (1974), "How to be a good empiricist - A plea for tolerance in matters epistemological". In: P.H. Nidditch (ed.) (1974), *The philosophy of science*, p. 12ff, Oxford: OUP.

Fish, S. (1980), *Is there a text in this class? The authority of interpretive communities*, Cambridge, Massachusetts/London: Harvard University Press.

Flanders, N.A. (1960), *Interaction analysis in the classroom: A manual for observers*, University of Michigan Press.

Flanders, N.A. (1965), *Teacher influence, pupil attitudes, and achievement*. Cooperative Research Monograph No.12, Washington DC: U.S. Office of Education.

Flanders, N.A. (1970), *Analysing teaching behaviour*, London: Addison-Wesley.

Foppa, K. (1968), *Lernen, Gedächtnis, Verhalten*, Köln, Berlin.

Freese, P., H. Groene & L. Hermes (1979), *Die Short Story im Englischunterricht der Sekundarstufe II. Theorie und Praxis,* Paderborn: Schöningh.

Frenzel, G. & D. Hermann (eds.) (1989), *Statistik mit SPSS^x. Eine Einführung nach M.J. Norusis,* Stuttgart: Gustav Fischer.

Gadamer, H.-G. (1965), *Wahrheit und Methode. Grundzüge einer philosophischen Hermeneutik*, Tübingen: J.C.B. Mohr.

Gardner, R.C. & W.E. Lambert (1959), "Motivational variables in second language acquisition". In: *Canadian Journal of Psychology* 13, p. 266ff.

Gardner, R.C. & W.E. Lambert (1972), *Attitudes and motivation in second language learning*, Rowley/Mass.: Newbury House.

Geisler, W. (1987), *Die anglistische Fachdidaktik als Unterrichtswissenschaft. Zur empirischen Erforschung der Lernbedingungen und des Lernerfolgs im Englischunterricht*, Frankfurt a. M.: Peter Lang.

Gillette, B. (1987), "Two successful language learners: An introspective approach". In: C. Faerch & G. Kasper (eds.) (1987) *Introspection in second language research*, p. 268ff, Clevedon/ Philadelphia: Multilingual Matters.

Gribble, J. (1983), *Literary education: a revaluation*, Cambridge University Press.

Groeben, N. (1980), *Rezeptionsforschung als empirische Literaturwissenschaft. Paradigma - durch Methodendiskussion an Untersuchungsbeispielen*, Tübingen.

Halfmann, U. (1971), *Der amerikanische „New Criticism"*, Frankfurt/M.: Athenäum Verlag.

Hammersley, M. (ed.) (1986), *Controversies in classroom research,* Milton Keynes/Philadelphia: Open University Press.

Hammersley, M. (1986), "Revisiting Hamilton and Delamont: a cautionary note on the relationship between 'systematic observation' and ethnography". In: Hammersley (ed.).

Hanson, C. (ed.) (1989), *Re-reading the Short Story,* London: Macmillan Press.

Harris, R. & T. J. Taylor (1989), *The Western tradition from Socrates to Saussure.* Routledge history of linguistic thought series, London/New York: Routledge & Kegan Paul.

Hatch, E. (1978), "Discourse analysis, speech acts and second language acquisition". In: W.C. Ritchie (ed.) (1978) *Second language acquisition research. Issues and implications*, p. 137ff, New York/London: Academic Press.

Hatch, E. (1980), "Second language acquisition - avoiding the question". In: S.W. Felix (ed.) (1980) *Second language development: trends and issues*, p. 177ff, Tübingen: Narr Verlag.

Hauff, J. et al. (1975), *Methodendiskussion. Arbeitsbuch zur Literaturwissenschaft*, Bd. 2, Frankfurt a.M.: Fischer Athenäum.

Heckhausen, H. (1971), „Förderung der Lernmotivierung und der intellektuellen Tüchtigkeiten". In: H. Roth (ed.) (1971) *Begabung und Lernen*, Stuttgart.

Heckhausen, H. & Rheinberg, F. (1980), „Lernmotivation im Unterricht erneut betrachtet." In: *Unterrichtswissenschaft* 8, p. 7-47.

Heinze, T. (1976), *Unterricht als soziale Situation. Zur Interaktion von Schülern und Lehrern*, München: Juventa Verlag.

Hermann, D. (1989), „Die Korrelations- und Regressionsanalyse". In: Frenzel & Hermann (eds.), p. 144ff.

Heuer, H. (1983), „Die Fragestellung im Fremdsprachenunterricht". In: Solmecke (ed.).

Heuermann, H., P. Hühn & B. Röttger (eds.) (1982), *Werkstruktur und Rezeptionsverhalten. Empirische Untersuchungen über den Zusammenhang von Text-, Leser- und Kontextmerkmalen.* Literatur und Didaktik, Bd. 2., Göttingen: Vandenhoek & Ruprecht.

Hirsch, E.D. (1976), *The aims of interpretation,* Chicago/London: The University of Chicago Press.

Hofer, M. R. Pekrun, W. Zielinski (1993), „Die Psychologie des Lerners." In: *Pädagogische Psychologie,* Weidenmann, Krapp et al., p. 219ff.

Hohmann, H.-O. (1987), „Methodische Leitlinien zum text- und schülerbezogenen Unterrichtsgespräch", In: *Neusprachliche Mitteilungen* (Heft 2), p. 101ff.

Hohmann, H.-O. (1990), „Fremdsprachenunterricht und Methode“. In: *Neusprachliche Mitteilungen* 43(1), p. 17ff.

Holland, N. (1980), "Unity Identity Text Self". In: Tompkins (ed.), p. 118ff.

Hollingsworth, P.M. & D.R. Reutzel (1991), "Investigating topic-related attitude: effect on reading and remembering text". In: *The Journal of Educational Research* 84(6), p. 334ff.

Hühn, P. & W. Künne (1978), *Englische triviale Frauenliteratur. Fallstudien zu ihrer Rezeption bei Schülern und Studenten.* Königstein im Taunus: Athenäum Verlag.

Hühn, P. (1979), „Eine Untersuchung zum Rezeptionsverhalten deutscher Schüler bei englischen literarischen Texten und mögliche Konsequenzen für die fremdsprachliche Literaturdidaktik“. In: Weber (ed.), p. 30ff.

Hüllen, W. (1983), „Über das allmähliche Verfertigen von Sprachregeln“. In: *Der fremdsprachliche Unterricht,* p. 164ff.

Hüllen, W. & W. Lörscher (1979), „Lehrbuch, Lerner und Unterrichtsdiskurs. Untersuchungen zur Struktur der Lernersprache im Englischunterricht“. *Unterrichtswissenschaft 7,* p. 313-326.

von Humboldt, W. (1827,1963), *Schriften zur Sprachphilosophie, III.* Darmstadt: Wissenschaftliche Buchgesellschaft.

Hunfeld, H. (ed.) (1982), *Literaturwissenschaft - Literaturdidaktik - Literaturunterricht: Englisch, II. Eichstätter Kolloquium zum Fremdsprachenunterricht 1981,* Königstein im Taunus: Scriptor.

James, W. (1890/1981), *The principles of psychology*, Vol. I. Cambridge/Mass.: Harvard University Press.

James, W. (1902/1982), *The varieties of religious experience.* Edited with an introduction by M.E. Marty, Harmondsworth: Penguin.

Jauß, H.R. (1970), *Literaturgeschichte als Provokation,* Frankfurt: Suhrkamp Verlag.

Jauß, H. R. (1975), "Racines and Goethes Iphigenie - Mit einem Nachwort über die Partialität der rezeptions-ästhetischen Methode". In: R. Warning (ed.) (1975), *Rezeptionsästhetik*, p. 353ff, München: Wilhelm Fink Verlag.

Jauß, H. R. (1981), „Zur Abgrenzung und Bestimmung einer literarischen Hermeneutik. In: M. Fuhrmann, H. R. Jauß & W. Pannenberg (eds.) (1981), *Text und Applikation. Theologie, Jurisprudenz und Literaturwissenschaft im Hermeneutischen Gespräch*, p. 459ff, München: Wilhelm Fink.

Johnson, B. (1980), *The critical difference. Essays in the contemporary rhetoric of reading,* Baltimore.

Johnson, D.W. & R.T. Johnson (1985), "Motivational processes in cooperative, competitive, and individualistic learning situations". In: Ames & Ames (eds.).

Kahl, P. (1962), *Muttersprache und Fremdsprache im Englischunterricht der Volks- und Mittelschulen.* Pädagogische Studien, Weinheim.

Kahl, P. (1977), *Innovation durch Curriculumentwicklung,* Hamburg: Institut für Didaktik der Sprachen.

Kahl, P. (1978), „Lernmotivation als Schlüsselproblem im Englischunterricht". In: K. Detering & R. Högel (eds.) (1978), *Englisch auf der Sekundarstufe I,* Hannover/ Dortmund.

Kahrmann, B. (1982), *Zur Theorie und Methodik des Fragens im Fremdsprachlichen Literaturunterricht.* In: Hunfeld (ed.).

Kansanen, P. (1991), "Pedagogical thinking: *the* basic problem of teacher education". In: *European Journal of Education* 26(3), p. 251ff.

Keats, J. (1970), *You might as well live. The life and times of Dorothy Parker,* Secker & Warberg.

Kinney, A. F. (1978), *Dorothy Parker,* Twayne.

Krashen, S.D. (1981), *Second language acquisition and second language learning*, Oxford: Pergamon Press.

Krashen, S.D. (1982), *Principles and practices of second language acquisition,* Oxford: Pergamon Press.

Krashen, S.D. & T. Terell (1983), *The natural approach: language acquisition in the classroom.* Haywarth, C.A.: Alemany Press.

Krashen, S.D. (1985), *The input hypothesis: issues and implications.* London: Longman.

Krashen, S.D. (1989), *Language acquisition and language education: extensions and applications,* Language teaching methodology series, New York/London: Prentice Hall International.

Kreft, J. (1977), „Natur - Gesellschaft - Ästhetik. Zur Funktion der Literatur für das Heranwachsen". In: A.C. Baumgärtner & M. Dahrendorf (eds.) (1977) *Zurück zum Literaturunterricht? Literaturdidaktische Kontroversen,* Braunschweig: Westermann.

Krumm, H.-J. (1977), *Analyse der Unterrichtssprache. Ansätze zu einer Diskursanalyse dargestellt am Sprachverhalten englischer Lehrer und Schüler,* Heidelberg.

Künne, W. (1989), „Lektüre und Literaturunterricht". In: W. Brusch, W. Künne & R. Lehberger (eds.) (1989), *Festschrift für Peter W. Kahl,* Berlin: Cornelsen.

Lange, B.-P. & R. Lehberger (1982), „Innovatorische Ansätze im Umgang mit literarischen Texten im Englischunterricht. Ein kritischer Rückblick auf die Literaturdidaktik der siebziger Jahre". In: *Gulliver*, Bd. II, p. 25ff.

Leventhal, H. & K.R. Scherer (1987), "The relationship of emotion and cognition. A functional approach to a semantic controversy". In: *Cognition and Emotion*, I, p. 3ff.

Levine, G. (1991), *A Guide to SPSS for Analysis of Variance*, Hillsdale/Hove/London: Lawrence Erlbaum.

van Lier, L. (1988), *The classroom and the language learner.* Applied linguistics and language study, New York: Longman.

Lloyd, B.B. & G. Duveen (1987), *An ethnographic approach to social representations.* Paper presented to the ESRC sponsored workshop on 'Empirical approaches to social representations', University of Surrey.

Loch, W. (1956), „Das Gespräch in der Schule". In: *Bildung und Erziehung. Monatsschrift für Pädagogik* 9.

Lörscher, W. (1983), *Linguistische Beschreibung und Analyse von Fremdsprachenunterricht als Diskurs*, Tübingen: Narr.

Mandl, H. & G. Huber (1983), „Theoretische Grundpositionen zum Verhältnis von Emotion und Kognition". In: *Emotion und Kognition*, München: Urban und Schwarzenberg, p. 1ff.

Marotzki, W., M.A. Meyer, H. Wenzel (1996), *Erziehungswissenschaft für Gymnasiallehrer,* Weinheim: Deutscher StudienVerlag.

McDonough, R. (1991), "Plato's anti-mechanistic account of communication". In: *Language and Communication* 11(3), p. 165ff.

McIntyre & G. Macleod (1986), "The characteristics and uses of systematic observation". In: Hammersley (ed.).

McLaughlin, B. (1989), *Theories of second-language learning,* London/New York: Edward Arnold.

Mead, G.H. (1934), *Mind, self and society,* Chicago: University of Chicago Press.

Merritt, J. et al. (1972), *Reading today and tomorrow,* London: University of London Press in association with the Open University.

Meyer, H. (1985), *Leitfaden zur Unterrichtsvorbereitung,* Ratgeber Schule, Bd. 6., Frankfurt a.M.: Scriptor Verlag.

Meyer, H. (1987), *UnterrichtsMethoden.* I: Theorieband, Frankfurt a.M.: Cornelsen/Scriptor.

Meyer, H. & M. A. Meyer (1996), „Frontalunterricht und anderes - Versuch einer Unterrichtsmethodik für das Gymnasium." In: Marotzki, Meyer, Wenzel (eds.), p. 178ff.

Miall, D. (1989), "Text and affect: a model of story understanding". In: Hanson (ed.), p. 10ff.

Miller, J. (1983) (ed.), *States of mind.* Conversations with psychological investigators, BBC London.

Minium, E.W. (1970), *Statistical reasoning in psychology and education,* New York/London: John Wiley and Sons.

Morrison, D.M. & G. Low (1983), "Monitoring and the second language learner". In: Richards & Schmidt (eds.), p. 228ff.

Moskowitz, G. (1967a), "The FLint system: An observational tool for the foreign language classroom." In: Simon & Boyer (eds.) (1967) *Mirrors for behaviour: an anthology of classroom observation instruments.* Research for better schools and center for the study of teaching, Philadelphia: Temple University.

Moskowitz, G. (1967b), *The foreign language teacher interacts.* Minneapolis: Association for Productive Teaching.

Moskowitz, G. (1971), "Interaction analysis - a new modern language for supervisors". In: *Foreign Language Annals* 5(2), p. 135ff.
Mowrer, O.H. (1950), *Learning theory and personality dynamics*. New York: Ronald.
Müller, E. (1965), *Die Kunst der Gesprächsführung. Ein Weg zum gemeinsamen Denken*, Hamburg: Furche Verlag.
Nissen, R. (1974), *Kritische Methodik des Englischunterrichts, Bd. 1: Grundlegung*, Heidelberg: Quelle & Meyer.
Nissen, R. (1982), „Phasen und Formen des textverarbeitenden Lerngesprächs im Englischunterricht". In: *Neusprachliche Mitteilungen* 2, p. 114ff.
Nissen, R. (1984), „Vorbereitende Bemerkungen zur allgemeinen Gesprächslehre für den fremdsprachlichen Unterricht". In: *Englisch-Amerikanische Studien* 3, p. 386ff.
Nissen, R. (1985a), „Text- oder Leserzentrierter Literaturunterricht (im FU)?". In: J. Donnerstag & A. Knapp-Potthoff (eds.) (1985), *Kongreßdokumentation der 10. Arbeitstagung der Fremdsprachendidaktiker*, p. 161ff, Tübingen: Narr Verlag.
Nissen, R. (1985b), „Die fremde Sprache und die eigene Sache im fremdsprachlichen Literaturunterricht: Mitty in the Classroom?". In: L. Bredella/ M. Legutke (eds.) (1985), *Schüleraktivierende Methoden im Fremdsprachenunterricht Englisch*, p. 16ff, Bochum: Ferdinand Kamp, Sonderdruck.
Nissen, R. (1986), „ 'Echte' Gespräche - im Englischunterricht?" In: *Praxis des Neusprachlichen Unterrichts* 1, p. 25ff.
Nissen, R. (1989a), „Ian Fleming, 'Octopussy'. Bedeutungspotential - Gesprächspotential". In: *Praxis des neusprachlichen Unterrichts* 36(1), p. 22ff.
Nissen, R. (1989b), „Zur Methodik der Romanlektüre im fortgeschrittenen Englischunterricht". In: Nissen & Brusch (eds.), p. 193ff.
Nissen, R. & W. Brusch (eds.) (1989), *Romane im Englischunterricht*, Literature in English Language Teaching, Hamburg: ELT Verlag.
Nold, G. (1984), „Diskurs und Fremdsprachenerwerbsprozeß". In: *Englisch-Amerikanische Studien* 3, p. 404ff.

Nolen, S.B. (1988), "Reasons for studying: motivational orientations and study strategies". In: *Cognition and Instruction* 4, p. 269ff.

Ornstein, R.E. (1972), *The psychology of consciousness,* San Francisco: W.H. Freeman and company.

Ornstein, R.E. (ed.) (1973), *The nature of human consciousness.* A book of readings, San Francisco: W.H. Freeman and company.

Ornstein, R.E. (1986), *The psychology of human consciousness*, New York/Harmondsworth: Penguin.

Panksepp, J.A.A.K. (1990), "Grey zones at the emotion-cognition interface". In: J. A. Gray (ed.) *Psychobiological aspects of relationships between emotion and cognition*, Hove/London: Lawrence Erlbaum, p. 289ff.

Parker, D. (1952), *The best of Dorothy Parker,* London: Methuen.

Pauels, W. (1995), „Kommunikative Übungen". In: K.-R. Bausch, H. Christ, H.-J. Krumm (eds.) *Handbuch Fremdsprachenunterricht*, p. 236f.

Peters, R.S. (1968a), "What is an Educational Process?". In: R.S. Peters (ed.) (1968) *The concept of education*, London: Routledge & Kegan Paul.

Peters, R.S. (1968b), "Education as initiation". In: R.D. Archambault (ed.) (1968), *Philosophical analysis and education,* London: Routledge & Kegan Paul.

Plato (1926), *Cratylus*. H. N. Fowler (ed.), London: Heinemann, Loeb Classical Library.

Pliner, P., L. Krames & T. Alloway (eds.) (1973), *Communication and affect: language and thought,* New York/ London: Academic Press.

Pollmann, L. (1973), *Literaturwissenschaft und Methode,* Frankfurt a.M.: Fischer Athenäum.

Popper, K. R. (1963), *Conjectures and refutations. The growth of scientific knowledge,* London: Routledge & Kegan Paul.

Protherough, R. (1983), *Developing response to fiction*, Milton Keyes: Open University Press.

Purves, A. C. & R. Beach (1972), *Literature and the reader: Research in response to literature, reading interests, and the teaching of literature*, Urbana, IL: National Council of Teachers of English.

Reid, L.A. (1968), „Philosophy and the theory and practice of education“. In: R.D. Archambault (ed.) (1968), *Philosophical analysis and education*, London: Routledge & Kegan Paul.

Resnick, L.B. (1981), "Instructional psychology". In: *Annual Review of Psychology* 32, p. 659ff.

Richards, I. A. (1924/59), *Principles of literary criticism*, New York: Harcourt, Brace & Co.

Richards, J.C. & R.W. Schmidt (1983), *Language and communication*, applied linguistics and language study, London/New York: Longman.

Ritz-Fröhlich, G. (1977), *Das Gespräch im Unterricht,* Bad Heilbrunn: Klinkhardt.

Rivers, W.M. (1969), *The psychologist and the foreign language teacher,* Chicago: The University of Chicago Press.

Rivers, W.M. (1976), *Speaking in many tongues. Essays in foreign-language teaching*, Rowley/Mass.: Newbury House Publishers.

Rosenblatt, L. (1934/68), *Literature as exploration* with a foreword by Denys Thompson, London: Heinemann.

Rosenblatt, L. (1985), "The transactional theory of the literary work: implications for research". In: Cooper (ed.), p. 33ff.

Rosenthal, R. & L. Jacobsen (1968), *Pygmalion in the classroom.* New York: Holt, Rinehart & Winston.

Rülcker, T. (1969), *Der Neusprachenunterricht an höheren Schulen,* Frankfurt a.M.: Diesterweg.

Scherer, K. R. (1981), „Wider die Vernachlässigung der Emotion in der Psychologie“. In: W. Michaelis (ed.) (1981), *Bericht über den 32. Kongress der Deutschen Gesellschaft für Psychologie in Zürich*, p. 304ff., Göttingen: Hogrefe.

Scherer, K. R. (1988), "Cognitive dimensions of emotional appraisal". In: Scherer (ed.) (1988) *Facets of emotion: recent research,* Hillsdale, N.J.: Lawrence Erlbaum.

Schier, J. (1989), *Schülerorientierung als Leitprinzip des fremdsprachlichen Literaturunterrichts.* Europäische Hochschulschriften, Reihe XIV, Angelsächsische Sprache und Kultur, Bd. 193., Frankfurt a.M.: Peter Lang.

Schik, B. & G. Schröder (1978), „Kürze als Appell zur Enträtselung: Literaturdidaktische Überlegungen zur Short Story". In: H. Hunfeld & G. Schröder (eds.) (1978), *Literatur im Englischunterricht. Monographien, Fremdsprachentheorie und Praxis ihrer Didaktik*, Bd. 6., Königstein im Taunus: Scriptor.

Schleth, U. (1989), „Die Datensammlung". In: Frenzel & Hermann (eds.), p. 20ff.

Schröder, K. (1971), „Englisch als Schulfach". In: *Neusprachliche Mitteilungen* 24, p. 144ff.

Searle, J.R. (1969), *Speech acts,* Cambridge University Press.

Shah, I. (1967), *The way of the Sufi*, New York: E.P. Dutton.

Shah, I. (1974), *Magic monastery*, New York: E.P. Dutton.

Shaw, V. (1983), *The Short Story: A critical introduction*, London: Longman.

Shklowky, V. (1965), "Art as technique". In: L.T. Lemon & M.J. Reis (eds.) (1965), *Russian formalist criticism. Four essays,* Lincoln: University of Nebraska Press.

Shulman, L.S. (1983), "Paradigms and research programs in the study of teaching: a contemporary perspective". In: Wittrock (ed.).

Sinclair, J.McH. & Brazil, D. (1982), *Teacher talk,* London: OUP.

Sinclair, J.McH. & R.M. Coulthard (1975), *Towards an analysis of discourse. The English used by teachers and pupils,* London: Oxford University Press.

Skehan, P. (1989), *Individual differences in second-language learning*, London: Hodder & Stoughton.

Slatoff, W. J. (1970), *With respect to readers. Dimensions of literary response*, Ithaca/London: Cornell University Press.

Solmecke, G. (ed.) (1983), *Motivation und Motivieren im Fremdsprachenunterricht.* ISL 6, München: Schöningh.

Squire, J. R. (1964), *The responses of adolescents while reading four short stories,* Urbana, IL: National Council of Teachers of English.

Strongman, K. T. (1987), *The psychology of emotion*, Chichester/New York: John Wiley & Sons.

Stubbs, M. & S. Delamont (eds.) (1976), *Explorations in classroom observation,* London/New York: John Wiley & Sons.

Stubbs, M. (1976), *Language, schools and classrooms.* Second Edition, London: Methuen.

Stubbs, M., B. Robinson & S. Twite (1979), *Observing classroom language* (Block 5 PE232), Milton Keynes: Open University Press.

Stubbs, M. (1986), "Scratching the surface: linguistic data in educational research". In: Hammersley (ed.).

Suleiman, S. R. & I. Crosman (eds.) (1980), *The reader in the text: essays on audience interpretation,* New Jersey: Princeton University Press.

Tompkins, J. P. (ed.) (1980), *Reader-response criticism. From formalism to post-structuralism,* Baltimore/ London: The John Hopkins University Press.

Vester, F. (1996), *Denken, Lernen, Vergessen,* Stuttgart: DTV.

Vietor, W. (1882), „Der Sprachunterricht muß umkehren". In: K. H. Flechsig (ed.) (1965) *Neusprachlicher Unterricht I,* p. 155ff, Weinheim: Beltz.

Wagner, A.C. (ed.) (1982), *Schülerzentrierter Unterricht,* München: Urban & Schwarzenberg.

Walker, R & C. Adelman (1986), "Interaction analysis in in-formal classrooms: a critical comment on the Flanders' system". In: Hammersley (ed.).

Walmsley, J.B. (1977), „Motivationsarten und Fremdsprachenunterricht". In: *Neusprachliche Mitteilungen* 2, p. 65ff.

Webb, E. (1992), *Literature in Education*, London: The Falmer Press.

Weber, H. (1973), „Äußerungen als illokative Handlungen". *Praxis,* p. 22ff.

Weber, H. (ed.) (1979), *Aufforderungen zum literaturdidaktischen Dialog - Wuppertaler Kolloquium zum englischen Literaturunterricht,* Paderborn: Schöningh.

Weber, H. (1979), „Literaturunterricht als Fremdsprachenunterricht". In: Weber (ed.).

Weinstein, R.S. (1983), "Student perceptions of schooling". In: *Elementary School Journal*, 83(4), p. 287ff.

Wellner, K. (1981), „Subjektivität als Abwehr“. In: J. Kreft, K. Wellner, P. Vollertson (eds.) (1981), *Der Schüler als Leser - Identität und Abwehr, Informationen zur Sprach- und Literaturdidaktik* 35, Paderborn: Schöningh.

Wells, G. (1981), *Learning through interaction*, Cambridge University Press.

Wells, G. (1985), *Language development in the pre-school years,* Cambridge University Press.

Wenzel, H. (1996), „Auf dem Weg zur guten Schule - neuere Tendenzen der Schulentwicklung“. In: Marotzki, Meyer, Wenzel (eds.), p. 273ff.

Wentzel. K. (1991), "Social competence at school: relation between social responsibility and academic achievement". In: *Review of Educational Research* 61(1), p. 1ff.

Werle, R. (1989), „Die Grundlagen empirischer Sozialforschung“. In: Frenzel & Hermann (eds.), p. 3ff.

Werlich, E. (1986), *Praktische Methodik des Fremdsprachlichen Unterrichts mit authentischen Texten,* Berlin: Cornelsen-Velhagen & Klasing.

Wiegand, E. (ed.) (1956), *OMNIBUS. Bibliothek und Lexikon*, p. 474-476.

Williams, M. & R. L. Burden (1997), *Psychology for language teachers*, Cambridge: CUP.

Wittrock, M. (ed.) (1986), *Handbook of research on teaching*. Third Edition. A project of the American educational research association, New York: Macmillan Publishing Company.

AUGSBURGER I & I - SCHRIFTEN

Begründet von Thomas Finkenstaedt und Konrad Schröder

Herausgegeben von Konrad Schröder

In der gleichen Reihe sind erschienen:

* = vergriffen

* 1 Finkenstaedt, Thomas: Anglistenspiegel, Augsburg 1976.

* 2 Christ, Herbert/Macht, Konrad/Walter, Anton, v.: Daten und Statistiken zum Englischunterricht und zur Sprachenwahl. Augsburg 1977.

* 3 Walter, Anton v.: Bibliographie der Programmschriften zum Englischunterricht. Augsburg 1977.

4 Haenicke, Gunta: Zur Geschichte des Faches Englisch in den Prüfungsordnungen für das Höhere Lehramt 1831 - 1942. Augsburg 1982.

* 5 Schröder, Konrad/Langheld, Dorothee/Macht, Konrad: Fremdsprachen in Handel und Industrie unter besonderer Berücksichtigung mittlerer Betriebe in Schwaben und im Raum München. Ergebnisse einer Umfrage. Augsburg 1978. Unter gleichem Titel als Monographie: Königstein, Scriptor 1979.

6 Finkenstaedt, Thomas (ed.): Research in Progress. Anglistik und Amerikanistik. Liste der in Arbeit befindlichen Dissertationen, Habilitationen und Projekte. Augsburg 1979.

* 7 Christ, Herbert/Liebe, Elisabeth: Dokumente zur Schulsprachenpolitik in der Bundesrepublik Deutschland. Augsburg 1978.

8 Haenicke, Gunta: Zur Geschichte der Anglistik an deutschsprachigen Universitäten 1850 - 1925. Augsburg 1979.

* 9 Christ, Herbert/Liebe, Elisabeth/Schröder, Konrad: Fremdsprachen in Handel und Industrie. Eine Untersuchung in den IHK-Bezirken Düsseldorf und Köln. Augsburg 1979.

10 Schröder, Konrad: Linguarum Recentium Annales. Der Unterricht in den modernen europäischen Sprachen im deutschsprachigen Raum. Band 1: 1500 bis 1700. Augsburg 1980.

* 11 Christ, Herbert/ Schröder, Konrad/Weinrich, Harald/Zapp, Franz Joseph: Fremdsprachenpolitik in Europa. Homburger Empfehlungen für eine sprachenteilige Gesellschaft. Augsburg 1980.

* 12 Götz, Dieter: Englische Gespräche deutscher Anglistikstudenten: Ausgabe und Kommentar. Augsburg 1980.

* 13 Haenicke, Gunta: Biographisches und bibliographisches Lexikon zur Geschichte der Anglistik 1850 - 1925 (mit einem Anhang bis 1945). Augsburg 1981.

* 14 Christ, Herbert/Liebe, Elisabeth: Fremdsprachenunterricht in amtlichen Verlautbarungen. Augsburg 1981.

15 Söll, Felix: Einflüsse auf die englische Schüleraussprache an saarländischen Schulen. Augsburg 1981.

16 Hüllen, Werner/Schröder, Konrad (eds.): Paul Hartig - Lebenserinnerungen eines Neuphilologen. Augsburg 1981.

* 17 Beier, Rudolf: Zum Stand fachbezogener Fremdsprachenkenntnisse in der Bundesrepublik Deutschland. Augsburg 1981.

18 Schröder, Konrad: Linguarum Recentium Annales. Der Unterricht in den modernen europäischen Sprachen im deutschsprachigen Raum. Band 2: 1701 bis 1740. Augsburg 1982.

19 Ostberg, Henry K.: Gesprächsverhalten in der Fremdsprache (Englisch) und fremdsprachlicher Unterricht. Augsburg 1982.

20 Walter, Anton v.: Zur Geschichte des Englischunterrichts an höheren Schulen. Die Entwicklung vornehmlich in Preußen. Augsburg 1982.

* 21 Finkenstaedt, Thomas/Scholtes, Gertrud (eds.): Towards a History of English Studies in Europe. Proceedings of the Wildsteig Symposium, April 30 - May 2, 1982. Augsburg 1983.

22 Zapp, Franz Josef/Schröder, Konrad: Lehrpläne für den Fremdsprachenunterricht, 1890 - 1970. Ein Lesebuch. Augsburg 1983.

23 Schröder, Konrad: Linguarum Recentium Annales. Der Unterricht in den modernen europäischen Sprachen im deutschsprachigen Raum. Band 3: 1741 bis 1770. Augsburg 1983.

24 Schröder, Konrad/Macht, Konrad: Wieviele Sprachen für Europa? Fremdsprachenunterricht, Fremdsprachenlernen und europäische Sprachenvielfalt im Urteil von Studierenden des Grundstudiums in Deutschland, Belgien und Finnland. Augsburg 1983.

25 Macht, Konrad/Steiner, Friedrich: Erfolgsfaktoren des Vokabellernens. Untersuchung zum aktiven englischen Wortschatz von Hauptschulabgängern. Augsburg 1983.

* 26 Finkenstaedt, Thomas: Neuer Anglistenspiegel. Biographische und bibliographi-
* 27 sche Angaben mit Hilfe von über 500 Anglisten und unter redaktioneller Mitarbeit von Rita Stoll zusammengestellt. Teile I und II. Augsburg 1983.

28 Finkenstaedt, Thomas/Weller, Franz-Rudolf: Der Schülerwettbewerb Fremdsprachen im Stifterverband für die Deutsche Wissenschaft. Referate eines Symposiums in Wildsteig. Augsburg 1983.

29 Van Els, Theo/Oud-de Glas, Maria: Research into Foreign Language needs. Proceedings of an International Seminar, held at Berg en Dal, The Netherlands, October 1982. Augsburg 1983.

* 30 Chr. F. Seidelmann: Tractatus Philosophico - Philologicus De Methodo Recte Tractandi Linguas Exoticas Speciatim Gallicam, Italicam Et Anglicam (1724). Faksimiliert, übersetzt und herausgegeben von Franz Josef Zapp und Konrad Schröder mit einer Darstellung der Geschichte des Fremdsprachenunterrichts an der Universität Wittenberg. Augsburg 1984.

31 Finkenstaedt, Thomas/Stoll, Rita: Anglistenspiegel Österreich - Schweiz. Biographische und bibliographische Angaben von über 100 Fachvertretern. Augsburg 1984.

32 Nowak, Johann: Familie, Schicht und Schule als Motivationsfaktoren: Theorielücken und lückenhafte Empirie. Untersuchungen zum Problemfeld der Fremdsprachenmotivation. Augsburg 1984.

33 Schröder, Konrad: Linguarum Recentium Annales. Der Unterricht in den modernen europäischen Sprachen im deutschsprachigen Raum. Band 4: 1770 bis 1800. Augsburg 1985.

34 Forschungskollektiv Englischmethodik der Karl-Marx-Universität Leipzig unter Leitung von Wolfgang H. Strauß (ed.): 150 Jahre Methodik des Englischunterrichts als Wissenschaft und akademisches Lehrfach. Probleme und Entwicklungstendenzen in Vergangenheit und Gegenwart. Internationales Symposium aus Anlaß des 575. Gründungsjubiläums der Universität Leipzig am 25. und 26. Oktober 1984. Augsburg 1985.

35 Macht, Konrad: Methodengeschichte des Englischunterrichts. Band 1: 1800 bis 1880. Augsburg 1986.

* 36 Finkenstaedt, Thomas/Weller, Franz-Rudolf (eds.): Vom Schülerwettbewerb zum Bundeswettbewerb Fremdsprachen. Augsburg 1987.

* 37 Finkenstaedt, Thomas/Stoll, Rita: Hinweise für Abiturienten. Augsburg 1987.

* 38 Legenhausen, Lienhard/Wolff, Dieter: Computer Assisted Foreign Language Teaching. Augsburg 1987.

39 Macht, Konrad: Methodengeschichte des Englischunterrichts. Band.2: 1880 bis 1960. Augsburg 1987.

40 Schröder, Konrad: Biographisches und bibliographisches Lexikon der Fremdsprachenlehrer des deutschsprachigen Raumes, Spätmittelalter bis 1800. Band 1: Quellenverzeichnis und Buchstaben A - C. Augsburg 1987.

41 Finkenstaedt, Thomas/Weller, Franz-Rudolf: Schrittweise zur Validität. Der Schülerwettbewerb im Stifterverband für die Deutsche Wissenschaft 1979 - 1984. Augsburg 1988.

42 Kucharek, Richard: Untersuchungen zur englischen Schüleraussprache an Gymnasien in Oberbayern. Augsburg 1988.

43 Abel, Fritz/Plocher, Hanspeter: Romanistik - Hinweise für Abiturienten - Studienorte - Fächerverbindungen. Augsburg 1988.

44 Wickel, Werner: Register zu: Neuer Anglistenspiegel. Hrsg. v. Th. Finkenstaedt (Augsburg 1983). Augsburg 1988.

45 Finkenstaedt, Thomas/Stoll, Rita: Neuer Anglistenspiegel - Ergänzungsband. Augsburg 1989.

46 Gast, Angela: Muttersprachliche, insbesondere dialektbedingte Interferenzen im Bereich der englischen Phonologie bei Schülern der Unterstufe aus dem schwäbischen Raum. Augsburg 1989.

47 Raddatz, Volker: Fremdsprachliche Landeskunde in Unterricht und Forschung. Eine Bilanz seit 1945. Augsburg 1989.

48 Fuckerieder, Josef/Götz, Dieter (eds.): Universitärer Fremdsprachenunterricht für Studierende nichtphilosophischer Fächer. Erste Übersicht des Arbeitskreises der Sprachenzentren, Sprachlehrinstitute und Fremdspracheninstitute AKS. Augsburg 1989.

49 Beck, Rudolf: Oettingen-Wallersteinsche Bibliothek III.9: "Schöne Literatur der englischen Sprache". Eine Bibliographie. Augsburg 1989.

50 Finkenstaedt, Thomas/Schröder, Konrad (eds.): Empirie und Machbarkeit. Referate eines Symposiums des Bundeswettbewerbs Fremdsprachen (Gruppenwettbewerb und Einzelwettbewerb). Walberberg, 11. - 13. April 1989. Augsburg 1989.

51 Schröder, Konrad: Biographisches und bibliographisches Lexikon der Fremdsprachenlehrer des deutschsprachigen Raumes, Spätmittelalter bis 1800. Band 2: Buchstaben D - H. Erste Nachträge zum Quellenverzeichnis. Augsburg 1991.

52 Yzermann, Norbert/Beier, Rudolf: Bibliographie zum fachsprachlichen Fremdsprachenunterricht. Augsburg 1989.

53 Macht, Konrad: Methodengeschichte des Englischunterrichts. Bd. 3: 1960 - 1985. Augsburg 1990.

54 Lehberger, Reiner: *Collect all the English inscriptions you can find in our city* - Englischunterricht an Hamburger Volksschulen 1870 - 1945. Augsburg 1990.

* 55 Finkenstaedt, Thomas/Stoll, Rita: Dritter Spiegel der Anglisten. Biographische und bibliographische Angaben von 546 Professoren, Dozenten, Habilitanden. Teil I: Buchstaben A bis H. Augsburg 1990.

* 56 Finkenstaedt, Thomas/Stoll, Rita: Dritter Spiegel der Anglisten. Biographische und bibliographische Angaben von 546 Professoren, Dozenten, Habilitanden. Teil II: Buchstaben I bis R. Augsburg 1990.

* 57 Finkenstaedt, Thomas/Stoll, Rita: Dritter Spiegel der Anglisten. Biographische und bibliographische Angaben von 546 Professoren, Dozenten, Habilitanden. Teil III: Buchstaben S bis Z. Augsburg 1990.

* 58 Finkenstaedt, Thomas/Stoll, Rita: Anglistenspiegel DDR. Biographische und bibliographische Angaben von Professoren, Dozenten, Habilitanden. Augsburg 1990.

59 Quetz, Jürgen: Lernschwierigkeiten Erwachsener im Anfangsunterricht Englisch. Bericht über eine Umfrage bei Teilnehmerinnen und Teilnehmern an Eng-

lischkursen der Volkshochschule und eines Abendgymnasiums. Augsburg 1991.

60 Meier, Josef: Near-Native English. Eine Korpusanalyse auf der Basis des Mehrsprachenwettbewerbs des Bundeswettbewerbs Fremdsprachen. Augsburg 1992.

61 Finkenstaedt, Thomas/Schröder, Konrad (eds.): Zu Grundfragen des Fremdsprachenunterrichts und seiner Didaktik in aktueller und historischer Sicht. Kolloquium anläßlich des 65. Geburtstages von Walter Apelt, Ordentlicher Professor für Methodik des Englischunterrichts an der Brandenburgischen Landeshochschule zu Potsdam, am 18. September 1990. Augsburg 1992.

62 Schröder, Konrad (ed.): Situation und Probleme des Fremdsprachenunterrichts und der Fremdsprachenlehrerausbildung in den Neuen Bundesländern: Anspruch - Wirklichkeit - Entwicklungsmöglichkeiten. Kolloquium zu Kahla (Thüringen) vom 12. bis 14. Dezember 1991. Augsburg 1992.

63 Schröder, Konrad: Biographisches und bibliographisches Lexikon der Fremdsprachenlehrer des deutschsprachigen Raumes, Spätmittelalter bis 1800. Band 3: Buchstaben I - Q. Augsburg 1992.

64 Haenicke, Gunta/Finkenstaedt, Thomas: Anglistenlexikon 1825 - 1990. Biographische und bibliographische Angaben zu 318 Anglisten. Augsburg 1992.

65 Mayer, Alois/Finkenstaedt, Thomas: Anglistenregister 1825 - 1990. Verzeichnis von fast 5500 Anglisten, alphabetisch und nach Universitäten geordnet. Augsburg 1992.

66 Schröder, Konrad: 100 Jahre *Die Neueren Sprachen*. Klassifizierte Bibliographie. [in Vorbereitung]

67 Werner, Annette: Lyrik im Englischunterricht nach 1945. Die Entwicklung einer fachdidaktischen Debatte. Augsburg 1993.

68 Schröder, Konrad: Biographisches und bibliographisches Lexikon der Fremdsprachenlehrer des deutschsprachigen Raumes, Spätmittelalter bis 1800. Band 4: Buchstaben R - Z. Augsburg 1995.

69 Kelz, Irene: Das Französische als Handels- und Geschäftssprache vom Ausgang des Mittelalters bis zum 19. Jahrhundert. Eine Untersuchung an Lehrwerken für den berufsbezogenen Französischunterricht. Augsburg 1994.

70 Hertel, Elke: Der Schüler der Sekundarstufe I im Bundeswettbewerb Fremdsprachen. Empirische Untersuchungen zur Effizienz des Wettbewerbs als Instrument der Sprachenförderung. Augsburg 1995.

71 Frenzel, Bernhard/Schröder, Konrad (eds.): Russischunterricht in der ehemaligen DDR: Beiträge des Symposiums des Instituts für Savistik der Martin-Luther-Universität Halle-Wittenberg, Halle (Saale), 4. November 1994. Augsburg 1996.

72 Macht, Konrad/Nowak, Johann R.: Die Kunst des Fragens. Theorie und Praxis der Frage als didaktisches Steuerungsinstrument. Augsburg 1996.

73 Schröder, Konrad: Biographisches und bibliographisches Lexikon der Fremdsprachenlehrer des deutschsprachigen Raumes, Spätmittelalter bis 1800. Band 5:

Nachträge und Ergänzungen, Buchstaben A - K. Augsburg 1996 [1997].

74 Schröder, Konrad: Biographisches und bibliographisches Lexikon der Fremdsprachenlehrer des deutschsprachigen Raumes, Spätmittelalter bis 1800. Band 6: Nachträge und Ergänzungen, Buchstaben L - Z, Register. [in Vorbereitung]

75 Hunfeld, Hans/Schröder, Konrad (eds.): Was ist und was tut eigentlich Fremdsprachendidaktik? 25 Jahre Fachdidaktik Englisch in Bayern. Eine Bilanz. Augsburg 1997.